全产业链视阈下的旅游发展

魏小安　魏诗华　著

南开大学出版社
天　津

图书在版编目(CIP)数据

全产业链视阈下的旅游发展/魏小安，魏诗华著.—天津：南开大学出版社，2012.7(2020.6 重印)
ISBN 978-7-310-03953-1

Ⅰ.①全… Ⅱ.①魏… ②魏… Ⅲ.①旅游业发展—研究—中国 Ⅳ.①F592

中国版本图书馆 CIP 数据核字(2012)第 138945 号

版权所有　侵权必究

全产业链视阈下的旅游发展
QUANCHANYELIAN SHIYU XIA DE LÜYOU FAZHAN

南开大学出版社出版发行
出版人：陈　敬
地址：天津市南开区卫津路 94 号　邮政编码：300071
营销部电话：(022)23508339　营销部传真：(022)23508542
http://www.nkup.com.cn

北京建宏印刷有限公司印刷　全国各地新华书店经销
2012 年 7 月第 1 版　2020 年 6 月第 4 次印刷
240×180 毫米　16 开本　18 印张　2 插页　339 千字
定价：40.00 元

如遇图书印装质量问题，请与本社营销部联系调换，电话：(022)23508339

前　言

　　旅游业综合性强，关联度高，拉动面大，这些特点是在旅游业多年发展过程中提炼出来的，已经耳熟能详的了，但在现实中却往往成为套话，影响了旅游产业的深度发展。

　　对应综合性强，旅游的发展目标应当是体系化的目标，而不仅仅是经济指标；对应关联度高，应当是完整的产业交融概念；对应拉动面大，旅游就超越了经济产业的范畴，也成为社会产业、文化产业、环境产业，尤其是在区域拉动和就业拉动方面，起到了其他产业无法替代的作用。

　　但现在也有些人担心综合性强、关联度高会丧失旅游工作的主导权，实际上，一对一旅游可能是弱势，但是一对多，旅游必然是强势，其中的关键在于整合。因此，从这个角度研究旅游发展，也是新形势下的新任务。

　　多年以来，旅游学术界往往习惯于从某一个方面或者某一个领域进行研究，形成了大量的基础性成果。但是从产业链的角度却缺乏系统研究，尤其是尚未见到从全产业链视阈全面贯通的相应成果。为此，我们通过多年的实践和研究，提出这个命题。

　　现代旅游者，追求的是深入体验，在这个过程中，时间空间化，空间时间化。时间并没有消失，空间展示了时间的变动，固化在空间之中，体现在城市的方方面面。时空变幻，在时间上是连续的，在空间上是继起的，在理念上是传承的，在文化上是提升的。好的项目，会形成好的氛围，时时是场景，处处是舞台，人人是演员，个个是观众。同理，在旅游发展中，就是一个完整的链条。链条由各个环节组成，环节的缺失就是产业的断裂，环节的不匹配就是产业的薄弱，环节的不平衡就是产业的浪费。

　　可以说，传统思路是先开发资源，再逐步完善形成产品，通过产品走入市场，构造品牌。但现实中没有这样的典型路径，都是滚动发展，逐步调整。简单地说就是一个"水+面"的模式，面多了加水，水多了加面，这是一个先发地区摸索性的模式，不能说错，是一个非常现实的模式。但作为后发地区，没有必要再经历这样一个过程，而是要研究创新思路，加强对发展背景、项目运作、企业经营、旅游投资、旅游产业聚集区、规划与设计、旅游要素市场、旅游运营、旅游市场营销、区域与城市等全产业链的完整分析和构建。

综上所述，新时期旅游发展的根本问题不是简单的项目运作问题，而是产业链的构建和运营问题，再进一步，也是旅游经济结构的优化问题。目前，中国仍然是发展中国家，不是可以大把花钱的时候，即使有钱，也不能花冤枉钱。少花钱，多办事，办好事，好办事，才能使旅游产业平衡、协调、可持续发展。

感谢杨宏伟、张锦、方磊、黄爱莲、孙琨、杨婧等旅游界同仁为本书研究所做的辅助工作。

作者谨识
2011 年岁末

目 录

导言：紧扣国家核心利益，谋求旅游长远发展 1

第一章　对应大时代，迎接新发展 3
    第一节　国际经济摩擦时代的中国旅游 5
    第二节　高速路网时代的旅游发展 7
    第三节　大地产时代的旅游运作 9
    第四节　低碳低耗时代的旅游发展 11
    第五节　休闲时代的旅游转型 13
    第六节　新技术时代的旅游升级 15
    第七节　新生态时代的旅游深化 19
    第八节　新海洋时代的旅游拓展 21
    第九节　大活动时代的旅游定位 23
    第十节　大产业时代的旅游交融 26

第二章　旅游项目创新发展 31
    第一节　旅游项目新分析 31
    第二节　旅游项目新理念 39
    第三节　旅游项目新开发 44
    第四节　旅游项目新模式 47
    第五节　旅游项目新创意 51

第三章　新时期旅游企业集团面面观 55
    第一节　风起云涌的发展态势 55
    第二节　异军突起：新兴旅游集团 59
    第三节　核心扩张：传统旅游集团发展 65
    第四节　集团发展态势 68

第四章　旅游投资 74
    第一节　中国旅游投资的现状与发展 74

    第二节　建设良好的投资环境……………………………80
    第三节　酒店发展：热投资中的冷思考……………………86
    第四节　中国古镇投资分析………………………………93

第五章　旅游规划与设计………………………………………105
    第一节　旅游智业发展……………………………………105
    第二节　中国旅游规划发展的现状与趋势………………110
    第三节　旅游规划与旅游法………………………………123
    第四节　旅游情景规划与项目体验设计…………………127

第六章　旅游项目运营…………………………………………139
    第一节　景区十困…………………………………………139
    第二节　老景区走出新路子………………………………152
    第三节　旅游产业聚集区的发展…………………………160
    第四节　培育旅游要素市场………………………………172
    第五节　旅游电子商务与智能化…………………………179

第七章　旅游市场营销…………………………………………205
    第一节　旅游市场营销新认识……………………………205
    第二节　旅游目的地营销新体系…………………………215

第八章　区域旅游发展…………………………………………223
    第一节　乡村旅游：新局与新题…………………………223
    第二节　城市旅游：新思与新意…………………………231
    第三节　县域旅游：深化、整合与发展…………………234
    第四节　旅游扶贫：认识、措施与发展…………………243
    第五节　休闲城市的创新与发展…………………………255
    第六节　城际旅游…………………………………………264

结束语：中国旅游的时代视阈…………………………………275

导言：紧扣国家核心利益，谋求旅游长远发展

1840年以后，中国产生了初步的民族意识；1937年以后，形成了现代国家概念；1949年以后，现代国家形成，但还没有真正形成现代国家意识。今天的中国已经成为世界经济大国，但发展环境比过去更加艰难。国际政治过去、现在和将来都是"丛林法则"，所以美国人从来不避讳强调利益，选择的原则只有一个，符合美国利益。经过改革开放30年的发展，中国现在也提出了国家核心利益，这是一个标志性的转折点，也是对应发展新格局的必然。但也必须正视的是，现代国家利益不应当转化为民族主义浪潮，更不能转化为民粹主义。我们原来强调中国离不开世界，现在更是世界离不开中国。所以需要创造一种"刚中带柔、柔中寓刚、刚柔相济"的国家战略。

过去30年，中国主要承接发达国家的产业转移，现在我们要转型升级、自主创新，意味着竞争范围的扩大和竞争对手的升级，更主要的是制约我们的因素更多、手段更强。作为世界工厂，我们要从全世界争取资源，产品也要输出到全世界。在全球一体化背景之下，意识形态和社会制度的因素越来越淡化，但是深层次的文化因素越来越重要，国际社会对我们的防范也是自然而然的。同时，世界历史上，大国崛起靠和平发展尚无先例，中国要走的这条路何其艰难。

一方面，从国家角度看，"河山之固在德不在险"，民族地区直接涉及中国的整体发展，进一步决定中国的发展格局。民族地区多数在中国的西部，虽然处于边境，但绝不是边缘地区。新疆位于欧亚大陆的中心，西藏直接对应南亚，云南和广西直接与东盟一体，内蒙古是欧亚草原的腹地，历史上就不断影响着中华民族的安全和统一，现在成为重要的资源地区和新型能源通道。过去我们常常采取封闭性的办法管理，结果适得其反。大力发展民族旅游，创造新的经济增长点，增加创业和就业机会，提高边疆地区老百姓的生活水平，才是根本方略。

另一方面，几千年来，我们经常把自己视为大陆国家，遇到事情就要封海。清朝后期，"海防"与"塞防"的争论也成为国家战略之争。今天，我们进口原料的90%，进口能源的70%都要通过海路运输，因此，巩固国家海洋权益成为越来越不容忽视的战略，它既涉及领土安全，也涉及经济安全、信息安全、能源安全。同样道理，海洋旅游也应当在这一发展过程中发挥特殊作用。2000年，钱其琛副

总理专门指示研究开发西沙旅游，核心目的就是"突出主权，显示存在"。海洋旅游的发展是用巧妙的柔性方式保障国家利益，以融合的方式落实蓝色国土的权益，超越了简单的防卫概念，是谋求长远发展的重要战略举措。

不言而喻，在未来发展中，情况将越来越复杂，也必然需要复杂的对应方式。如果说在国家实力中，经济是硬实力，军事是钢实力，科教是长实力，文化是软实力，那么旅游就是巧实力。旅游在其中会发挥巧妙而特殊的作用：一是旅游超越意识形态和社会制度，没有争议；二是促进民间交流，增进了解；三是突出文化差异，潜移默化影响；四是构造产业体系，创造效益；五是树立国家和地方形象，创立品牌；六是巧妙传达国家意志，维护国家利益。

国家利益要靠国家实力保障，国家实力要靠国家战略产业支撑。国家战略是运用国家力量，达成国家总体目标。国家战略产业能整合几乎所有产业，是现有产业转型发展、增值发展、深化发展的催化剂与融合剂；是国家未来发展战略性方向的产业载体；是社会和谐、环境友好的战略工具。发展国家战略产业，在提升国民生活、推进文化复兴、提升软实力、推动产业融合等方面意义重大。第二次世界大战之后，发展旅游已经成为各个国家普遍重视的国家战略，旅游发展水平更成为一个国家生活品质的象征。这些年的实践中，旅游作为中国国家外交工具发挥了重要作用，今后，作为国家经贸工具也将发挥重大作用。由此，也可以说，以文化挖掘推动中国旅游升级，通过旅游发展巩固国家核心利益的时代正在来临。

第一章　对应大时代，迎接新发展

我们生活的这个时代，依然不是一个理想的时代，甚至可以说也还不是一个非常公平的时代，但却是一个能够好好干事业的大时代。

一直以来，中国就是一个国土大国、人口大国、资源大国。新中国的缔造者、伟大领袖毛主席早在1956年就曾经预言："进入21世纪中国应当对人类做出较大贡献。"在一个特定的历史时期内，我们也都认为中国对世界有很大的责任，也有很大的义务，必须要做点贡献。但是直到改革开放以后，我们才真正知道中国如何才能对世界承担责任、做出贡献。事实上，坚持和平、稳定发展道路，办好中国自己的事，就是我们对世界承担的主要责任、做出的最大贡献。当然，经过30多年的努力，中国已经对世界做出了"经济增长、贸易增长、减少贫困"三大贡献，中国在国际社会的角色与地位也已经发生了根本性变化：从利用和配置国内资源转向协调利用国内、国际两种资源；从经济全球化的边缘化者转变为最大的受益者；从世界性工业化与现代化的落伍者转变为最大的成功者；从全球公共产品的搭车者转变为提供者。这些变化既为中国带来了挑战，也带来了更大的机遇。中国已经成为经济全球化和世界事务的最大的利益相关者，中国的前途命运日益紧密地同世界的前途命运联系在一起，从一定意义上讲，可以说"一荣俱荣，一损俱损"，创造和促进更长时期的世界和平、稳定、和谐、发展成为中国最大的国家利益。今后，中国将向文化大国、政治大国乃至军事大国的方向发展，也必将为世界做出"绿色发展贡献"、"知识创新贡献"和"文化创新贡献"等新的贡献。

回顾改革开放30多年来中国旅游业的发展，总体上可以说表现出了四种情况，用"无中生有、有中生好、好中生优、优中生特"这句话来概括应该是最为贴切的。

第一种情况——无中生有，以深圳旅游发展为代表；

第二种情况——有中生好，以北京旅游发展为典范；

第三种情况——好中生优，以上海旅游发展为标志；

第四种情况——优中生特，尽管目前还没有极具示范性的地区或城市，但已有如九寨沟、黄山等一批代表性的大景区在这方面有所表现。

客观来看，经过几十年的发展，中国已经成为经济大国，现在也已经有了一批在国际上堪称一流的酒店、堪称一流的景区、堪称一流的旅游城市，为旅游业迎接新的大发展时代的到来奠定了基础。但是，我们还必须清醒地认识到，"大国"与"强国"之间还存在一定的区别和差距。目前，在国内各行各业都普遍流行着"是某某大国但不是某某强国"的说法，旅游业也是如此。2000年我们就说中国已经是世界旅游大国，但还不是世界旅游强国。所以，当时国家旅游局制定的目标就是要用20年时间把中国建设成为世界旅游强国。现在，大半时间已经过去了，实现旅游强国的目标毋庸置疑是肯定而且乐观的，尤其是2009年，可以说是我国旅游业进入新世纪头10年中扎扎实实形成突破、上一个大台阶的重要年份。2009年12月3日，国务院下发了《关于加快发展旅游业的意见》（国发[2009]41号）文件；紧接着，又于12月7日下发了《关于进一步促进广西经济社会发展的若干意见》（国发[2009]42号）文件，在这个《意见》里，旅游也是浓墨重彩一大块；时过不久，12月31日又下发了《关于推进海南国际旅游岛建设发展若干意见》（国发[2009]44号）文件。在一个月的时间内，国务院密集地下发3个文件，两个专门讲旅游，一个顺带讲旅游，这样的情况，历史上从未有过。综观这些重要文件，可以说是党和国家领导集体应对大时代、迎接大挑战的重要战略布署，也是高层领导高效共识的具体体现。尤其是41号文件，可以说是改革开放30多年来就旅游问题叙述得最好的一份文件。它明确了旅游作为国民经济战略性产业的定位和当前乃至今后一段时期中国旅游发展的中心任务与具体举措。可以说，从2009年开始，中国旅游业迎来了又一个春天，这个机遇我们应该也必须抓住，而且由于这几个文件的连续下发，各类投资主体都开始更多关注旅游。旅游投资项目的规模也越来越大，从原来的三四亿上升到十多亿甚至几十亿，整个行业处于迅速上台阶的阶段，也进入了一个必须要研究大时代的新发展问题的阶段。

当然，在由旅游大国向旅游强国迈进的过程中，要求我们从长远视域来讲、以旅游发展的眼光来看问题，必须具备一种新视野、一个大思路，要"跳出就当地看当地，跳出以旅游说旅游，跳出就项目论项目"。如果没有一个跳出的过程，就不会有一个再进入的过程。从某种意义上讲，旅游是一个标准、一个标志、一个形象，没有旅游就没有品牌，没有旅游就没有生活品质。基于此，本章归纳、展示了新时期旅游业发展的10个时代性的命题，这10个时代性的命题也是中国旅游下一步工作的难点和重点，是需要进一步研究和关注的中心问题。同时，每一个命题在旅游发展中都有新格局、新位置，也都有新发展的契机，把握住这些契机，中国旅游就会走在时代的最前沿。

第一节　国际经济摩擦时代的中国旅游

一、摩擦概况

2009 年，我国的外贸进出口总值为 22072.7 亿美元，其中出口 12016.7 亿美元，进口 10056 亿美元，全年贸易顺差 1960.7 亿美元。同年，德国的出口总额为 8032 亿欧元，相当于 11213 亿美元，少于中国的 12016 亿美元。中国的年出口额首次赶超德国，跃居全球首位。

与此同时，2009 年中国 GDP 为 4.9092 万亿美元，日本为 5.0675 万亿美元，中国 GDP 与日本相差 0.1583 万亿美元。2010 年，据我国国家统计局发布的 GDP 为 5.879 万亿美元，而据日本内阁公布的相关经济数据，同年日本 GDP 为 5.474 万亿美元。中国全年 GDP 首次超越日本，达到了世界第二；同时，又据世界贸易组织 2010 年 1 月 4 日的报告显示，2009 年全球发生了 130 多起贸易制裁案，其中 55 起反倾销诉讼都针对中国，中国成为最大的受害者。

不难看出，客观上，中国已经成为世界经济大国，在一体化的背景之下，在得到了全球化的好处之时，也必然要承担全球化的代价。因此，未来一个时期内，中国与国际社会的经济摩擦和贸易战加剧是无法回避的，寻求有效的解决途径与方法成为新时代中国经济发展的当务之急。

二、优势作用

与其他产业相比较，在发展的过程之中，旅游有可能超越其他行业，直接进入世界经济的水平分工体系。支持这一认识的原因主要有以下几点：

第一，客观上，在中国服务业出口格局中，重点和希望仍然是旅游业。当前世界各国的旅游科技含量都不是很高，这意味着我国和国际上的差距不大，也就有可能争取一步到位，直接进入世界的水平分工体系，不至于成为垂直分工体系的末端。

第二，旅游的发展几乎没有关税壁垒的问题，也基本不存在非关税壁垒的情况。就旅游本身而言，入境旅游是就地出口风景，就地出口劳务，就地出口商品，就地出口文化。这四个"就地"，一方面可以使现有的各种资源得到优化组合，以比较低的成本获取比较高的效益。另一方面可以积极避免或减少国际货物贸易中的种种壁垒。当然，在国际旅游活动中有一些特殊情况，但只是阶段性和局部的。

这在某种意义上意味着国际市场对我们来说基本上是完全开放的，加之中国旅游资源的比较优势，也在一定程度上为我国旅游业直接进入世界的水平分工体系创造了条件。

第三，在我国持续的改革开放和经济扩大过程之中，中国旅游低成本的价格优势可以进一步体现出来，这也就意味着旅游竞争力会持续增长。在实际发展过程中，除了规模的扩大和增量的调整所起到的作用之外，旅游业还实现了城乡之间、地区之间、产业之间、国际之间的交流，客观上改变了产业结构的比例、改变了国际间的财富分配比例。从长远发展来看，实质上是货币与资源的再交换，完成了又一次国民收入再分配，这样一个态势也使中国旅游的发展更加有利，从某种程度也会是中国旅游发展一个新的优势。

第四，随着发展，国际经济摩擦的势头会越猛。在这种状况之下，旅游的新优势得到进一步的突显，尤其是出境旅游会起到更加积极的作用。近年来，伴随着国家领导人出访，基本上都有一项重要成果，就是把出访国开辟成为中国公民出国旅游的目的地，客观上，旅游已经成为一个重要的外交工具。当然，旅游作为外交工具，可能是阶段性的，但是作为经贸工具，旅游成为缓解国际经济摩擦的润滑点，则是长期的。

三、应对策略

未来5—10年，中国将成为世界第一位的旅游目的地和前三位的旅游客源输出地，这从根本上改变了国际旅游的市场格局，也将从根本上拉动中国服务业的国际化格局。可以越来越明显地看到，旅游已经上升为国家战略，国内旅游成为国内服务业的重点，国际旅游成为中国服务业出口的重点。国发[2009]41号文件也提出：支持有条件的旅游企业"走出去"，这为旅游进行大的调整奠定了政策基础。当然，为此也需要建立一套新的运作机制，纳入国家大经贸体制，在世界贸易组织框架下创造新的方式，以旅游部门为主，联合商务、海关、外汇等部门，建立中国旅游国际化专用基金，形成专案，逐步推动。

第一，提高中国旅游的国际地位。多年以来，中国旅游在国际上的影响越来越大，但只是市场的自然影响，在国际组织中尚缺少应有的地位，在国际旅游秩序中缺乏应有的权威。下一步，在强化话语权的同时，要进一步研究中国旅游在世界的价格协调权、规则制定权、秩序维护权和组织发展权。

第二，突出中国出境旅游的国际影响。通过在中国召开世界旅游目的地大会等形式，整合市场资源、集中旅行社力量、加大客源力度、采用灵活的调度和引导方式，让世界进一步了解中国、了解中国旅游。

第三，与商务部等有关部门合作，在继续发挥外交工具功能的同时，切实形成国家经贸工具,以缓解国际经济摩擦。可以借鉴日本上世纪 80 年代的"黑字还流计划", 通过采用灵活的调度和引导方式,包括对旅行社的奖励措施等政策使出境旅游的优势更大程度地发挥。

第四,旅游花汇,减轻了国家外汇存底的压力,间接释放了部分通货膨胀的压力。现在对于旅游者花汇越来越放开,但是对于旅游企业花汇仍然手续繁琐,需要建立新机制,以支持旅游企业发挥新作用。

第五,应采用多种方式扶持旅游企业"走出去"。一是建立海外接待体系,形成"利润回流"。二是收购、兼并相应企业。三是借鉴携程旅游网和如家客栈的海外上市方式。四是扩大巴黎"中国文化城"的直接投资方式。总之,方式多样,途径多种,旅游海外投资也基本没有障碍,不涉及资源耗费,不涉及国家安全,是给当地创造了就业机会,谁都欢迎。

第二节 高速路网时代的旅游发展

一、基本情况

2009 年 12 月 26 日,武汉到广州之间的高速铁路开通,运营里程 1068.6 公里,武汉至广州的运行时间由原来的 10 小时 30 分缩短至 3 小时以内,辐射 20 多个城市 1 亿人口,里程之长,速度之快,投资之大,都是空前的。这是一个划时代的事件,标志着中国进入了高速时代。

按照规划,到 2012 年,我国将建成铁路客运专线 42 条,总里程 1.3 万公里,其中时速 250 公里的线路有 5000 公里,时速 350 公里的线路有 8000 公里。250 公里时速的城际铁路和 350 公里时速的高速铁路将迅速连接全国所有省会及 50 万人口以上的大城市,覆盖全国 90%以上人口,形成"四纵四横"的铁路快速客运通道。

与此同时,国家高速公路网形成了 7 条首都放射线、9 条南北纵向线和 18 条东西横向线组成(简称"7918 网")的"放射线与纵横网格相结合"的规划布局,总规模约 8.5 万公里的高速公路将连接全国所有的省会城市、目前城镇人口超过 50 万的大城市以及城镇人口超过 20 万的中等城市。将实现东部地区平均 30 分钟上高速,中部地区平均 1 小时上高速,西部地区平均 2 小时上高速,充分考虑为旅行提供快速通道的需求。

二、变化趋势

交通方式决定旅游方式,这是旅游发展过程中的重要规律。古代只能是"细雨骑驴入剑门",铁路则开创了工业时代的旅游格局,航空发展决定了越洋旅游的现代格局。而高速时代的来临,将使中国旅游发展格局建立在一个新的基础之上,旅游的便利性将大为提升,但也有其另一面的影响,需要全面关注并研究相应的对策。

一是同城化。北京和天津之间28分钟即可到达,两个特大型城市逐步融为一体。以此为代表,许多双子座式的城市都将联通,一些城市群也自然一体化。这必然会形成旅游产品联动、旅游市场联合的局面。与之相伴的是日常休闲的互动,下班之后,周末之时,市民的活动范围将随之扩展。

二是近城化。高铁开通后,北京到安徽宿州只需要3个小时,广州到黔东南也只是3个小时,交通的便捷和高速使城市之间的时间距离急剧缩短,地理距离将更大程度为时间距离所替代。

三是全国网络化。高速时代将给航空发展带来巨大的压力,也将在一定程度上迫使民航部门和航空公司进步,降低票价、改善服务、发展支线航空、便利公众的措施一项一项出台。由此形成航空、高速铁路、高速公路的体系,建立全国网络化格局。

四是区域网格化。就一个区域的旅游交通而言,不仅需要高速,也需要低速;不仅需要快捷,也需要慢游,总体是需要构建一个适用、实用、好用的交通体系,整合交通系统,形成网格化的交通,对于各地旅游发展而言,其重要性甚至大过交通网络化。

三、问题与契机

高速交通是国家和地方投资的重中之重,也不可避免地带来负面影响。

一是投资的回报问题,从目前情况来看,相当一部分地方是超前投资,设施利用率不高已经在现实中表现出来,甚至正在逐步演变成如何维持的问题。

二是高速交通是为区域的交通配置和城市发展服务的交通体系,必然强化城乡二元结构问题,客观上又使乡村凋敝的程度进一步加深。

三是交通体系的完备程度不足将进一步突出,相当于人体的动脉畅通而毛细血管不足,微循环不畅,这很难称作健康的肌体。

针对以上问题,在旅游发展中,优势可以充分利用,而问题也可以通过旅游得到减缓,这恰恰又构成了高速时代的旅游发展契机。

第一,新格局需要新的旅游方式,而交通体系的完善,将产生一系列新方式和新产品。

第二，旅游将大幅度提高高速交通的利用率，也将成为发展交通下一步的关注重点，由此还会使各类交通部门和旅游部门的关系更加紧密。

第三，乡村旅游发展的需求，会开创另一个交通格局，乡村公路不仅是单纯的交通道路，而是生态路、文化路、旅游路、交通路的四路合一，将有效减缓城乡二元结构的冲突。

第四，高速交通大建设阶段完成之后，如何运营达到可持续发展，势必会成为下一步需要关注的重要问题，由此也会产生高速公路新经济现象。借助现有的硬件条件，强化软开发，复合型经营，休闲、商业、文化等旅游活动都可以借机大展身手。

第五，速旅缓游已经成为了旅游市场的客观需求，速缓相接，减少了路上时间，增加了目的地玩的时间，在另一个层面上也就是增加了消费时间，意味着旅游效益的提升，最终意味着旅游与交通的双赢。

第三节　大地产时代的旅游运作

一、概况与成因

20年前，随着国家提出建设旅游度假区，地产商开始涉足旅游业。10年前，随着房地产业的根本转型，地产商进入旅游业，主要集中在两个领域：一是酒店，二是景区。近5年来，随着房地产急剧扩张，地产商大举进军旅游业，一方面在酒店和景区继续扩张，另一方面也不断开拓新领域，在地产界形成了一支旅游地产新军。目前从全国的情况来看，基本上凡是房地产交易会，必有旅游地产板块；凡是房地产论坛，必有旅游房地产题目。

为什么会产生这样的现象？究其原因，在宏观和微观两个方面都有一些解释：

其一，从宏观角度来看，一是酒店项目本身也是房地产市场的一个组成部分，多年以来在房地产市场上与其他商业地产联动，此消彼长。二是景区项目成为房地产圈地的新领域。三是旅游品牌对房地产行业具有新意义。

其二，从微观角度来看，一是开发好楼盘必须建配套的服务设施（这些服务设施大多以会所形式出现），而服务设施好建不好养，所以开发商会采取"用会所名义卖房子，以旅游养会所"的方式，会所自然就转成了旅游设施。二是楼盘本身很难建立品牌，配套建饭店并聘请著名饭店管理公司管理，就培育了联动品牌。

三是有效加大了建设成本，减少了账目利润，起到了合理避税作用，一定意义上也是政府帮助房地产发展的一种形式。四是留下一个实实在在的物业，使房地产开发商有可能转换发展模式。五是由于旅游发展具有良好的前景，与旅游捆绑在一起的房地产未来也会比较乐观。

二、作用因素

一方面，地产商的进入给旅游发展注入了新的血液，产生了重要作用。巨额资金的注入，使旅游项目开发从亿元级上升到十亿元级甚至上百亿元级，同时也带来了新的开发思路，把旅游项目的潜在效益深入挖掘出来。此外，形成了房地产模式与传统旅游模式的结合，创造了新的商业模式，提升了观念，开阔了眼界，使"跳出旅游做旅游"真正落地。

另一方面，客观上也使旅游炒作之风开始形成。当然，这个问题要一分为二地看，不能简单而论。

三、建构模式

在实践过程中，为旅游的发展创造了"A+B+C模式"。

"A"是吸引中心，作为吸引中心，成为发展的亮点，不仅吸引了游客，也吸引了政府。由于这样的项目需要大投入，市场也需要培育，所以有可能在直接经营上形成亏损局面。这样，一方面需要开发者的远见卓识，另一方面需要政府的政策支持。

"B"是利润中心，目前的一般形式是配套房地产建设，长远也会形成其他方式。

"C"是衍生发展，通过市场，聚集了人气；通过政策，聚集了商气；通过创意，聚集了文气，最终聚集了衍生产业的发展。从而延长产业链，扩大产业面，形成产业群，构造文化旅游产业聚集区的总体模式。

四、发展趋向

目前，中国房地产业正在追求升级，提出了"大地产时代"的口号。所谓大地产时代，就是要紧抓城镇化机遇，一是更深程度地介入城市化发展进程，二是更大范围地进入小城镇发展。这样，自然给旅游发展提出了新的课题，需要合理地"借力使力，借势造势"。

第一，大地产时代要求激励竞争下的品质提升、发展中的文化品牌，将进一步推动房地产与旅游的紧密结合。

第二，城市化的发展要求城市休闲功能的完善，其中的重点是城市中央休闲区，需要通过具体的房地产项目体现出来。

第三，农家乐升级，必然是文化村、主题镇，通过地产商的进入可以尽好尽快地达成目标。

第四，旅游小城镇的发展，成为各地新的旅游发展亮点，目前已经产生了一批，如浙江乌镇、云南和顺古镇等，不仅在文化方面创造了新格局，也在商业模式方面探索了新路径。

第五，"旅游房地产"的概念在学理上不准确，在实践中容易误导，主要是因为旅游是流动性需求，而房地产是固定性供给，所以应当调整为休闲房地产，丰富形态、创造第一生活、形成第二居所，满足第二生活需求。

第六，休闲社区的发展，随着消费需求的提高，房地产也在逐步升级，不仅是卖房子，也是卖环境，更是卖社区。这个问题涉及到七个方面：一是社区设施倾向于文化、体育和游憩结合；二是社区文化倾向于项目、趣味和层次统一；三是社区活动强调系列性和生活性；四是社区交流要求便利性与表演性协调；五是社区特点既体现公共性又兼具私密性；六是社区要兼顾挑战性与荣誉性；七是社区组织要考虑物业与业主的统一性。

第四节　低碳低耗时代的旅游发展

短短的一段时间内，低碳经济的说法铺天盖地，迅速成为时尚。哥本哈根会议，中国躲过了各种明枪暗箭，表明了积极的态度，又保持了自己的独立性。但这是一个长期的历史过程，对于各地和各个行业来说，都面对着一系列的选择，也意味着一种新的发展模式。

一、低碳低耗

初步看，低碳是经济发达国家构造出来的概念，并努力在形成碳机制。作为工业化发展已经几百年的国家，发达国家目前已经进入后工业化社会，形成了低碳发展的格局，同时掌握了低碳发展的前沿高端技术。自然可以高姿态，说漂亮话，其根本不仅是把握话语的主动权，而且进一步把握世界经济发展的主导权。而中国处于工业化发展中期，刚进入重化工业时代，和发达国家不在一个层次，也不能让人家牵着鼻子走。因此，"共同而有区别的责任"成为争论的核心。

进一步看，低碳是结果，是一种"逆向机制"。不利的一面是会使我国在国际上始终陷入被动局面，发达国家逼中国，发展中国家催中国，形成围城困局。有利的一面是逼迫各行各业改变发展模式,如同加入世界贸易组织对我国的作用一样,必须改革,必须接轨。其实,我们没有必要挑战低碳,但是可以超越低碳概念。

当然,从把握发展主动权的角度看,中国应当顺应要求、引领发展,按照中央提出建立资源节约型和环境友好型社会的总体要求,明确"低耗经济,低耗机制,低耗发展"的战略。低消耗是根本,是源头机制,有低耗必有低碳。过去普遍认为低碳就是低消耗,但却是低水平、小农经济的低消耗,现在要谋求的是高水平、现代化的低消耗。低耗经济的主要内容应当是两低两高,即低能源消耗,低物料消耗,高人力消耗,高智力消耗。这恰恰符合中国的实际情况,也是中国的优势所在。为此,应当全面树立低耗观念,研究低耗技术,推广低耗生活。

二、旅游降耗

从生活角度来看,旅游活动自古有之,对个人来说,是短期的特殊生活过程;对社会而言,是长存的特殊生活方式。与日常生活状态比较,旅游生活可以说是一种高耗生活,因此需要降耗,但主要应当通过智能化的发展来进行,这就要求旅游提高科技含量,促进转型升级,转型升级本身也包含科技含量密度的提高。

从产业角度看,旅游消耗资源相对较少,其中观光类产品几乎是无限利用,其他产品可以反复利用,完全符合中国资源短缺的现状。另一方面,旅游需求本身也创造大量中间需求,由此可以培育一批新兴产业和业态形式,如旅游装备工业、旅游购物体系等。

从旅游产业内容来看,涉及多个方面和多种方式,其中提高科技含量的重点是大力推行适用技术。旅游只是技术的使用者,但如何选择,如何推广,则是低耗旅游发展的根本。如温控技术、光控技术、地温利用技术、垃圾再利用、温泉再利用、环保汽车使用和组织体系创新等等,一系列新课题不断产生,需要全行业的重视。

从产业比较角度看,旅游发展天然低耗,与其他产业相比较,同等消耗而旅游产出明显较高,同等产出而旅游消耗明显较低。尤其是在传统的物料消耗方面表现更加明显,利用率和利用水平都比较充分。如乡村旅游发展,不仅充分利用了传统物料,也充分挖掘了传统文化。

第五节　休闲时代的旅游转型

一、基本分析

中国已经开始进入休闲时代，尽管社会各界对此还存在一些争议，但是市场本身已经明明白白地显示出来了。关于休闲，有无数的说法。简单说，闲就是可自由支配的时间，休就是消磨自由时间的方式，综合到一起，休闲就是对自由时间的多样化安排。

从时间维度上划分，休闲有小闲、中闲、大闲，小闲是八小时之外的日常闲暇，是一天中的三分之一；中闲是大周末；大闲是法定假日和带薪假期。中闲和大闲时间之和约占全年的三分之一。由此，也可以说，休闲是围绕着生活的三分之一在做文章。

从空间维度来看，首先是家庭休闲，这是休闲空间的基础。第二是社区休闲，这是休闲空间的放大。第三是城市休闲体系，这是休闲空间的延伸。第四是环城市休闲游憩带，这是休闲空间的拓展，基本上现在每一个城市的周边，大体都形成了环城市休闲游憩带。第五是乡村休闲，这是休闲空间的发散。第六是异地休闲，就是通常所说的观光，实际上准确地说是异地休闲的概念，包括一部分度假，都是休闲空间的辐射。第七是网络休闲，通过虚拟空间的各种游戏消磨时间。是休闲空间的补充。最后是互为空间，形成了一个系统完整的休闲空间体系。

二、消费分析

从一般的消费发展阶段看，在求温饱的时期，主要解决"吃、穿、用"的问题。在进入小康时期之后，则要形成新的"住、行、游"概念，住是房地产市场的培育，行是交通体系的培育和汽车产业的完善，如果把"游"字加上去，则是旅游发展的根本定位，意味着旅游应该也必须成为小康生活的基本要素，是小康社会的发展目标之一。

到中等发达时期，就是更多的精神消费追求，表现为"文、体、美"的概念，这是休闲消费普遍化的时期。而到发达时期，就是"多、新、奇"的个性化消费时代。目前中国的特点是融各个阶段于一体，各种休闲方式丰富多彩。因此，休闲是中国旅游产业转型、升级、发展的必然。

三、旅游转型

休闲时代的旅游转型涉及许多方面，目前来看，以下几个方面的要求和表现较为突出：

首先是产品转型，从比较单一的观光型向复合型发展。即观光、商务、度假、特种旅游等不同产品的综合配置，适宜发展什么，优势是什么，就发展什么。由于传统非此即彼的思维方式，有些观点把观光和休闲相对立，实际上是一种错误的认识，两者之间应该是互相包容，共同促进的关系。

其次是市场转型，小闲对应本地市场，中闲对应周边市场，大闲对应远程市场。不同年龄的需求对应不同的休闲空间，不同层次的需求对应不同的设施。需要切实树立大市场的观念，全面开发大市场。

第三是管理转型，从旅游部门管理到产业协同管理，从旅行社管理到旅行业务管理，从星级饭店管理到流动住宿管理，从旅游景区管理到旅游吸引物管理，从供给管理到需求管理，从行业管理到公共管理，从国内管理到国际协作。

第四是城市转型，近年，许多城市都提出建设休闲城市，各个城市都在强化休闲功能。应该说，休闲城市应达到"在城市生活中休闲活动普遍，具有丰富的休闲设施；休闲产业在城市发展中占据重要地位，形成品牌，并构成强大的市场吸引力"的基本要求。休闲城市要符合宜居城市、人文城市、特色城市、和谐城市等多元的要求，环境适宜人居住，具备欢迎外来者的人文精神，本地传统文化挖掘到位，最重要的是政治、经济、社会、环境各方面和谐发展。

第五是发展转型，即按照国发[2009]41号文件的要求，推动产业融合，构造大旅游体系。在发展中，旅游应主动融入中心、纳入主流。多年以来，业界一直强调"旅游服从大局"，后来讲"旅游服务大局"，实际上无论服从还是服务，都意味着旅游是边缘化的。现在要讲"旅游融入大局、构造大局"。这个大局观的转换，就意味着旅游就在中心，就是主流。当然，要成为中心，旅游一是要服务工业化，二是要促进城镇化，三是要推动国际化，四是要拉动新农村建设。只要形成这样的格局，旅游自然就是中心工作和发展主流了。

第六节 新技术时代的旅游升级

一、发展导向

科学技术问题可以说是困惑中国旅游发展几十年的一个大问题。改革开放30年，每一个产业都在不断地经历技术发展、升级换代，而旅游业在这方面明显落后，本来是改革开放的先导产业，却为何会如此？究其原因，不外乎以下几点：

首先，传统观念的影响和制约。中国旅游发展30年来，总体而言基本还是传统方式、传统业态、传统技术、传统经营，除了一些旅游网站有所突破以外，基本还是停留在初期的状态。30年前旅行社的行业术语和服务方法到现在还在用，仅仅是进行了简单的手段变化，从电话改成电脑，但本质上并没有变。今天的旅游业普遍存在"现代需求增长对应传统形式供给，现代产业结构对应传统产业要素供给，现代产业特征对应传统运营模式"的问题。严格地说，我国旅游业目前在技术方面落后了制造业20年，落后了金融业、流通业10年。同时，还会经常听到"旅游业是一个面对大市场的传统行业，是一个面对大资本的传统行业"的说法，如果"传统"这两个字不取消，就难以谋求新的发展。

其次，升级换代慢，竞争混乱。在世界贸易组织分类里，旅游就被叫做传统服务业。可是在中国，旅游是新兴产业，但是这个新兴产业一开始就是建立在一个传统的基础之上，这客观上造成这个行业30年时间几乎没有升级换代。

酒店设施不断地在升级，越建越豪华，但是服务和管理技术没有换代；旅行社行业基本上连升级都没有，所以由此就形成了旅游业行业竞争混乱。过去认为竞争混乱是旅游管理不力，要求治理整顿的呼声此起彼伏。但是，实际上，旅游市场的治理整顿不宜盲目强化，如果认为抓整顿市场就能好，这实际上相当于还在迷信计划经济，市场乱了就抓，一抓就好，那还是政府强化。

第三，作为一个新兴服务业，研究新技术，新观念始终没有引起足够的重视。其中有一个客观原因，就是旅游发展自身技术含量不高。因为技术含量不高，大家采用传统的方式可以运营下去，那为什么要追求新技术的采用，新技术的采用可能有很大的风险，得过且过吧。所以，这就构成整个行业，也是我国建设世界旅游强国的一个潜在的最大问题，而且对这个最大问题目前意识得仍然不充分，有的甚至根本没有意识到。

第四，传统与新兴的结合度不够紧密。目前来看，传统与新兴的结合是中国旅游在新技术时代升级的唯一出路。如何提高旅游产业的技术含量事实上已经成为一个问题，但是很多旅游企业还没感觉到这是个需求。如，在国际竞争的大背景下，制造业如果没有相应的技术领先，在市场上就站不住。中国旅游以前是靠劳动密集型，靠引进技术，后来发现这种模式在一个阶段是可用的，到了下一个阶段就必须要调整。

可以说，随着旅游业现代产业特征的日益突出，传统的运营模式很难长期维系。目前，虽然出现了一些高科技技术的应用，如携程网等。但是，也要认识到，这其实并不是旅游科技的创造，只是现代信息科技的使用。大家都知道，除了外联、计调、导游这三大块传统业务之外，旅行社一直有一个边缘性的业务就叫委托代办。携程网所做的业务仍然是传统业务，是把委托代办这个环节集中放大，做成一个现代企业，这样一个现代企业的发展，实际上就是将传统业务、传统内容对应现代组织、现代手段和现代运营，虽然对应了现代的需求增长、产业结构的调整和产业的要求，但是仍然解决不了根本问题。同样，由于旅游业技术落后，整个行业升级换代慢，自然也造成大家都在同一层次上竞争。同质化产品、相同价格、相同服务的结果只能是打乱仗，成为恶性价格竞争，价格竞争到头，旅行社就是零团费、负团费。这就是行业规模发展很大，速度很快，但是整个产业素质不高的根本原因。

二、核心技术

针对上述问题，应该如何从根本上解决？无疑，转型、升级是必由之路。转型就是要从传统的单一观光方式转向复合型的方式。所以，对旅游发展的看法是什么时候旅行社淡化了，不用治理，旅游市场秩序就会好了。因为游客本身都可以自己解决问题了，旅行社就必须完成转型升级。这是根本所在，不是政府投入精力和力度的问题。

首先，最基本的要求就是提高技术含量。

技术有三类：一类叫高新技术，一类叫成熟技术，一类叫适用技术。旅游发展的要求是高新技术运用，成熟技术推广，适用技术普及。

在这方面，旅游企业不用下太多功夫谋求当技术的创新者，客观上也当不了，认真地应用推广普及就可以了。应该说，旅游可以有商标专利、新型包装专利等。但旅游企业真正需要研究的是技术能带来什么，技术对旅游产业的推动有什么作用。所以，这里面技术的推广就形成了流程的变化。同理，现在行业里有一些技术含量较高的企业，实际上做的也主要是应用推广普及层面的工作。比如华侨城，属于主题公园系列产品，就技术层面而言在世界上都属一流，但是华侨城企业自身并没有持有多少技术专利。

其次，通过有效方式达到三种变化。

一是技术推广与运营流程的变化。由于一些新的技术引进，不管是旅行社、饭店还是景区，很多传统的运营流程实际上都已经有了大的变化，这种变化很大程度就是由技术的推广带来的。

二是技术应用与组织结构变化。技术在不断发展，技术发展促使组织结构也在不断变化。比如，互联网的出现便有效解决了原来靠打电话、发传真处理业务，特别是国际业务的困难。当然，对应的组织调整也在不断变化。其中一个最大的变化就是全世界的企业在互联网应用的背景之下，在新的产业竞争的基础之上，组织结构一定是扁平化结构。可是在旅游行业里，扁平化结构基本上没有形成，也就意味着在竞争的过程中，效率较低。从这个角度来说，组织结构的调整是下一步旅游发展面临的新任务，这种任务更多的要靠技术应用来推动，如果没有新技术的引入，大家就没有这种变革的动力。

三是技术创新与发展创新的变化。旅游产业的技术创新与发展创新不同于自然科学领域的技术创新，一定意义上应该是"需求引导生产、创造供给"，客观上，旅游更多的技术创新是组织技术创新和运营技术创新，同时也包括一系列新技术的引进和应用，把这些做到了，实际上很多情况都会改变，这样就使发展有可能站到需求的前沿。

一流的旅游企业可以站到需求前沿，可以引导需求，挖掘需求。旅游企业也可以通过"适应需求、刺激需求、挖掘需求、引导需求、创造新的需求"的步骤，真正把握发展的主动权，形成核心技术。

从旅游发展的实际来看，核心技术有三个层次。

一是信息化，达到有效沟通。信息化主要通过技术途径，解决旅游发展中信息不对称的问题，起到互相沟通的作用，是新时代旅游发展的表层核心技术。

旅游产业有一个非常典型的特点，就是产品是非实体性的产品，所以在市场上旅游产品的表现主要是信息化产品。1993年在广州举办第一届全国国内旅游交易会时，就有广州市民产生"旅游也有交易会，旅游交易会交易什么东西"的疑问。那次交易会有半天时间对市民开放，基本都是看图片、发材料，这就是非常典型的信息化产品。同时，旅游运营过程中信息化所起的作用也是根本的，因此，可以说互联网的大规模普及实际上给旅游的腾飞插上了翅膀。

二是数字化，形成新型工具。数字化起覆盖整合的作用，主要解决经济发展中职能功效的问题，是新时代旅游发展的浅层核心技术。数字化可以提高运作效率，降低运作成本，生成具有价值的知识。随着信息化的发展，数字化也随之发展起来，数字化现在最有效的新型工具就是搜索引擎。可以说，依托互联网形成的现代信息化在旅游行业基本上已经普及了，数字化才刚刚开始。

三是智能化，构造新的发展模式。智能化可以通过包括知识在内的资源有效配置与合理运行，获取知识并得到运用知识求解问题的能力，协调各个发展要素之间的关系，生成最优的信息和资源使用结构，大幅度提高运营效能，创造信息的核心竞争力。智能化是新时代旅游发展的深层核心技术，构造了旅游产业未来的发展模式。谁能抓住智能化，谁就有未来。

这方面，美国人的战略眼光值得学习。与2009年开始的金融危机相伴随的是美国政府的一系列救市行为，其中明确提出了智能化概念，并以整个美国电网智能化建设为切入点。诚然，花300亿美元解决美国的电网智能化问题，可以创造3000亿美元的GDP，解决500万人的就业，不失是一项对策。但更值得思考的是，即使是在经济最低谷、最困难的时期，美国人看的仍然是最前沿的问题。可以说，这对我们来说是一种震撼。同样，智能化的旅游发展，是一个覆盖全行业，覆盖各个领域，从城市到景区，一直到各个产业的大问题。

三、影响与趋势

现在要说旅游产业不成熟，一个最大的问题就是整个产业还没有一个合理的市场分工体系。市场分工无非就是两个体系，一个垂直分工体系，一个水平分工体系。现在旅游的垂直分工体系在区域可以表现出来，但是在区域内部基本没有，都是用低层次的水平分工。中国旅游资源很多，这已经是被事实普遍证明的，但是在将资源组织生产成为产品的过程中还需要深化配置。智能化的发展把现有旅游企业的很多职能都分解了，已经使传统的运作形态发生了根本的改变，在下一步的发展中，在智能化的引导之下会使整个旅游产业结构不断变化，而且会更加优化。从进一步的发展来说，智能化的发展会起到六个方面的作用。

一是深化资源配置，二是全面提升效率，三是分解经营职能，四是改变运作形态，五是推动结构变化，六是促进市场分工。在这六个方面的作用下，会形成以下五个普遍化的发展趋势：

第一，个性定制普遍化。没有信息化、数字化、智能化，个性定制就很难普遍化，这是必然的。这种变化实际上已经在悄然发生了，只不过还没有形成气候。

第二，营销网络普遍化。营销不是单打独斗的问题，必然是网络化发展。

第三，消费档案普遍化。这点目前在很多酒店都做到了，如某位客人到这家酒店十次，每次住的都是商务套房，酒店就会给他留下一份消费档案，把该客人的各种喜好都记下来。然后进一步发展到客人来第二次酒店就有档案，甚至来过一次就有记录，这就和个性定制紧密联系在一起了。

第四，弹性供给普遍化。供给弹性的变化意味着一定意义上消费者也变成生产者。如，旅游者想出去观光，沿途行程都可以由自己定，一串邮件发出去，就可以顺利出行了。一定意义上，这时候一个消费者就变成了这一个短时段的生产者。更不用说度假了。度假的这一系列内容完全都可以自己定下来，全世界都可以。但是，似乎又有新的问题产生了，传统旅行社如何生存？传统的饭店经营方式能维持吗？所以要求供给方面有极大的弹性，形成一个消费者和生产者互动的格局。

第五，快乐追求普遍化。在传统的旅游方式之下，追求的就是多看，看得越多越好，至于看到了什么，体验到了什么并不重要。所以经常碰到的情况就是，具体谈论起旅游者在某一个旅游目的地的旅游经历时得看照片，不看照片就没有概念。现在这种时代已经过去了，很自然，大家追求的就是体验的深化，最终追求的就是一种快乐。

可以说，这五个普遍化是旅游未来的发展趋势，它们都是以新技术的引进和推广为基础的，所以，"得科技者得天下，得智能者得未来"应该是旅游行业下一步发展的真实写照。

第七节　新生态时代的旅游深化

一、理念剖析

生态旅游是遵循可持续发展的原则，依托自然生态系统以及与之共生的人文生态系统，追求人与自然和谐的高级旅游形态，是现代社会发展的必然需求和产物。

首先，作为一种发展理念，生态旅游是指在旅游活动全过程及旅游经营管理的各环节，均以生态保护为首要原则，突出环境责任、社会责任和文化责任，强调天人合一，追求可持续发展。

其次，作为一种旅游产品，生态旅游主要是指采用生态友好的方式，为消费者提供高质量生态体验的服务和要素组合。

第三，作为一种旅游活动，生态旅游是指到具有生态价值的地区，用生态友好的方式，体验生态之美的行为。

严格来讲，生态旅游的发展不是简单地这么一说，要强调生态旅游，就是要把这三个方面的内容贯穿进旅游活动的整个过程中。

一是立足大旅游。作为旅游产品、旅游活动都贯穿进来，这样就是要立足大旅游，不能把生态旅游仅仅局限在符合一定标准和条件的特殊旅游区域或产品。

在国际上，生态旅游是少数人的活动，而不是大众的。但中国有13亿人口，对于中国来说，好的生态环境是稀缺产品，发达国家给游客的普遍感觉是蓝天白云、绿树鲜花，但在中国这是可望而不可及的目标。生态旅游在中国自然会下降一个档次，一定要研究大众化，还要扩展应用到旅游产业的各个要素、各个环节和旅游活动的全过程，以最大限度地提高旅游的生态友好程度。

二是立足大生态。这里所说的不是简单的原生态概念，原生态是少数人的，实际在一定意义上是次生态和泛生态。在西方，单纯的原生态是探险者的需求，但在中国显然不行。如西双版纳，凤尾竹下的傣家竹楼何其诗情画意，可到现场一看，原生态的环境与想象大相径庭。所以一定是保持这种意境，但提供现代的生活方式，这就衍生出了次生态旅游的概念。不能把生态旅游对象仅仅框定为原生态或单纯自然环境，还要拓展到与自然生态共生的人文生态，进一步也可以将生态恶化区域作为生态旅游的体验对象，以更加充分地发挥生态旅游的教育、警示和督促作用。

三是立足大市场。不能把生态旅游仅仅限定为少数人、少数区域的旅游，体验生态、享受生态是人类的基本权利，只有面向大众、服务大众、教育大众，才能真正使环境安全意识和生态保护意识落到实处，产生实效。国家旅游局把2009年定为"生态旅游年"。之所以确定为生态旅游年是当年国家环保部和国家旅游局做了一个《全国生态旅游发展纲要》，出台了《生态旅游示范区建设标准》，在研究生态旅游文件的论证会上，某位教授说了一句话"请你们尊重'生态'二字，不要把什么都套到生态里"。其实，这是富人理念、贵族观念。一方面，放着这样好的生态环境不利用可能吗？不利用就有可能被破坏。虽然有些无奈，但这是中国的特色，不得不面对。另一方面，还必须研究在这样的基础之上怎样做，而不是简单模仿发达国家的理念、简单按其规范操作。

二、发展趋势

一是让历史变得时尚，让文化变得轻松，让自然变得可亲，让一切吸引元素变成可以销售的产品。最终做旅游，要在市场上说话。

二是体现"民俗风、山水画、田园诗、文化歌、生活曲、梦幻情"。这是用一种诗意的语言来描述。要真正做到使客人有这样的体验、有这样的感受，如果这些都能够达到要求，肯定就是一流的。

三是生态融合。就是真正构建一种"大自然、深生态、活文化、真生活"的生态融合体系，来对应解决目前"小自然、浅生态、假文化、伪生活"的旅游表象，这才能真正具有吸引力。

第八节　新海洋时代的旅游拓展

一、国海战略

农耕民族躲避海洋，游牧民族不知海洋，海洋民族驰骋海洋，现代社会发展海洋。这是必然的，这就是国家战略的所在。有一句话是"21世纪是海洋世纪，世界是海洋世界"，中国已经延误了300年的时间，必须要抓住新的机遇。培育民族海洋意识要从海洋旅游开始，形成海洋发展战略要从近海开始，建设海洋大国要从海洋产业开始。

近年来，山东提了多年的海洋山东，浙江也在提海上浙江，实际上就是把海洋产业作为新的产业培育。有报道称，2009年中国海洋产业的总产值已经达到3万亿元，包括一系列的产业，这里面自然也就包括了海洋旅游。2009年4月18日—19日，出席博鳌亚洲论坛年会的中共中央政治局常委、国务院总理温家宝在海南视察时也专门强调了海洋旅游。当然，必须要提起注意的是，这里所说的海洋旅游并不是我国现有的、局限的、简单的滨海旅游，而应该是一个全方位、复合型、大视野、深层次的新型旅游，是建立在国家海洋战略基础上的旅游拓展方向。

二、构建思路

首先是全方位。所谓全方位的海洋旅游并不是一个复杂的说法，只是强调要从"地理海洋、历史海洋、军事海洋、运输海洋、物产海洋、景观海洋、运动海洋、娱乐海洋、体验海洋、生活海洋、文化海洋、高端海洋"等各个角度来全面理解。

其次是复合型。从地理组合元素来说，海洋旅游涉及到陆地、海岸、海水、岛屿、礁石、生物等多种资源要素，而其中每一要素中的每一类都可以形成创新的资源，各类之间的组合又可以提炼出独特的主题，这是复合型发展的典型旅游产品。

第三是大视野。一是海洋旅游产品应该是现代旅游、时尚旅游、滨海旅游、休闲度假、商务旅游和国际生活社区等系列的组合。而我国目前大体上就是度假酒店再加上房地产，这是远远不行的。二是从产品种类来说，海滨是休闲地产，滨海是度假酒店；海滩是娱乐，近海是运动；远海是特种旅游，跨海是一种体验；

腹地是生态,城市是文化。这就形成一个海洋旅游产品的种类组合。尤其是远海,业界现在还没有"远海"的概念,更没有"洋"的概念。远海旅游基本没开发过。当年郑和下西洋比哥伦布还早了50年,但是哥伦布发现了新大陆,彻底改变了世界的历史,改变了世界的格局。而郑和下西洋对历史、对世界的影响却显然没有哥伦布深远而且重大。中国人在历史上就怕海,所以更要有一个全方位、复合型、大视野、深层次的海洋观。

第四是深层次。海洋旅游的概念要落实到具体的空间上,组合要体现到特色项目上。从产品的组织与项目开发角度来说,既要有一个比较开阔的概念,又要有各种各样的要素组合,既要形成很多项目支撑,还要研究哪一类的项目更适应本地区发展需要。

三、发展问题

从产品角度来说,目前我国的海洋近程休闲是受到关注的,但远程海洋度假还没有开始。这辜负了海岸线的资源,辜负了海洋资源。许多时候,是大家自发地去了海边,然后依照简单需求进行了一下大略的包装和建设就经营起来了,这是典型的自发市场,是不需要拉动就自然产生的市场。其市场的覆盖面、影响面和持续度显然有限,与真正意义上的海洋旅游还相去甚远。因此,要构造一个"近程休闲、远途度假、文化深入"的"复合型海洋旅游产品结构",还需要做很多的努力。

从开发与经营角度来看,应该充分考虑和研究海洋旅游的市场特点,一是依托滨海度假区形成集聚;二是在布局上突出黄金地段,形成黄金效益;三是将城市、滨海区域和海洋有机联动,形成关注精致与细节的人本模式。其经营要关注以下五类问题:

一是时间问题。即如何有效提高海洋资源的旅游利用系数。

二是延伸问题。即如何整合,由会议旅游突破形成海洋文化旅游,再延伸为旅游基地。

三是分工问题。即不同的产业、经营管理主体在海洋旅游设施的建设和管理;服务与产品的组合、提升中应该如何分工合作,形成多赢格局,各自应该承担什么样的任务的问题等。

四是区域模式问题。即不同区域的海洋旅游产品采取何种形式实现差异经营、彰显特色、维护和扩大市场的问题。

五是组织模式问题。即政府与企业在海洋旅游开发与经营中应该形成什么样的新产品,数字旅游、智能海滨、新型交通、创新服务如何落地的问题。

四、海滨地产

这里值得一提的是，作为第二居所、第一生活，近年来，海滨房地产的发展形势喜人，也越来越成为房地产开发的一个方向。当然，由地面附着的"房产"所表现出的不同形态盘活和赋予"地产"不同的概念与认识是开发的核心，同时还涉及"海滨房地产、度假酒店与海洋旅游的关系"问题，概括起来，基本有以下几类模式：

1. 由"酒店房产"开发延伸出的"核心地产"的开发模式；
2. 由"休闲房产"开发扩展出的"景观地产"的开发模式；
3. 由"文化房产"开发凝炼出的"主题地产"的开发模式；
4. 由"生态房产"开发引申出的"田园地产"的开发模式；
5. 由"娱乐房产"开发积累出的"聚合地产"的开发模式；
6. 由"复合房产"开发拓展出的"生活地产"的开发模式。

第九节 大活动时代的旅游定位

一、活动发展

动是人生之本，也是旅游之本。多年以来，旅游自身开展活动，同时借助各种各样的大活动，已经见到了显著的效果，也积累了不少经验和教训。

改革开放以来，中国举办的大型活动尤其是国际性的大型活动，第一个就是1995年的世界妇女大会。第二个是1999年昆明世博会。一个世博会办下来，昆明的城市建设提前了十年，但是也要注意，所形成的财政负担也非常沉重。所谓提前十年只是把成果放在这里了，但是真正的发展过程还是这十年。客观来看，近两年昆明才启动新一轮的城市改造。当然，北京奥运会，标志着中国正式进入现代化国家行列；上海世博会，标志着以上海为龙头的长三角进入世界第六大都市群。这些国际性大型活动的举办使中国各地进入了举办大型活动的高潮，也为中国真正形成节事旅游产品奠定了基础。但是，大型活动到底应该如何办、与旅游如何对接是值得探讨的。

第一，活动的类型。目前来看，有以下几类：一是政治型，如国庆六十周年；二是经贸型，如中部六省投资贸易博览会、广州车展等；三是运动型，如大运会、亚运会等各类综合性赛事，顶级的就是奥运会；四是娱乐型，如同一首歌、嘉年华会等；五是文化型，如各类论坛、博览会，顶级的就是世博会。

第二，活动的发展过程。从生涩到成熟，从紧张到从容。中国人办大型活动原来没有经验，现在有了许多经验，但尚未达到真正的从容。在这方面，西方社会许多时候给了我们许多启示。如，2010年温哥华第21届冬奥会开幕式，计划点燃四根冰柱，但现场只点燃了三根，这是重大失误；但在闭幕式的时候，出场一个小丑，非常夸张地把这个冰柱又点燃了，赢得了满场掌声。大家被冬奥会组委会所感动，第一感动于他的幽默，第二感动于他的勇气，有勇气来承认自己的失误，而且还用非常幽默的手段来表现自己的失误。尤其是在闭幕式能想出这样一招，这才叫创意，所有的观众带着极大的宽容、极大的欣赏、极大的赞赏来鼓掌，中国大型活动会的举办者要参考这样的处理思路。

第三，除了政治型活动之外，尽量淡化政治，是活动成功的基础；努力创造特色，是活动成功的主导；在非商业感觉中达到商业效果，是活动成功的艺术。当然，这只是一个概念，不同类型的大型活动还有不同的具体要求。

二、活动经验

一是选准题目，常规性的活动题目要选准；二是挖掘资源，举办大型活动不是某个部门单独能办下来的，一定是部门整合和各类社会资源联合的结果；三是创造品牌，举办大型活动，要看准市场，尽可能形成轰动、创造品牌效应；四是锲而不舍，目前来看，全国的经验大体上都是如此，办三届还能撑下来就成功了，撑不下来自己也就消亡了。最典型的例子是大连的国际赏槐会，到2011年已经连续举办了22届，发展成为大连市吸引海内外旅游者的一项重要的专项旅游产品，集旅游、文化、体育、经贸和民俗风情展示与交流于一体的大型节事旅游产品。北方城市到处都是槐树，但因为历史原因，很多日本人对旅顺很有感情，在旅顺与大连之间有个龙王塘镇，这个镇一到5月槐树开花，日本人就自发地去了。于是，1989年，大连抓住时机搞了一个赏槐会，第一届因为倒春寒，槐树不开花，不得已是从山东运来槐花，绑在大连的槐树上，之后一届一届延续下来。时至今日，赏槐会变成一个历时5—7天的大型赏槐经贸洽谈会，在海内外的知名度和影响力越来越大，吸引力越来越强。不仅每年有来自日本的大量游客，而且韩国、俄罗斯、马来西亚等国家也纷纷派出表演队借助赏槐会这一平台展现各国文化风情，实现了大连市民与国际的面对面交流。可以说，非常特殊的历史、非常特殊的思路，才形成这种特殊的旅游项目，看槐花也能变成一个国际性的活动，成功的关键还是在于锲而不舍。

三、核心问题

一是商机有限。包括经贸型的大型活动在内，本质上都只是沟通，这点在很多活动中都得到了充分的印证。应该说，大型活动商机有限是一个客观的评价，当然，活动所创造的无限发展空间是活动需要举办下去的根本理由。

二是量力而行。目前，有些地方经济条件较好，做大型活动问题不大，但是很多地方经济基础不足，做大型活动压力就较大。在组织大型活动时一定要注意量体裁衣，切忌不自量力。当前有这样一种错误趋势，活动年年不停地搞，规模越来越大，但却不知到底实效如何，这样就有些劳民伤财、得不偿失了。

三是中途转向。大型活动一定要有一个终极目标，应明确到底要达到什么目的，切不可在中途转向。实际上每一次变化都意味着资源的调整，意味着工作重心的调整，如果一开始就把目标瞄清楚，其他的辅助目标围绕着主导目标，活动反而更容易成功。

四是自己热闹。现在，很多地方举办大型活动都喜欢冠以"国际"二字，甚至于到最后请不来外国人就找些外国留学生充数，觉得这样国际化氛围就有了，但本质上还是关起门来自吹自擂，这样的大型活动相当于掩耳盗铃，不如不搞。

这方面，上海世博会或多或少留下了一些经验。世博会的主办方很聪明，其集中表现有两点：第一，旅游资源配置并没有局限于上海，而是以长三角地区的资源为基础进行全面配置，世博会前上海并没有新建多少酒店，而是统筹安排整个长三角15个城市的酒店用于接待。第二点，整个世博会的筹备过程就是一个总体营销的过程，在这个过程中不断地产生各种各样的亮点和热点。上海世博会基本上是提前预热了几年，从2009年4月30日倒计时一周年的时候就已经开始大热了，直到目前，世博会已经结束了一年多仍然还具有相当的吸引力。世博会结束之后，留下了一些永久性的标志性建筑和其他特色旅游吸引物供游客持续观光，延长记忆的做法也是值得借鉴的。这方面，我们许多大型活动的举办地都应该多加思考，比如北京奥运会之后，奥运场馆的再利用就是摆在北京面前的核心问题，解决问题的方法可以有以下几个：第一是功能强化，即奥林匹克区主体功能的强化，成为高水平的体育运动设施的重要补充；第二是功能转化，有一些区域不再强调体育功能，而是转换成文化功能，为市民乃至旅游者提供文化旅游活动场所；第三是功能泛化，把整个奥林匹克区作为一个文化体育旅游区来统一筹划，创造品牌，形成专项旅游产品和旅游线路；第四是创造遗产，将奥林匹克区域整体筹划申报世界文化遗产，形成永久的标志性地理符号。

四、游动未来

从旅游的角度来说,需要借助大活动,结合大活动来创造未来,也需要在以下几方面着重进行研究。

一是创造特色。要把很多大型活动转化成旅游的内容,就必须形成特色。这方面,文化型的活动比较容易形成,娱乐型的也比较容易形成,但是经贸型、运动型的活动一般都不太容易形成,需要深入研究。

二是借力使力。很多活动和旅游没有直接的关系,比如大运会等,旅游单位的主要功能就是接待,但在这个过程中也确实需要研究如何借力使力,拓展旅游空间。

三是追求实效。不能仅仅满足于热闹,实效的核心就是创造品牌,谋求长远,拉动发展。因此,旅游与活动的结合是要通过活动品牌来提升旅游影响,最终形成旅游品牌。

四是突出产品。将来要形成一系列的产品,比如大型体育活动办完了,除了主场馆之外,其他的场馆能不能也形成一个综合的文化体育旅游区,变成产品,然后按照功能强化、转化、泛化。要对每一个项目进行具体研究,使之成为一个文化体育旅游区,这个产品就变成长久的具有核心竞争力的事物。

五是持续推进。因为在大型活动之前、之中会达到一个高潮,活动之后会有一个后续效应,但是如果只是借助活动本身,后续效应时间不会太长,这样就需要研究持续推进的问题。比如大型体育活动之后不断地研究一些文化休闲体育旅游这样的亮点并不断固化形成旅游产品,就可以形成持续推动。

六是拉动发展。如果举办一个大型活动不能拉动一个区域的全面发展,显然是不足的。

第十节　大产业时代的旅游交融

很多年前,我国旅游界普遍认为,旅游就是旅行社、饭店、景区,后来随着旅游业的发展,提出"大旅游"是行、游、住、食、购、娱六要素构成的体系;实际上,究其根本,真正的"大旅游"应是大产业时代达到现代产业融合要求的旅游。

一、旅游资源

业界一度认为,旅游资源就是两大类,一类是自然旅游资源,就是要有名山大川;一类是人文旅游资源,就是要有名胜古迹。这实际上是以观光旅游的思路确定的资源范畴。结合国际的旅游发展经验和中国旅游业的发展过程,可以很清楚地看出,旅游的发展不完全是靠这两类资源,新的资源概念就是社会旅游资源,包括环境旅游资源、生活旅游资源、产业旅游资源,可以统称为社会旅游资源。可以发现,在这三大类旅游资源的定位下,基本上没有什么不可被旅游利用的资源了。

如有的城市开展"垃圾一日游";北京也曾经办过"自来水一日游"。北京自来水公司委托一家旅行社,以很便宜的价格让市民去看密云水库、自来水厂以及自来水博物馆。后来开"自来水一日游"价格听证会,就请来这些参加过一日游的人,他们有说法、有体会,说了许多实心实意的话。可以说,所有的客观存在都可以是旅游资源,就看你如何利用。

二、总体概念

总体来讲,大产业时代背景下的旅游是产业融合、旅游交融的产物,概括而言,可以为"一产转化、二产优化、三产强化"。

一产转化,在旅游平台,一产转变种植结构,提高附加价值。可以说,作为农业大国,我国在这方面的优势是比较明显的。重庆的农家乐、许多地区的乡村旅游、农业旅游都是这方面的鲜活的例证。

二产优化,传统工业和新兴工业在旅游平台上达到了一个优化,不管是出于营销角度、公关角度还是发展角度,都是有利的。所以现在很多企业,在企业设计的时候就把参观路线设计出来了。如首钢原来搞"钢铁是这样炼成的",这个词借的就不错,首钢当时搞这个工业旅游主要目的是公关。因为当时北京存在"要首钢还是要首都"的争论,所以要公关。再如上海大众汽车,搞工业旅游的主要目的是营销,每年要在媒体上花那么多钱做广告不如拿出一部分完善设施,组织大家现场参观。他的工业旅游做到了世界一流。坐在电瓶车里,边看边听讲解员讲解生产线中有多少技术是世界上最先进的,出来后卖汽车模型,很多人看完了就下决心一定要买上海大众的汽车。当然,工业旅游的特点,就是产品紧密地贴近生活,这才有意思。所以工业企业各有各的想法,都是可以借助旅游这个平台的。

三产强化。信息、商贸、物流、旅游,各个方面集中到一起,达到强化。如,许多文化艺术的创造、非物质文化遗产的保护、传统工艺的展示,包括饮食文化等等,不能按照一个简单的空间区域来布局,而是应该按照文化艺术的特色定位来全面地丰富和提升品牌,构造主题。完善、提升文化元素、文化符号,再加上一大片区域落地,就形成了文化艺术旅游概念,创造了新兴的产业体系,要按照新兴方式创造。

三、产业交融

旅游涉及各个方面,没有一个产业和旅游没有关系,旅游的发展对每一个产业都有推动。比如工业旅游的主体是制造业,但是其中有一部分是旅游;乡村旅游一定意义上也是一些乡村社会集中的片区,旅游是主体产业,种植是附带的产业。当然,也需要研究以下几个问题。

一是就地取材料,就地取人才,就地形成市场,就地提高附加值。有了这四个"就地"才可能把就业作用、拉动作用尤其是对应农民的促进作用,达到最大化。

二是衔接产业环,延长产业链,扩大产业面,培育产业群。如果还是"三来一补",发展能力就非常有限。越是技术密集、资金密集的企业,产业链越短,拉动就业越少,当然对地方 GDP 的贡献也是具有一定的局限性和绝对性了。可是旅游不同,旅游的产业链长,拉动作用大,因此要加强地区旅游与其他产业的互补与交融。

三是拉动市域经济全面发展。客观来说,在一定范围内,我国产业旅游的群体已经有所形成,但是必须还要进一步整合。当然,这个整合并不是旅行社的横向整合方式,而是需要有一个定位转向方式、定性转换方式,通过整合旅游者群体、整合产业链,在这个基础上拉动市域经济全面发展。

这里,归纳了 19 个产业,这 19 个产业都可以实现旅游融合,但是要真正达到一流的产业,就需要相应的规模。

——海洋旅游业:是渔业、海洋养殖等与海洋关联度较高的产业、滨海城市产业群与旅游业的融合,通过"系统、全面、深化、创新"来实现交融与互补。

——会展产业:是会议、专业展览、交通、服务、城市产业群与旅游业的融合。

——文化产业:是文化、艺术、演艺等与旅游的融合。通过"差异、特色"来实现。

——创意产业:是现代科技、高新技术、传统工艺与旅游业的融合。通过发展中心的建设、国际推动来实现融合。

——活动产业:是制造、建筑、生物等与旅游的融合,在类型、系列、特色等方面展示旅游的魅力。

——气候产业：是制造、生物、自然地理等与旅游的融合，通过避寒胜地、避噪福地、避污仙地等形式展现。

——温泉产业：是生物、建筑、制造等与旅游的融合，以康体、康疗、康乐为核心概念实现。

——娱乐产业：是制造、服务、建筑等与旅游的融合，通过活动、项目等形式立体展现。

——体育产业：是生物、医疗卫生、制造等与旅游的融合，可以形成海上运动、高尔夫、专业训练等多种旅游产品。

——农林渔业：是农业、林业、渔业、加工制造等与旅游的融合，有文化型、增值型、休闲型发展需要，可以形成旅游农业、休闲渔业、寻访药业等产品。

——疗养健身业：是医疗卫生、服务、食品、生物等与旅游的融合，要在传统与现代的探索与演化中实现发展。

——生态产业：是建筑、制造、公共服务等与旅游的融合，在环境、物产、公共服务、体验等方面形成支撑旅游发展的条件。

——银色产业：是生活形态、多样发展的客观要求，是医疗卫生、服务、制造等与旅游的融合。

——景观产业：是园林、种植、养殖、生物等与旅游的融合。要形成美的视觉冲击和感觉器官的综合反应。

——邮轮游艇业：是制造、运输、海洋业等与旅游的融合。以舒适、开阔、交流为核心实现。

——旅游金融业、是金融、保险业等与旅游的融合。

——旅游传媒业：是传媒、信息、高新技术等与旅游的融合。

——自驾车产业：是交通运输、服务、公共安全等与旅游的融合，通过形成服务系列、突出特色来实现。

——旅游装备制造业：是原料生产、工业制造、产品设计等与旅游的融合。

举例说明，如可以把活动当成一个产业来搞，将若干活动整合起来就变成某地区的一个产业链；再比如农林渔业，都是传统的第一产业，在旅游这个平台上就是文化型、增值型、休闲型，就形成旅游农业、休闲渔业、寻访药业等等。台湾在这方面提供了很多启发，现在，台湾传统的大田农业已经没有了，整个台湾的第一产业都是旅游休闲。还比如一些新的产业，金融业、保险业，旅游的金融保险市场很大；旅游的传媒业，集中各类旅游的传媒业就可以形成一个业态等。

当然，这19个新的业态有两个方面问题还需要进一步探讨，一个方面是许多是民间自发的，现在的概念是越是前工业化的资源越在升值，这就需要政府清醒认识、主动引导、积极扶持；另外一个方面是怎样才能真正形成"业"，孤独的一家构不成业,拉动作用也小。比如度假酒店形成群了,这个业态就形成了;再比如简单地搞一点农家乐、"一村一品"显然形不成新的业态。这个村产"过路桃",那个村养"溜达猪",对旅游者来讲没有足够的吸引力。

第二章　旅游项目创新发展

当前旅游项目创新发展，面临着新的大格局、大机遇和大困难，需要根植发展实际，更新思路、纵深探讨。

第一节　旅游项目新分析

失败是成功之母，成功是失败之因。在开始旅游项目分析之前，先考察国内失败和成功的项目案例，以便从中吸收教训、获取经验。

一、失败项目案例

目前，国内有许多非常平庸的旅游项目，但在旅游市场蓬勃发展、旅游需求急剧增长的过程中，平庸的项目也可以生存，不平庸的项目有时反而难以生存。而且在不同的发展阶段，也有不同的成败评价的标准。因此，很难简单地判断一个项目的成败。可是，就全世界而言，能够留下来、沉淀下来的，而且仍然在发挥影响的就可以叫成功，中国现在还很难看到这样的项目。现在能够看到的都是古人留下来的，要不然就是大自然留下来的资源。因此，像灵山这样人为造就的成功旅游项目，就具有非常重要的典型意义。

经验告诉我们：遇事不妨先考虑失败，这样更容易成功。如果把事情所有可能失败的因素都考虑到，最后就必然成功。

凡事都有两面，我们很容易只说成功的一面，比如这个项目的机遇如何、背景如何、环境条件如何、基础如何等，但是换一个角度，也许可以把这个项目否掉。所以，先研究失败，才可能真正达到成功。

（一）时间错误

1995年左右，江苏吴县福禄贝尔科幻乐园，是台商投资的科技乐园项目。当时投资高达8亿元人民币，建设了很多很先进的科技载体，员工的军事化训练更是值得称赞，仅仅训练员工说"您好"、"谢谢"以及鞠躬、告别动作就耗时一周，这是"养成训练"。所以，当时大家的判断是这个项目一定会成功，尤其是那个地方离上海只有60公里，离苏州只有120公里，离杭州只有140公里，处于三大城市的中心，投资方也是信心满满。但最后这个项目开园后，却没有多少游客。这样的一个"只要去看过的没有说不好"的旅游项目，何以失败？其根本的原因在于：时间错误。

1995年这个项目地虽然处于三大城市的几何中心，但不是交通中心，那时这里没有高速路，社会上也没有多少私家车，同时，也没有公交车通勤。由于交通滞后，开了园就没有人去。实际上，旅游项目开园之日最好就在高速公路通车之时。项目投资在时间上不要急，资金要分期、分阶段投入。福禄贝尔科幻乐园项目如果晚五年的话，也许会火，至少不会失败，这是错误时间的问题。

再举一个相关的例子。1994年，有开发商提出投资15亿元发展浙江湖州太湖边15平方公里土地，当时因为研究不透，就压了下来，15年后的2009年，这片土地以300亿元出让，地方收益远远高于当初15亿元可能带来的规模，并且，如果15年前开发，难免走上"建了拆、拆了建"的路子。

同样，我们也看到不少旅游项目本身没有大毛病，但是因为时间晚了，最后也没有成功。时间早了市场需求还没有起来，时间晚了就错过了市场机遇，这两种风险都需要把握。开发任何项目都要把握时序，如一期工程、二期工程都有一个时序的问题。

1978年中国的GDP总量才六千多亿，而现在GDP总量已达约四十万亿，过去中国是穷国，现在则是经济大国，时代发生翻天覆地的变化，旅游项目的运作模式在不同的时间也必然不同。

旅游项目开发不是越早越好、投资不是越快越好，土地也不是项目安排得越满越好，往往需要留白，支撑未来的滚动发展，机会带来机会、条件创造条件，要目光远大、从容成功，很多时候不开发反而能使好土地、好资源升值，反之，如果急着开发，未必能够获得同等的盈利。发展是硬道理，但"硬发展"没道理。

同时，在旅游项目的成长过程中，也不能沿用过去成功的模式，一定要经历蜕变，蜕变在一定意义上也是一种革命，有时候过去的成功会形成路径依赖，实际上，在不同的发展阶段，甚至在不同的数量级的时候，模式不应当是完全相同的。

（二）地点错误

海南通什中华民族文化村项目，仿照锦绣中华民族文化村的模式建设，投资1.3亿元人民币，现在看来投资量不算大，可是在1990年左右却已不小了，项目开业后游客量明显不足。原因在于错误的选址。

这种大型主题公园，一定要依托城市群发展，没有城市群做依托难以成立。

通什在五指山区域，距三亚约一百公里，很少有人会跑这么远去参观民族文化园。这个旅游项目即使调整经营，也无法解决根本问题。

项目投资商的想法是以中国之大，完全能够容下两个民族文化园。这种"较劲"思维实际上是在与市场较劲。就全国而言，民族文化园模式的项目在深圳、昆明是比较成功的，其他都不算很成功，仅仅勉强生存下来一些小规模、多功能的民族文化村。即使首都北京的中华民族园，在奥体中心附近，属于最好的位置，投资量也很大，多年来也只是勉强维持，最近由于奥运带来的土地大大升值，才完全"活过来"了，何况选址错误的同类项目呢？

（三）方式错误

宁波天下玉苑项目，2003年由辽宁一位玉石开采商投资4.5亿元人民币建设。里面建了一批大殿，最"牛"的是把北京天坛祈年殿原样搬过去了，起名"南天坛"。由于开发商是玉石开采商，拥有玉石资源，所以大殿里满是玉佛等玉制品，是名副其实的"天下玉苑"。投资商起初认为只要把项目建好就会有游客来，但是项目建设好之后，现金流却断了，没经费做营销，导致游客寥寥。实际上，哪怕少建两栋建筑，留下一些市场开发经费，效果也会好很多。

后来，玉苑项目调整了发展思路，改名"江南玉佛寺"，"江南"明确了地点，"玉佛"明确了主体内容，"寺"明确了功能定位。名字改了，香客就来了，香客来了，现金流就恢复了，现金流恢复了，市场就打开了。此后果然市场火爆，再后来，市场火爆了之后，又恢复了原来的项目名称。

天下玉苑项目的开发时间、地点都没有错，也建设成了精品，但开发方式错了——过于重视硬开发、过于轻视软开发。

旅游项目的内涵至少包括三个部分：一是建设性项目，二是市场性项目，三是活动性项目。传统开发思路有个普遍的问题，就是过于重视建设性项目的"硬开发"，过于重视修马路、盖房子，而轻视市场性项目、活动性项目的"软开发"。这样就破坏了"硬软平衡"，导致项目不能取得最终的成功。

（四）理念错误

90年代广东番禺的飞龙世界是最典型的理念错误案例。

飞龙世界按照蛇主题乐园的模式建设，园内到处是蛇，甚至创造出美女和蛇同居180多天的纪录，处处放眼全是各种各样的蛇。一般游客看后都会觉得不舒服，蛇其实难以引起美感，如果以丑为美，尤其是将丑聚集到一起，就会给人狰狞可怕的感觉，市场反应平平。

飞龙世界给人的感觉有点儿像鲁迅描写生疮，"红肿之处，艳若桃花；溃烂之时，美如乳酪"，这是审丑而不是审美。这样的项目可能做到世界唯一，也可能名噪一时，但不可能长期成功。

然而，鳄鱼也丑、人妖实际上也不美好，但对泰国的这类项目游客却不乏津津有味的审视，这就涉及到旅游项目开发的基本理念：符合人心需求。一般而言，旅游项目开发要遵从人类普适心理，要"惊而不险"，要有最起码的美感；同时，特殊项目要出新甚至出奇，也必须对应客源市场人群心中的某些特殊的需求。

（五）全面错误

全面错误的典型案例是主题公园。

说到主题公园，许多人都认为深圳的锦绣中华是中国主题公园开山鼻祖，实际上开先河的是西游记宫。从1984年河北省正定县建了一个西游记宫开始，最多的时候全国有四百多个西游记宫，之后就引发了一场大战。如成都周边形成了百宫大战，中国传统文化中所有的题目都曾被拿来建成一个宫，形成了主题乱、模式乱、操作乱的格局。基本上这一阵风从1985年到1995年，十年时间里不断升级。

客观上，西游记宫不能被简单否定，它的建设是阶段性的产物，这样的初级产品在有需求的阶段就会存在，之后市场需求升级了，这样的旅游产品就自然淘汰。后来形成"百宫大战"的局面，全国最多的时候存在过一千多个主题公园，现在剩下十个左右，百分之一的生存率，非常值得深思。

但是，如果从经营的角度来说，这种"全面错误"也是"全面正确"。

"百宫大战"的时期，业界还没有明确意识到对地价的影响。在实际中，建一个主题公园需要占一大片地，这一大片地一般位于城乡结合部，结果歪打正着，主题公园没做成，但是地价自然提升了，把地面附着物拆掉，可以改做房地产开发。

因此，从经营角度来说，这些主题公园项目最后几乎都是成功的；但如果就主题公园产品自身而言，几乎没有成功案例。在此涉及到从哪个角度评判项目成功的问题。

到现在为止，实际上这种主题公园的模式还存在，本质上是出题目圈地，其他的题目不好出，就出主题公园的题目来获取土地资源。

二、成功项目案例

（一）成都花水湾

成都花水湾温泉，距离成都市约80公里。

1995年，四川省地质局的一个年轻人借了五十万元准备开发花水湾温泉。那个时期开发一个温泉旅游项目大致需要五百万元资金，五十万元怎么可能呢？他就去找银行贷款，可除了借来的五十万元资金之外，没有任何质押物，不可能贷到五百万元。急中生智，他找保险公司投保了一个险种，保他可以打出有商业价值的温泉来，保额五百万元，保费五十万元，之后凭保单到银行去抵押，贷款五百万,后来果然做出有商业价值的温泉。之后他再用温泉抵押再贷款,把周围土地圈下来,开始运作土地。2000年在成都开全国旅游规划处长会议时,这个年轻人上台做了经验介绍。

成都花水湾温泉的成功之路:卖概念,卖资源,卖产品,卖土地。用花水湾的温泉水构造了七个温泉度假村,并且通过这个项目使当地老百姓脱贫致富,也赢得了百姓的感谢,现在西藏人成为了花水湾的主要消费对象,很多西藏人在去北京时都会先到花水湾停留两天。

(二)深圳明斯克军事主题公园

深圳明斯克军事主题公园是德隆集团开发的项目,特点是证券化加产业链。现在即使德隆集团垮了,但是这个项目经过转手后依然存在。

明斯克航空母舰原是韩国商人花费约280万美元从俄罗斯买的,后来德隆集团花费约600万美元将其从韩国买过来,建立了明斯克军事主题公园。

旅游产品建设方面,公园装修航母船只,并在水岸做了相关配套。但船装修好后遭遇火灾,又重新修缮,总投资两个亿,远远超出原先预算。

资本运营方面,德隆集团邀请第三方权威部门做资产评估,进行了非常详细的市场分析和非常详尽的财务分析,评估结果价值六个亿,之后,凭借六个亿的评估结论申请银行贷款三个亿,将投资风险转嫁给银行,同时,研究推出门票证券化的概念,其实仅仅是金融衍生概念而已,又凭借这个概念把五年预计五亿的门票收入抵押贷款三个亿,开业后每张门票都归银行。这样,公园还没开业,两个亿的投资,六个亿的现金到手了,经营风险都没有了,而经营回报已经落实。

市场性项目方面,明斯克军事主题公园采取了特别的营销策略。开业第一天选在黄金周,在深圳所有媒体做广告"请深圳市民不要到明斯克来,我们把机会让给外地和外国的朋友",连做三天广告。深圳市民没见过这么"牛"的项目,反而都想去看看,品牌顿时建立起来。

活动性项目方面,明斯克军事主题公园研究晚间项目,设计了"明斯克之夜",每年中的250天面向大集团、大公司拍卖"明斯克之夜",邀请到明斯克军事主题公园、在航空母舰的大甲板上搞活动,提供全套的俄罗斯军事文化服务。之后又开发利用为影视基地。

总之,深圳明斯克军事主题公园走了一条看似冒大风险,实则稳稳当当的成功之路。后来德隆集团垮掉,明斯克军事主题公园也一度申请破产,但最终凭借成功的模式赢得了中信集团的青睐,被中信集团收购,现在成为中信明斯克军事主题公园。

(三)河南云台山

河南云台山旅游资源不算一流,起步很是艰难,1999年,云台山经营收入只有八十万元,而负债达二百万元,县委书记当时想发展这个景区,恳请县里四大银行每个银行放贷五十万元,可四大银行都不答应。最后没有别的办法,只好集资凑了二百万元。

这二百万元使用得很有眼光,一百万元用于修路,另外一百万元用于开拓市场。1999年,一个景区用一百万元进行市场推广实属不易。在1999年之后的几年,确定每年经营收入高达四分之一的比重用来进行市场开拓。

仅仅一年多之后,2001年,云台山在全国十大景区中排到了第五位;到2009年,云台山经营收入达到4.2亿元。近年来,云台山每年约使用五千万至六千万元的经费进行市场营销。

云台山景区管理树立了极强的市场概念,有个细节可以证明:景区管理人员到停车场举目一望,便知今天江苏连云港来了多少游客,河南郑州来了多少游客,北京来了多少游客,每天早晨、中午、晚上看三次车牌,每天便能形成一个市场分析报表。云台山给旅行社组织的专列、巴士的奖金按照数量递增,保持对渠道的吸引力。

正是这种市场概念,使云台山追求一流的目的很快达到,云台山的成功模式带动了整个南太行。

现在,云台山的进一步发展需要转型,要通过挖掘文化资源,突破简单的观光景区模式,发展休闲度假、会展旅游,保持对竞争对手的领先优势,进一步树立成全国的楷模。

云台山成功了,但前往取经的业界同仁们看来看去,都说没看出来云台山有什么了不起,这正是市场营销的本质,以市场营销为代表的软开发机制恰恰是"看不见"的,但却是重要的,需要强化。

(四)九寨沟

九寨沟可以说是"以一流资源促一流产品"。九寨沟本身具备一流、世界顶级的旅游资源,凡是去过的都叫好,但是旅游起步时并不是一流产品,多年以来,九寨沟从一流资源到一流产品,下了大功夫,其中最重要的是形成了供给创造需求的格局。

成都开发商建设的九寨天堂,是典型的现代化大酒店,集主题型、会议型、度假型酒店于一体的酒店项目群。在"一流资源树立一流产品"的思想指导下,九寨天堂配套了适宜的建筑、情景,吸引了世界一流大公司的会议。之后,又建设了甲蕃古镇,安排晚间表演活动。

九寨沟的管理制度很严格,突出体现在沟内、沟外分离管理,以及旅游资源环境保护管理。车辆方面,进入景区必须换成景区内的车辆,包括中央首长在内的所有车辆都停在景区外,专门配有"一号车",首长来了就启封,首长走了就封存,开始时中央警卫局都不同意,后来慢慢也接受了。配以数字化、智能化完善,在总调度室里可以看到每一辆车在什么位置。餐饮方面,集中一处提供餐饮,其他任何地方都不允许就餐。严格的管理使九寨沟每年数百万的游客流量井然有序,所提供的管理和服务,和景色一样,使中外游客赞叹不已。

九寨沟的交通条件曾经令人感到辛苦,从成都坐车八个小时到九寨沟县县城,第二天再经过四个小时车程到达九寨沟景区,实在是辛苦,但游客都觉得是值得,但终究辛苦,不会再来。之后九寨沟修建了机场,交通条件逐步改善。

现在的九寨沟景区完全达到了世界级精品的水准,不仅是资源一流,更是一流的产品。

(五) 浙江乌镇

浙江乌镇成功可以概括为:工程延续、模式转化、创造遗产。

乌镇一期是对江南古镇开发的创新,是在研究周庄的经验和教训的基础上,进行的模式创新。首先组建旅游开发公司,将老百姓的民房收购,老百姓从房屋拥有者转化成租住者,继续居住,以此法限制老百姓盲目拆建,使整个乌镇保持了原有的风貌。同时,专门建设商品街和餐饮街,给老百姓提供创业和就业的机会。乌镇一期的成功就是模式创新的成功。

乌镇二期更是领导充分信任、开发卓越胆识所创造的作品。二期工程历时六年、耗资六亿,其间以工地不安全为理由拒绝参观,避免干扰,将一条不成形的老街做成了一个特大型的"宾馆",拥有三个会所、67栋民宿,配套以小桥、商店、餐饮,形成完整的休闲社区。两期工程的衔接和延续,形成了模式转化。乌镇已经打造成了经典的高端旅游休闲项目,上海大公司的会议很多都安排在这里。现在的乌镇形成了一流的主题度假酒店群,旅游开发公司老总白天亲自给老旧建筑拆下的砖瓦木料编号,晚上亲自画草图,建设时充分尊重传统建筑老师傅的意见,将原有的建筑材料都重新使用,创造了"老材料、新结构、极为精致、极为舒适、极有韵味"的建筑群,并且,几乎每间建筑都有水路通达,坐船可以来去,走路也可以来去,给人异样的感觉,可以说创造了一个未来的文化遗产。

乌镇项目的成功得益于细细的琢磨,并且完全由旅游开发公司老总一人规划设计,没有邀请别的规划师和设计师。凡是反复精细琢磨的项目,都有可能创造未来的文化遗产。

(六) 无锡灵山

无锡灵山开发成功的特征在于持续创造吸引力,做到无中生有,有中生好,好中生优,优中生特。

灵山一期工程创造了观光吸引力,但观光模式是一次性消费,重游率极低;灵山二期、三期工程持续发展,通过文化体验和休闲度假,构造了吸引游客不断重游的休闲体验吸引力。

假设灵山景区在一期工程阶段就将二期、三期的内容建设出来同时运作的话，巨大的财务成本会给景区带来沉重的经营负担，甚至会把景区压倒。

无锡灵山公司自1994年创立以来到现在已经发展了16年，前后建设了三期工程，目前公司注册资本10亿元，净资产约20亿元，年经营规模约8亿元，其中旅游综合收入约5亿元，进入国内第一梯队，市场影响方面也进入了一流水平。

三、探索项目规律

综观全国旅游项目的发展，失败有失败的原因，成功有成功的道理，其核心是规律。

当前，我们整个国家都面临发展转型，不能继续以GDP增长为纲，在旅游项目问题上，必须摸索、认识和把握开发、运营、市场等方面的规律。

现在国内外的教科书，普遍在基础层面论述，但对于实际中旅游项目成败的道理，都还没有真正明确地做出归纳总结，没有把握到真正的规律。

（一）发展因素

可以从三个层面探索地方旅游项目的发展因素。

一是发展基础。指资源基础、市场基础等。

二是发展条件。指宏观环境、交通条件、合作伙伴等。

三是发展时机。指把握合适、成熟的时机和时序。

成功的旅游项目都具备较好的发展因素组合，失败的旅游项目至少在某个发展因素上存在误区。

（二）发展能力

发展能力是旅游项目成败的决定性因素。

在具备发展潜力、付出发展努力的情况下，能够培养出发展能力，有了发展能力，经历过程之后，最终就能取得好的发展结果，获得成功发展实力。

第一是个人能力。个人需要具备学习能力、研究能力、操作能力、组织能力等；还要形成人才梯队。

第二是团队能力。团队需要具备判断能力、决策能力、执行能力等。

第三是地方能力。中国各地普遍存在的情况是：一流能力是投资能力、建设能力、扩张能力、控制能力；二流能力是文化能力、聚集能力、商业能力、科技能力、吸引能力、公共能力；三流能力是创造能力、环境能力、输出能力、服务能力、休闲能力。建设地方能力，不必以一流能力为荣，而要把三流能力变成一流能力，获得自动、从容的成功。

经济是硬实力，科技是长实力，文化是软实力，而旅游则是巧实力。

旅游项目要建设巧实力，也要建设巧的能力，这就需要一个旅游项目能够呼应各方面的需求，尤其是政府的需求。可以说，一个好的旅游项目，一方面需要开发企业具有好的发展能力，另一方面也需要其对接的政府具有好的发展能力，有时候能力"对接不上"，企业也会"吃哑巴亏"。需要设计、设置好的政企对接机制，确保项目获得长治久安的成功。

第二节　旅游项目新理念

一、总体理念

旅游项目新发展的总体理念：淡化景区开发，转化发展模式。

需求方面：当前新的客源市场，要求旅游项目提供给游客全方位的综合感受，包括眼耳鼻舌身心神的全面体验。如果强化景区开发，必然强化景观，实际上仍是将视觉作为第一要求甚至唯一要求。

供给方面：目前国内一流的观光资源已经全面开发，如果再强调景区开发，势必不断加大开发力度和开发投入，仍然没有摆脱投资依赖、获得转型升级。

因此，旅游项目区域应将自然景区、人文景区的旧模式转化为文化体验区、生态旅游区、休闲游憩区、旅游度假区、专项旅游区、特色娱乐区的新模式。

二、大保护理念

环境是旅游之根，文化是旅游之基，特色是旅游之魂，质量是旅游之本。

旅游工作者由于行业发展机制，比环境工作者更重视环境的保护、绿化与美化，比文化工作者、文物工作者更重视文化多样性、文物的保护、挖掘和创新，比城建工作者更重视城市特色的保护、创新和营造。

以上"大保护"的理念，能够促进和确保旅游质量的提升，是旅游发展新理念的重中之重。

三、新发展理念

（一）文化挖掘推动传统旅游升级

以文化挖掘推动传统旅游升级，是中国旅游业发展的重要新理念。

多年以来，中国旅游发展基本上是借助现成资源、建设初级产品的模式。现在不同了，当前形势需要深入挖掘文化资源、创造文化产品。近期有一些反潮流而涌的社会争论，比如曹操墓，再比如金瓶梅。这些争论之所以可笑，就是因为发展到今天，还有人局限在过去的文化思路里。相形之下，灵山、乌镇等成功旅游项目，则做到了充分挖掘文化，并且赋予文化以想象力、创造力和超越的能力，更重要的是，这些成功的旅游项目，对文化有深刻的理解，甚至还有相应的学术根据和学术研究成果，正是这些文化积淀，奠定了项目成功的基础。

（二）旅游发展巩固中国核心利益

根据中国政府 2011 年 9 月 6 日发表的《中国的和平发展》白皮书，界定出中国核心利益的范围。中国的核心利益包括：国家主权、国家安全、领土完整、国家统一、中国宪法确立的国家政治制度和社会大局稳定、经济社会可持续发展的基本保障。

2011 年，"核心利益"这个词语屡屡出现，甚至还有专家提出不能动不动就说核心利益，但至少证明，中国的格局和过去已经从根本上不同了。

中国过去可以关起门来自力更生，现在不可能；过去可以自吹自擂，现在全球一体化，也不可能了。当今中国的核心利益一定与世界联系在一起。

在新的时代背景下，旅游发展起着越来越大的作用。旅游在民族问题、边疆地区、海洋主权、产业富民等涉及中国核心利益的领域，起着特殊的作用。这些领域的问题往往用传统方式难以根本解决，正是旅游发展的用武之地。

例如，在南海问题上，一个西沙旅游项目的提出，就使周边国家感到类似舰艇编队出现的紧张感。在新中国即将进入工业化的年代，美国人说："一个钱学森抵得上五个海军陆战师"，现在正值中国即将进入后工业化的时代，一个好的旅游项目规划者、开发者，也抵得上一支大军。

（三）转型升级要求更新资源观念

传统观光旅游资源概念的主要内涵是自然旅游资源、人文旅游资源，这就要求旅游发展一定要有名山大川或名胜古迹，这样的旧有旅游资源观已经形成了对新时期旅游发展的阻碍。

随着旅游产业的转型升级，新旅游资源观应该是包括三个类别：

第一类是社会性旅游资源。通过旅游的整合，使几乎一切社会中的资源都可转化为旅游资源。社会旅游资源又可以分为三种。一是环境旅游资源，即好的、有吸引力的空间环境资源；二是生活旅游资源，即富于吸引力的独特生活方式资源；三是产业旅游资源，即工业旅游资源、农业旅游资源、林业旅游资源等各产业中蕴藏可用于旅游发展的资源。

第二类是产品性旅游资源。按照打造不同旅游产品的要求分类，可以区分观光旅游资源、休闲度假资源、商务旅游资源、特种旅游资源四类。传统观光旅游资源概念比较限于观光旅游资源，现在不需拓展，比如广东几乎没有一流的观光旅游资源，但却有一流的休闲度假资源。

第三类是过程性旅游资源。游客旅游消费中需要对应的过程性、时间性资源。现阶段主要表现为游客在排队场所、交通工具、旅游道路，对这些资源的利用对应高水平、体验型产品的要求，既是深化游客体验的需要，又是增加盈利项目的需要。比如，索道等旅游交通工具现在已经在向观景工具、体验工具、娱乐工具、交通工具四合一的方向发展；再比如，景区道路甚至景区大门以外的旅游支路，也正在向文化路、生态路、景观路、交通路四路合一的方向发展，如果依然只强调交通路，必然导致"越宽越好、越快越好"的要求，但旅游道路需要讲究古人说的"曲径通幽、环山绕水"，道路一味拓宽的思路是错误的，实际中，拓宽景区道路的主要目的是为了让旅游巴士等大量、大型旅游车辆进入景区，事实上，旅游巴士很多情况下根本不应该进入景区甚至不应该接近景区，而应该设置外来车辆停车场，以保障和优化生态环保、旅游安全、游客体验为理由，要求游客换乘景区汽车公司的专用车辆。过程性旅游资源，本质上是对应游客旅游过程的一切资源，旅游业界还需要进一步研究、挖掘、利用这类旅游资源。

（四）结构格局呼唤拓新产品观念

结构性问题是永恒的问题，在当前旅游发展的新格局中，结构性短缺、结构性过剩、结构性阶段、结构性挑战更加成为旅游项目新发展的主旋律，呼唤拓新旅游产品观念。

决定旅游产品的结合格局主要是"六等"：

等高线决定生活方式特征，等雨线决定历史变迁特征，等深线决定资源丰度特征；

等温线决定市场偏好划分，等距线决定市场规模划分，等时线决定市场权重划分。

拓新产品观念主要是"四性"：

一是目标性旅游产品。即传统的观光旅游产品，游客旅游的主要目标就是我来、我见、我拍照，这类旅游产品在游客数量上仍然占据主体。

二是过程性旅游产品。现代旅游发展已经深化到追求过程性的阶段，体验过程比明确的旅游目标更重要，现在越来越多的游客关注过程，享受细细地看、细细地品。

三是整合性旅游产品。主要指商务公务旅游、会议会展旅游、奖励旅游、拓展训练、婚恋旅游、扫墓旅游、养生度假、养成修学、养颜美体等，这类旅游产品将游客的其他功能诉求和旅游诉求整合在一起，在休闲学中对应整合休闲的概念。

四是小众性旅游产品。随着中国社会越来越能够容纳个性、特性的存在，探险、登山、野营、科考、公益慈善、文化艺术、宗教修行、怀旧聚首等专项旅游、特种旅游迎来更加广阔的发展空间,这类产品带有通过旅游达成自我实现的属性,虽然限于小众圈子,但完全可以很高端、并且由于客源针对性强,操作难度往往并不大。

四、培育领袖项目

(一)旅游项目的培育思路

对于地方政府而言,旅游项目的培育,需要后工业化的思路。即不能用抓工业的的思路抓旅游,而要用培育服务业的思路培育旅游项目,构造生活方式、满足梦幻体验。

工业发展由工业企业自身驱动,地方政府不需要推动工业化的发展,但旅游项目需要地方政府的培育和推动。

土地利用上,要避免工业开发区的方式,多利用坡地、丘陵、水湾、岛屿发展旅游业,多培育有机生长、创意利用的旅游空间。

乡村改造上,要避免工业化整齐划一的农村屋舍改造的方式,尊重自然状貌和乡村肌理,形成小组团分散的特色风格村庄形态,从而不断产生游客体验的兴奋点,新农村和游客体验线索相融合。

资金使用上,要避免工业建设的方式,将有限的资金多用在市场、活动、服务、环境、规划等软建设方面,少用在建筑物、构筑物等硬建设方面。

产品打造上,要避免工业流水线的方式,根据市场需求的流变,不断更新产品、调整项目、创造新意,形成永远不完工、永远生长的旅游项目。

服务完善上,要避免工业标准化服务的方式,以服务于人为目的,以人的需求变化趋势为导向,从人的需求方面寻找新的经济增长点,并以休闲经济、情感经济、体验经济等为内容的项目开发建设方式,能满足日益升华的游客体验需求,凸显出后工业化的服务经济优势,既服务于本地居民,更服务于外来游客。

消费激发上,要避免工业化机械广告的方式,按照后工业化的视角,挖掘前工业化的资源,形成超工业化的产品,应对变化中的市场,突出后工业化时代消费者偏好的自然、生态、有机的旅游需求特征,将审美、情感体验、精神慰藉等后工业化元素全面融入食、住、行、游、购、娱等旅游产业要素之中,开发新型的旅游消费卖点。

整体功能上,要避免工业化单一城市中心功能的方式,不断发展观光、休闲、度假、生态、服务等多元新型功能。

(二)领袖旅游项目的特征

任何领域在发展过程中,都呼唤领袖。中国旅游发展已经形成一批领袖项目,需要更多的领袖项目。领袖旅游项目要有领袖行为，主要体现为五个特征：

第一，稳定价格。领袖旅游项目不轻易涨价，也不跟风削价；不形成垄断，也不恶性竞争，越这么"牛"的项目，越能够在市场上形成好的影响。

第二，提升质量。领袖旅游项目要做成全面精品：精品建筑、精品服务、精品流程。

第三，拉动形象。领袖旅游项目不仅塑造了自身的个体形象，也拉动、代表了国家、地区、城市的整体形象。比如，在北京大小305个景区中，长城、故宫、天坛、颐和园、十三陵这样必去的旅游项目，就一直代表着北京的城市形象。

第四，扩大市场。扩大的市场概念包括更大的客流量、更长的停留时间和更多的人均消费。

第五，带动发展。全国以及各省市县的发展，都需要领袖旅游项目。各级政府常说的"抓大项目"的实质就是培育领袖项目。

（三）旅游奢侈品

当前，中国的奢侈品消费已经占到世界奢侈品市场1/3的份额，类似的情况在15年以前的日本也出现过。

根据国际上通常采用的定义，奢侈品是指"超出人们生存与发展需要范围、具有独特、稀缺、珍奇等特点的消费品"，又称为"非生活必需品"。典型的奢侈品有法拉力汽车、百达翡丽表等。

旅游本来是最有资格符合以上定义的消费品领域，但中国迄今为止尚未形成旅游奢侈品的概念。

中国奢侈品消费之中，旅游奢侈品的定位何在？

按照国际奢侈品定义，阿曼酒店、丽思卡尔顿酒店、米其林餐厅以及豪华邮轮、高端会所、探险、狩猎等旅游产品可以称之为旅游奢侈品。中国尚未有真正本土的旅游奢侈品。

旅游奢侈品的前提是旅游精品，九寨沟、灵山、乌镇等中国的旅游精品项目，需要研究向旅游奢侈品发展的问题，其中有两个关键：一是旅游奢侈品要用最朴素的形式体现最深度的文化；二是旅游奢侈品要用最供不应求的稀缺培育最忠实的粉丝客源。

五、反对山寨项目

旅游项目的建筑形式，要旗帜鲜明地反对三种山寨项目，避免建筑垃圾。山寨版的旅游项目不可持续。

一是山寨城市化。从1978年起，中国农村地区的建筑，不断上演着拆了建、建了拆的过程，发达地区农村建筑已经是第五代、第六代了，但越拆越破坏、越建越难看、越建越不舒服。"白瓷砖"的外立面、"大理石"的台阶等现象，使农村乡土建筑情景荡然无存；杭州郊区塔尖式建筑蔓延成风，令人非常遗憾。山寨城市化归根到底是农民城市化的审美观和攀比心理造成的，需要在发展中要求和引导。

二是山寨国际化。现在，北京俨然成为世界建筑师的实验场，稀奇古怪的新建筑大量涌入，但能经得起历史检验的为数寥寥，北京古都风貌已经无法抢救。国际化、罗马式、教堂式建筑使中国成为山寨版的美国、山寨版的欧洲。

三是山寨明清化。在"拆了老的建新的，建了新的想老的，想了老的仿老的"的低水平思路的主使下，新建的赝品古建充斥全国，其中，山寨明清古建是主流，凡是仿古建筑，仿的大都是明清风格。其实，古文化主题不一定要进行古建恢复，更不能都恢复到明清时点。中国的木构建筑，从来就是常变常新的，强行恢复的思路其实恰恰背离中国建筑史源流的传统。旅游项目的建筑形式，在尊重传统的基础上，需要有所创新。

六、创造遗产项目

建设精品旅游项目的一个重要的新理念是创造未来遗产。即从今天的项目到明天的文物，再到后天的遗产。

大多数人认为世界文化遗产都是古老的遗存，其实并非如此。在联合国教科文组织评定的世界文化遗产中，以色列的特拉维夫是上世纪30年代的建筑群，澳大利亚的悉尼歌剧院是上世纪70年代的建筑，巴西的巴西利亚也是上世纪70年代的建筑。这些进入世界遗产名录的地方，都是兴建时间比较晚近的。

在中国旅游项目的建设中，要树立创造未来遗产的理念。只要达到可以存世、可以传承、可以永续的水准，为世界建设出精品的旅游项目，经得起历史的检验和时间的雕琢的旅游项目，都有可能成为未来的世界遗产。

第三节 旅游项目新开发

一、分析要点

新型旅游项目开发的分析，具有以下要点。

一是竞争信息分析。旅游项目开发不但要做市场分析，而且要做竞争分析。竞争分析的基础是信息。在信息不对称的状态下，无法进行真正的竞争分析。比如，谋划酒店集群或温泉项目，就需要了解本地酒店、温泉的已建、在建、报批信息，需要调查研究，避免同质化过度建设。短缺建设项目可以进行常规的总体定位、空间配置、项目落地和产业聚集，过度建设项目，则需要另辟蹊径，研究模式创新。

二是文化价值分析。文化价值是旅游项目最终的核心价值。当下中国，呼唤培育中华民族新时期价值观，能够通过旅游项目打造培育民族价值观，就会缔造特别的项目。对于一个区域而言，也需要区域文化核心项目、标志性项目。同时，文化的整合注入也很重要，比如，一般的宫殿项目不足为奇，但如果在"宫文化"的基础上，把古今中外的"行文化"注入进去，打造"行宫"项目，扩充文化内涵，就会极大地形成项目特色。

三是利益诉求分析。在利益主体诉求不同的真实世界中，要谋求和谐发展，就要在政府、开发商、居民、游客、舆论等各方面，进行利益均衡，利益诉求能够均衡的旅游项目，才能谋求和谐发展的局面。

二、五种眼光

旅游项目开发要面对五种眼光的审视：领导眼光、开发商眼光、专家眼光、社区眼光、消费者眼光。

现实中，旅游项目往往服从于强势眼光，或是领导，或是开发商，专家眼光常常成为强势眼光的注解，同时，专家眼光局限于专业的领域，每个专家都有专业的局限性，否则就不能称其为专家，开发商要把各类专家的建议整合起来，提炼出来。

然而，旅游项目最终要服从的是消费者眼光。因此，不能拘泥于领导眼光、开发商眼光和专家眼光，要服从市场，用无形开发有形，用有形承载无形。

三、消费者的五种诉求和四种花费

新时期旅游消费者存在五种诉求和四种花费。

五种诉求：新、异、美、知、乐。新即新鲜、新奇；异即差异、异质；美即美观、美好；知即感知、知识；乐即娱乐、欢乐。

四种花费：花费时间、花费精力、花费体力、花费金钱。旅游项目开发要优化四方面花费的组合，充分挖掘价值潜力。根本目的是使游客的这四个方面花费在有价值的事物和活动上。比如，锡林格勒大草原的成吉思汗行宫，游客从来都是站着看那达慕大会，游客的精力、体力花费在站立这种无价值的活动上了，就难以更多地花费在骑马、射箭等有价值的参与性活动上，精力、体力的额外花费限制了时间、金钱的应有花费。

四、组合度与优化度

（一）组合度

旅游资源的认识和评价，除了独特性、品位等传统因素之外，在实践中，更重要的是组合度，涉及到区位、时间、资源品种的互补。比如，新疆、西藏景色绝伦，但游客交通数百公里才能看到一个景点，一天交通上千公里才能看三个景点，形成"疲劳之旅"，使游客的旅游兴趣、消费精力几近荡然无存，这就是资源空间组合度低造成的问题。

（二）优化度

旅游项目建设需要突出优化度问题，即优化组合，旅游规划、设计工作尤其要以此为新导向。

一是产品优化组合。游客需要的是不断变化的体验型项目组合成的旅游产品，旅游产品要进行差异化的组合，不能全游程同质化。

二是空间优化组合。以山岳型景区为例，游客行进 5 分钟就要有一个兴奋点，10 分钟就要有一个高潮，同时，"难行"路段与"好景"地点之间，也存在空间组合问题，要避免爬山 1 小时，气喘吁吁，好景在前但实在上不去了的情况，为此，还要设计让客人能比较充分休息的地点。

三是市场优化组合。高端、中端、低端市场，远程、近程、周边市场，都需要研究组合问题。这里需要避免的是"周边市场、大众市场决定认识"的误区，严格地说周边市场、大众市场是不拉自动的，恰恰不需要着力，远程市场、中程市场、高端市场、中端市场才需要研究和拉动，如果仅在周边市场、大众市场上进行调研、分析，必然会形成很大的局限。

四是时间优化组合。一般而言，一小时对应一个休息点，三个小时对应一次餐饮消费，六个小时对应一次住宿和夜晚休闲消费，因此，需要一分钟、一分钟地研究游客时间。旅游详细规划和设计，严格地说要"拿着秒表走"，预算好游客时间，就能设计游客的需求和消费了。

以上四种优化组合，在一定意义上决定着旅游项目的成败。

五、综合推进

概括而言，旅游项目开发需要在以下三个方面进行综合推进。

一是复合型资源的综合利用。所以不能只从一个角度来看待资源，这样就需要综合性的利用。

二是多元化产品的体验开发。开发观光、休闲度假、娱乐、体育、商务、修学、专项特征等多元化产品，这些产品万变不离其宗——游客体验。

三是三层次空间的谋求扩大。自然空间的扩大主要指立体空间的充分利用，这是有限的；生活空间的扩大是在自然空间的基础上谋求人的更大空间享受，重点是差异的环境、悠闲的心态、有品质的生活，创造生活型的旅游产品；精神空间的扩大是无限的，精神空间可以引发人的遐想甚至人的终极关怀，这是高层次的旅游空间。

第四节　旅游项目新模式

一、新方法

旅游项目的操作，是在模式和创新之间取得突破，关键在于方法。本书提供三种旅游项目运作的新方法。

（一）汇合法

汇小为大，汇细为精，汇文为彩，汇市为场。

任何大项目都是由多个小项目构成的，每一个"小"都不能忽略；汇合丰富的文化符号、文化元素，达到一定程度就能出彩。

（二）主题法

小题大做，偏题正做，虚题实做，远题近做，洋题中做，中题洋做。

以人为本，需要小题大做；思路开阔，需要偏题正做；文化创意，需要虚题实做；历史现实，需要远题近做；借船出海，需要洋题中做；现代创新，需要中题洋做。

（三）聚集法

资金聚集、智力聚集、人才聚集、要素聚集、功能聚集、品牌聚集、需求聚集、娱乐聚集。

中国旅游发展30年，也是旅游项目不断聚集化发展的过程：第一是景区模式，强调资源依托，以观光为主体，分散布局、规模较小；第二是旅游区模式，在资源依托的基础上扩充发展；第三是旅游综合体模式，以服务设施为主体，构造新的旅游吸引物；第四是旅游产业聚集区，依托相应资源，以旅游设施聚集为主体，强调资金聚集、智力聚集、人才聚集、要素聚集、功能聚集、品牌聚集、需求聚集、娱乐聚集，范围大、设施全，品牌突出，全面创新。随着不断聚集化发展，以市场需求为主导、创新性强、集中布局、规模较大的旅游项目也不断涌现，促进了旅游产业的转型升级。

二、新团队

新型的旅游项目团队是有形资产和无形资产的统一。其中，无形资产的属性是新型团队的特征。

一是创品牌。新型项目团队要创造资源品牌、产品品牌、市场品牌。

二是重营销。在项目规划阶段，就要有营销的资金预留、人才储备、方式预案。

三是强管理。新型团队要专业化、职业化，各类旅游项目团队都要借鉴酒店人力资源的经验，培育职业经理人。

四是建梯队。要有人才梯队，要形成有益新人成长的环境和机制。

五是育人才。人才培育分为四个阶段：一是守业，能守住基业；二是职业，需要职业精神、职业素养；三是敬业，超越只把项目发展当作工作来看的心态，而要将发展当作事业来追求；四是精业，要在行业内成为专家。

六是讲精神。在整体机制和氛围尚未形成之前，尤其需要讲个体精神。项目企业各部门、各层级都要激发和保持对事业忠诚的精神。

三、新要求

成功的旅游项目要达到"七个五"的新要求：

五心——对自然的敬畏心、对资源的珍视心、对文化的善待心、对前人尊重心、对市场的服务心；

五看——想看、可看、好看、耐看、回头看；

五可——可进入、可停留、可欣赏、可享受、可回味；

五度——差异度、文化度、舒适度、方便度、幸福度；

五力——视觉震撼力、历史穿透力、文化吸引力、生活沁润力、快乐激荡力；

五创造——创造核心竞争力、创造产品差异度、创造品牌知名度、创造顾客忠诚度、创造市场美誉度；

五不宜——自然不宜改变、历史不宜重演、感受不宜肤浅、体验不宜局限、主题不宜分散。

最终达到模式做特、机制做活、技术做新、智能做够、保护做好、环境做美、队伍做优、素质做高、文化做深、市场做透、产品做精、服务做细、品牌做响、形象做亮、产业做强、发展做大的终极要求。

四、项目开发的商业模式：卖什么

目前，中国旅游项目开发整体上仍然处于初级阶段，项目开发的商业模式的最大特征是"单一":单一景区、单一观光、单一市场、单一主题、单一门票。

近十年来,这种"单一模式"正在发生转变,表现为项目内容不断丰富、项目形象不断变化、项目品牌不断提升。

项目开发商业模式的核心是"卖什么",可以从以下方面进行归纳:

一是卖手续。卖手续的实质是卖关系,这是不可持续、甚至不可取的做法。

二是卖理念。卖理念的载体是旅游规划设计。

三是卖门票。卖门票仍将是旅游项目开发收入的主体。

四是卖名气。卖名气的根本是创品牌。

五是卖土地。卖土地的本质上是卖升值空间。

六是卖项目。卖项目其实是卖市场升值后形成的溢价区间,往往对整体项目进行分解,转让若干子项目给合作者经营。

七是卖综合。卖综合就是打造全产业链条,进行产业延伸。

八是卖股份。卖股份是要形成多种方式的资本运作。

以上八个"卖"的实质是:拓展项目开发商业模式的内涵。

可以实现旅游项目在空间和时间上脱胎换骨的提升:

1999年世界园艺博览会之后,昆明世博园经营效益连年下滑,后来通过规划提升,拓展了项目开发商业模式的内涵,跳出单一的世博园,构造拥有观光园区、休闲社区、文化新区等的世博新区,后来运作上市,取得了很大成功。

传统上,黄山是典型的观光性产品,现在经过拓展开发商业模式的内涵,推出"冬韵黄山"、"春意徽州"等品牌,将山上、山下结合起来,营造出特有的休闲韵味。

五、项目经营的商业模式:做什么

旅游项目经营商业模式的核心是"做什么",可以概括为:一是做品牌,二是做环境,三是做知识,四是做文化,五是做娱乐,六是做商品,七是做体验,八是做成长空间,九是做商业机会。

前七个"做"是做给消费者的,是普适的七个操作重点;

后两个"做"是做给经营者的,在土地成片开发中,更多地是一级开发商做给(或者说留给)二次招商对象的。

六、旅游地产成功模式:A+B+C

中国旅游地产实践过程中,创造了三种成功模式。

一是华侨城模式,又称"用地模式",通过旅游促进土地资源利用最大化的模式;

二是海泉湾模式，又称"造地模式"，通过海滨滩涂造地，直接建设旅游小镇，海泉湾模式成本很高，一亩造地投资二十万元至三十万元；

三是曲江模式，又称"提地模式"，通过成片开发、旅游项目运作，提升土地价值。

以上三种模式虽然各具特点，但都可以归纳为"A+B+C"的模式。

"A"是吸引中心，亮点旅游项目作为吸引中心，不仅吸引游客，也吸引了政策支持、资金投入、市场培育，旅游项目可能在直接经营上形成亏损局面。

"B"是利润中心，目前一般形式是配套房地产开发，长远也会形成其他方式。

"C"是文化中心，文化衍生发展，通过市场聚集人气，通过政策聚集商气，通过创意聚集文气，最终聚集文化衍生产业发展。

深层次讲，A、B、C三元素存在阶段性转换和互换。在开发的第一个阶段，旅游项目A可能亏损，但数年后就变成盈利项目；地产项目B近期盈利，但房地产具有一次性投入、一次性回收的特征，长远而言不构成利润中心。

最典型的案例是西安曲江。曲江原先定位是国际旅游度假区，一直没有大发展，之后西安市政府下决心组建曲江新区管委会，作为一级政府派出机构，经营16平方公里土地。

第一个项目是大唐芙蓉园，投资13亿，设计、建设都属上乘，除房地产公司进驻外，没有别的商业模式；

第二个项目是三个遗址公园，总投资20亿，没有围墙，完全开放，维护需要上千人的园林队伍，但土地大幅度升值。

第三个项目是大唐不夜城，属于商业地产项目，拥有歌剧院、音乐厅等。

这样三个项目使曲江新区的政府土地收入200—300亿元，最后形成国家级文化创意产业示范区。

任何大型旅游项目，都是"A+B+C"的模式。在策划、规划、设计中，不必要求每个子项目都必须成为利润点，肯定要有持平或亏损的项目，正是这样的项目，支撑了足够的吸引力。

成功的旅游地产项目，除了需要具备"A+B+C"的横向结构模式之外，在项目推进顺序上，也需要更新。

传统的项目推进方式是从资源到产品再到品牌，新型的旅游地产项目推进方式则要重新安排操作顺序，品牌、规划优先、完整规划、品牌当先、开拓市场、吸引投资、完善产品、突出品牌、良性循环，形成真正市场导向的步步滚动发展的格局。

同时，按照需求链、服务链、产业链、资金链的顺序，扮演项目经营角色。

首先是需求链，需求分析是一个非常复杂的过程；围绕着需求链形成服务链，服务链在一定意义上就是产品链；在产品链的基础上进一步扩大为产业链，产业链要突破景区运营模式的局限；最终需要资金链的支撑，中国资本动性过剩世界第一，当前缺的是好项目、好规划、好包装，只要有好项目，资金终究不是大的问题。

项目开发商不能将自身局限为只管开发的旅游产品生产商，好的项目商需要扮演品牌商、运营商、渠道商、生产商四商合一的综合角色，创造生态环境根本优势，形成产业聚集发展基础，确定主题功能合理区域，构造文化积淀品牌形象。

第五节　旅游项目新创意

一、关于创意

从一定意义上说，将旅游产业纳入文化创意产业，这是对的，同时也不妨碍旅游作为服务业的属性，实际上就是在未来的发展过程中，创意、文化对旅游的发展越来越重要。创意简单地说第一叫创造，第二叫实现，形成了一个过程。

短短几年之内，在中国大地上，创意已经成为时髦用语，创意产业似乎也已经成为新兴产业。之所以加上一个"似乎"，正是因为刚刚开始探索，产业概念未成，产业形态朦胧，产业规模尚小，产业实现亦需要一个过程。另一方面，创意覆盖一切，创意提升一切，当代追求创意，创意改变生活。

二、旅游与创意

旅游与创意的关系不是对立的，而是你中有我、我中有你的相互促进的关系，具体如下：第一，旅游需要创意，创意推动旅游。第二，旅游产业也是创意产业。第三，开发创意，产品创意，营销创意。第四，创意贯穿旅游发展全过程，涉及全方位。

创意的前提是无拘无束，是心灵的放飞，是自由之精神。创意的发展，是平台的建设，是制度的保障。这是个人创造力与组织执行力的结合，是社会宽容性与法治的进步。由创意产生文化，由文化提升旅游，这是在一个新的时代我们必须要应对的大问题。所以，旅游和创意的基本关系就是旅游需要创意，创意推动旅游。这样就需要开发方面的创意，产品方面的创意，营销方面的创意，也就是说创意贯穿旅游发展全过程，涉及旅游全方位，每一个方面都需要，创意按北京话来说叫"幺蛾子"，有这种创意性的元素就是抓住了眼球。

创意的发展是平台的建设，是制度的保证，这就是个人创造力和组织执行力的结合，是社会宽容性与法制的进步，没有这些基础就创意不出来。现在往往觉得创意就是拍脑袋，就是点子大王，点子大王是手工业的方式。如果评价中国旅游业内创意元素及创意作用，发挥最充分的当属华侨城，其之所以被文化部定位为全国第一批文化产业基地，不是偶然的，正是在这个过程中体现了一系列这样的创意，更重要的是，体现的是个人创造力和组织执行力的结合，这是核心。

三、创意发散

进一步而言，创意的发散就是到底怎么解释创意。拍脑袋出点子和憋出几句话来都不能够叫做创意，但这都是创意的细微末节问题。创意需要发散，通过以下对创意的发散性解释，力求打破创意的局限性。

第一，创异，领异标新二月花；差异性是旅游发展的根本。

第二，创议，不畏争议求个性；往往是争议越大的，实际上市场效果更好。有些事情在网上引起了很大的争议，无形中形成了一定的市场基础，减少了营销的压力。

第三，创艺，品味之中见品格；在创造艺术的过程中，需要品味之中创造品格。

第四，创亦，亦此亦彼看变化；这就是一个过程，创意的时限也需要过程，这个过程一定是调整过程，亦此亦彼，在这里如果用非此即彼，非黑即白这样的传统思维方式来对应就不行。

第五，创翼，心有灵犀一点通；身无彩凤双飞翼，心有灵犀一点通，是灵动的，是飞翔的。

第六，创忆，回忆方知好味道；要创造回忆，客人离开一个地方，回过头来一想这地方不错啊，然后再看看在这里拍的一些照片，买的一些纪念品，这都是记忆的延长，纪念是物化的记忆。

第七，创义，仁义自有缘分在；有仁有义，是传统文化的精华。

第八，创遗，未来遗产今天做；自然遗产是老天爷给的，文化遗产是老祖宗给的。今天的精品就是明天的文物，就是后天的遗产，我们当代人为什么不能为未来创造文化遗产？

第九，创毅，咬牙才见真功夫；尤其是在创意实现的过程中，一切都会变化，能不能坚持，能不能做到位，不需要浪漫，而要执行力，才是真功夫。

第十，创益，益你益我益大家。和谐的根本是利益的均衡，创意的实现必然是和谐。形式可以无比雷人，本质则必然直抵人心。

这里最重要的一个就是个人创造力和组织执行力怎么结合，而且人的创造性不是无限的，关键是有没有一个好的创意的环境，所以再进一步就需要研究创意的方法。

四、创意原则

旅游业是一个综合性产业，需要不拘一格发散思维的想象才能创造出一个好的创意来，旅游在创意过程中需要遵循的一些原则如下：

第一，需要是创意之母，变化是创意之父。需要促动创意，创意改变生活。

第二，伟大的创意超越文化障碍。障碍是差异，差异是灵感，灵感是创意。

第三，创意以人为本。创意要尊重人、了解人。

第四，创意需要前瞻，但只能适度超前。过度超前就违反了事物的发展规律。

第五，生活艺术化，社区艺术化，城乡艺术化。

第六，高品质生活不需要等比例的成本。高品质的生活是一种心态。

第七，高科技更加需要高情感。

第八，现代社会已经成为视觉社会，信息视觉化逐步成为主要形式，需要新语言体系。

第九，功能性是创意基础，多功能与单功能的选择则是具体研究的关键。

第十，便利性是深化的要求，也由需要所决定。

第十一，形式感成为信息社会和眼球经济的外在表现。

第十二，震撼感是最终的力量，本身也会成为核心价值。体量、色彩、材料、外观等要素构成震撼感的表现。优雅、人性、精致、细节构成内在的完美。

第十三，结构性创新，系统性创新，组合也是一种创新方式，新组合形成新视角。

最根本的就是要强化功能性，现在往往包括很多建筑师、设计师不注重功能，不注重人的情感的需求，他的设计最终飘到天上却落不到地上。所以，功能性是创意基础，便利性是深化的要求。

五、旅游文化创意

旅游文化是由创意和传统挖掘而形成的文化，共有三点要求：

第一，文化形式的基本要求是突出的特色，而不是一般的特色，更不是雷同化。主要的具体表现形式一是资源的独特性，二是建筑形式的独特性，三是环境的独特性，四是三者之间的协调性。

比如北京现在有个明显的问题：鸟巢——奥运主会场、鸟蛋——国家大剧院、鸟腿——中央电视台新台址、鸟嘴——中华世纪坛。可谓鸟的要素都全了。但北京并非一个"鸟主题"的城市，如此将古都风貌作为代价，供前卫设计师任意试验,将使一个城市变得不伦不类。建筑形式非常重要,建筑与建筑之间必须协调,使城市成为一个有机的组合体。同时,建筑之间的功能也必须联系,比如香港,在中环坐地铁上去就是楼宇,楼和楼之间都有通道,外面下大雨,人照样可以逛街。在形式和功能上孤立的建筑是城市发展最大的败笔,也是城市文化层次不高的表现。

第二,文化内涵的基本要求是丰厚的品味。主要的表现形式如下:一是品类的丰富,二是味道的厚重,三是展示的精美,四是内涵与形式的统一和谐。

第三,文化本质最基本的要求是人本主义精神。对于中国这个具有几千年皇权主义传统和官本位意识的国家来说,缺乏人本主义精神是我们国家与旅游发达国家最大的差距。人本主义精神主要表现在以下几点:一是在建筑格局上要注重结构合理、功能完善;二是在设施配置上要处处为客人着想;三是要努力强化服务意识,提高服务质量。

由于处在官本位的环境中,同样是以北京为例,虽然倡导着以人为本,但其实却有许多不便之处和障碍。越是公共性的设施越存在障碍。原因就是设计者都是为了方便管理,方便运营而考虑的,而不是考虑消费者。虽然花费了大把的钱,但结果却是让北京市民的生活越来越不方便。所以,这就是根本上的差距,建筑格局上要注重结构合理、功能完善,设施配置上要处处为客人着想。

也就是说,创意的根本要落在这上面,而不是花样越翻新越好。花样翻新好不好?好,但那不是根本,根本是要落在文化形式、文化内涵和文化本质上,最终应当形成五个力:视觉震撼力、历史穿透力、文化吸引力、生活沁润力、快乐激荡力。效果是要让人感觉快乐,觉得在这里舒服,形成生活的浸润。而国内现在最先追求的就是追求视觉震撼,觉得有视觉震撼就什么都有了,但这是远远不够的,这种追求基本上叫做工业化时期的追求,而不是后工业化时期的目标。

第三章　新时期旅游企业集团面面观

当前，旅游企业集团正处于转型升级的关键时期。如何转型？怎样升级？

所谓转型升级，简单地说，转型就是一个横向的扩张，升级就是一个纵向的提升。这就要求超出原有的思维方式和视野，研究如何开拓和发展。

近十年来，中国的旅游业进入了一个全新的发展时期，这个全新不仅在于旅游业进入一个新时期，更重要的是已经创造了一系列新的发展模式，不同于以往，旅游企业集团亦有所不同。当前的旅游企业基本上分两类，一类是新兴集团，此类集团基本上都是外行业进入，带来新的理念、操作模式、眼光，在很大程度上颠覆了旅游业的一些传统做法；另一类是传统的旅游集团，转型升级就要从传统跳到新兴。

第一节　风起云涌的发展态势

一、国民经济转型升级

未来，中国旅游将进入又一个"风起云涌"的发展黄金期。

然而，目前整个行业存在偏于乐观的倾向，看不到潜在的最大问题是结构性问题。对国民经济而言是一个结构问题，对于旅游发展而言也是一个结构问题，即，怎样优化结构。

对于旅游企业集团来说，在资金实力上，拼不过房地产老板；在市场品牌上，亦有不足，所以，追求大规模的扩张不是优势，但是在结构优化和水平提高的过程中抓住发展机遇，是比较重要的思路。

在国民经济总体转型升级的背景之下，旅游转型升级比较困难，也会出现不曾预料的新的问题。

三十年来，中国在国际上主要借助国际优势，尤其是加入 WTO 以来，迅速地融入了全球化的体系，是在全球化发展过程中得利相当多的国家。过去的三十年，中国和发达国家基本上没有竞争关系，是发达国家的产业转型一步一步转移到中国，使中国变成了一个世界制造工厂，珠三角就是典型案例，中国承接世界各个国家尤其是日本、韩国、美国的产业转型。今天的情况大为不同，注重转型升级，强调自主知识产权与创新。在此形势之下，竞争对手升级，竞争范围扩大。过去的竞争对手主要是发展中国家，现在发达国家成为竞争对手。比如中美战略会谈，知识产权成为一个重要问题，原来担心美国以汇率发难，实际上美国人已经感觉到中国的威胁。在这种情况之下，制造业的转型升级面临着极大的困难，一定意义上已形成一个围追堵截的格局，美国也在提倡制造业的"二次复兴"，他们已认识到，只靠金融业、服务业，解决不了整个国家的就业问题。这对旅游业发展又是一个新的机会。目前国际上有很多打贸易战、反倾销的案例，过去是发达国家对发展中国家提出反倾销的诉讼，现在发展中国家也在提出诉讼，然而，在旅游方面，从无先例。比如零负团费，如果就国际贸易而言，达到倾向的极致，但是没有一个国家由于零负团费提出过反倾销的，这一项是我们的优势。

由此，在整个国家转型升级的过程中，就提出了从"中国制造"到"中国服务"概念的必要性。2010年，经首旅集团董事长段强同志倡议，专门组织了中国服务发展论坛，就是为树立"中国服务"的概念，这个论坛产生了强烈的反响。2011年9月27日，以"践行中国服务，提升国民幸福"为主题的第二届中国服务发展论坛在陕西西安举行。该论坛由国家旅游局特别支持，中国旅游协会主办，首旅集团、中国旅游协会休闲度假分会和陕西省旅游局承办。今后还将继续召开，并将五年作为一个周期，围绕一个中心。每年各有题目，第一年树立"中国服务"的概念，第二年研究服务的深化，第三年是服务业的横向扩张，第四年要树立"中国服务"品牌，第五年中国服务业的"走出去"。如此筹划，原因是旅游不能只局限在自身，必须要扩张，这就意味着整个国民经济在转型过程之中对服务的要求提高了。

二、地方发展，城市提升

一方面，地方发展转向产业结构调整提出了旅游服务的需要。从地方发展来说，目前地方发展的转向是产业结构调整，这正是当前大多市长、县长所关注的问题。近两年，各地对旅游的重视程度大幅度提升，根源于产业结构调整的利益考量。旅游推动了地方的转型升级，使结构调整优化，就构造了一个旅游发展大趋势。传统观念认为做旅游是拉动就业，为老百姓谋福利，现在已经上升到为产业结构调整服务的高度。

另一方面，城市提升的导向也使旅游服务更加重要。多年以来，人们关注的是大高楼、大马路、大广场、大绿地，近几年民众关注点有所改变，认识到仅靠高楼、马路、广场、绿地,城市难以发展起来,城市发展要谋求生活品质的提高,要谋求城市形象的提升。因而,很自然就将旅游、休闲作为发展目标,这就是城市的一个变化和一种新的追求。

产业结构调整以旅游为抓手,城市提升的导向以旅游为目标,因而,当前旅游实实在在"热"了起来。

三、幸福主旋律

2011年的"两会"上,幸福成为一个主旋律,幸福以及提高幸福指数等问题成为热点议题。此前,全国人大副委员长、财经委主任、国际专家都曾出席全国人大财经委员会旅游法立法研讨会,参加讨论旅游问题,由此可以看出,国家对旅游提升的重视。制造业解决短缺,服务业提供便利,旅游业创造幸福。研究旅游,就必需提升旅游的层面,将旅游定位为创造幸福的产业。

人生的终极追求是幸福,在日常工作难以达到幸福的现状中,旅游就成为生活中实现幸福的主要方式,要通过"旅游家园"创造幸福感。所谓"旅游家园",中国人几千年都有一个家园的概念,既要有"家"也要有"园"。现代社会,往往只有"家"而没有"园",地少人多的现状,加上每个人都想有个"家"的梦想,是造成房地产业兴盛的一个根本原因,这里虽然有炒作成分,但根本上是刚性需求的支撑。对旅游业者来说,不但要有"家",还要有个"园"。实现对"园"的追求不能靠传统方式,而是要构造公众的"园",这就要靠发展旅游。当前,很多地方都提出来要做大城市的"后花园",但是"后花园"往往意味着永远处于第二层次,所以不应该止步于做"后花园",而应该做"大花园",王岐山同志任海南省委书记期间,提出要把海南建设成为全国人民的"大花园",就是此种道理。因而客观来说,人们的生活确实要求有"家"又有"园",而不只是满足于拥有一间屋子。

在事物发展转化过程中,会出现一些新的现象。比如旅行社打出广告:"1平方米游欧洲,2平方米周游全国,3平方米周游世界"。单就住房来说,120平米和119平米没有太大差别,但如果把房产和旅游这两个不同的产品、不同的价格体系连在一起,就能清楚地感觉到,只要少买1平米的房子就可以畅游欧洲。正因为我们日常生活享受不到园,所以旅游就应该创造一个新的园,不仅是只供游玩的园,而且是一个真正意义上新的精神家园。这就是新时期旅游发展被看重的一个根本性原因。

四、流动性过剩

流动性过剩的问题,通俗地说就是"钱多了没地方去",这种局面短期内不会得到缓解。正因为流动性过剩现象的存在，不少人都在寻求投资机会，造就出目前旅游投资"风起云涌"的态势。据初步估计，未来5年全国旅游领域的投资总量有可能达到5万亿。全国旅游发展30年，到今天，其资产总量也只达到8000亿，而未来5年新的投资量要达到前30年积累的6倍。在这个格局里，存在着难以估量的机会，旅游业势必要抓住这未来5年的机遇。

就规划投资而言，"十二五"期间，海南规划旅游投资3000亿，江苏规划旅游投资10000亿。青岛在2010年初的时候就预计一年会有700亿投资，截止到2010年底，这700亿旅游投资已都在建设之中。其中，港中旅投资46亿在青岛建设海泉湾，这是青岛旅游投资最大的项目；民营企业集团山东南山集团投资200亿在青岛建设一个大型会展中心及三个酒店。大庆也有个投资650亿的项目，规划 $16km^2$，建筑面积1071万 m^2，实际上是建设一个新城，但其主体内容却是旅游。房地产限购政策，如"国八条"、"国十条"不断出台，导致了大把投资转向三个方面：一是旅游地产，二是文化地产，三是商业地产，最后融到一起都是以旅游的名目出现，当然，其项目确实涵盖旅游的内容。此类现象的存在是由于流动性过剩所致。

当各路投资都拥入旅游领域后，就形成了一把"双刃剑"。一方面，是抓紧机会，集团突显；但另一方面，就是泡沫迅速形成，承受后果。这种"双刃剑"考验的是从业者的眼光、魄力和胆略，有眼光能够看得准，有魄力敢进去，有胆略能够掌握随时变现的可能性。这里涉及两个重大问题：第一个问题是如何整合资源，虽然各有各的资源，但是需要通过整合抓住集团性机遇。这种重大的发展机遇能否把握住，是一个重大挑战。第二个问题就是如何规避风险，减少项目性失误。为了规避风险，减少项目性失误，对每一个具体项目都要具体研究。

五、重大思路

（一）优势整合、群体发展

优势整合、群体发展是很多企业的实际做法，并在未来几年会改变总体的旅游发展格局。

以北部湾旅游集团为例，这是2010年12月注册成立的旅游集团，依托的是新奥燃气集团。新奥燃气集团有600多亿资产，在全国七十多个城市有两千多个服务网点，也有旅游资产，如在河北廊坊有两个酒店、两个高尔夫球场。新奥燃气集团涉足旅游领域的目标是为了上市，所以北部湾旅游集团从公司组建开始，就完全按照一个上市公司的模式来运作。其最大的优势是有2000多个经营网点都在社区，如果引入旅游元素，就可以形成一个网络，含全国七十多个城市两千多个经营网点在内，除了销售燃气、做燃气服务，还做旅游服务，这就形成很大优势。目前，集团正在谋划成片开发涠洲岛 24km² 的项目，至少需要七八十亿投资。对于这样一个企业来说，关键看好发展前景。如果把自身优势整合出来，又成功上市，将成为在旅游领域具有一定规模和影响力的集团，这就是一种优势整合。

（二）长短结合，系统运作

即长线投资和短线回报相结合。长线投资是一种战略性投资，短线回报研究如何规避风险，需要把这两者结合起来。旅游投资一般来讲是长线投资，比如建设一个酒店，自行投资、建设、经营，仅就经营本身来说，至少需要 10 年收回投资，除非通过股份转让，这个酒店的价值才能充分地体现出来。

产权酒店是长短结合的一个典型，目前全国的产权制酒店有一千多家，规模最大的在海口，有 1200 间客房，经营状态良好。产权酒店是长短结合，但隐藏一系列的后续问题：一是承诺的回报率过高，一般承诺回报 6%—9%，高的承诺是否能够兑现值得考虑。二是酒店公共设施的经营是否纳入业主的分红范围的争议很多。三是每年的回报如何分配，回报分配涉及纳税的问题，酒店经营本身要纳税，如果每年回报给业主的分配还要纳税，如此基本就没有多少分配的余地。这三个后续问题一般都看不到，海口某酒店在处理这些问题上，是这么做的：一是承诺的回报率比较低，基本上在 2%—3%；二是签约的时候就明确，公共设施不纳入业主分红范围；三是谁收入谁交税。之所以能够提出这些条件，一个重要原因就是房地产在升值。当初投资产权酒店的时候，每平方米只有 1.2 万元，现在已经涨到每平方米 4 万、5 万了，业主更多看到的是回报。这只是举个例子，实际上在旅游业，类似的长短运作的方式非常之多，比如景区也有景区的方式，旅行社也有旅行社的方式，但是核心是系统化运作。

上述情形，也提出了一些挑战，面临重要问题。企业具备良好的基础，则泡沫极少，风险也相对较少。但是如果固守现状，就会产生战略性失误，项目性的风险、项目性的失误需要规避，但不应因为规避个别项目、少数项目的风险而承受战略性失误，这是得不偿失，应当避免的。

第二节 异军突起：新兴旅游集团

一、地产运作

（一）万达广场

万达广场这一类型是城市旅游综合体。万达广场已经进入全国一线城市，现在正在进入二线城市,目前已经达到100家,涉及投资近1700亿元。大体的模式是两个酒店,而且品牌基本一样,都是雅高的品牌,"索菲特"和"诺富特",再加上1个电影院、1个商场、1个公寓,诸如此类组合在一起,就构造了一个万达广场的类型。这个构造被称为城市综合体模式,该模式一经形成,基本上在这个领域别人便不可替代。

(二)海南清水湾

海南清水湾是一个度假社区,也是一个系统建设的模式。清水湾离三亚80km,如果从区位上来说,算不上好区位,可是却做起来了。12km海岸线,做了6个顶级酒店,3个高尔夫球场,再加上120万m^2的房地产。清水湾被认为是一个房地产项目,但实际上并非如此,而是一个滨海旅游度假区项目,只不过是房种不同,类型不同。这一格局已经形成,且构造了品牌。清水湾给人很不错的感受,海水、沙滩都比较优良以及蕴含很多创新设计理念的建筑。目前,已经完成一期工程,二期工程正在进行,已经售罄。类似这样的项目现在全国非常普遍,而且仍然有大规模的项目在建设,这就构造了一个度假社区的全新格局。

(三)宋城集团

宋城集团项目的扩张是靠大活动的拉动。当初宋城开园需要宣传促销,由于当时资金不足,他们自己琢磨了一个方式。先做一个市场测试,派了三路队伍,一路到上海,一路到南京,一路到广州。报纸上登一条消息:某月某日几点,在什么地方,免费发放杭州丝巾,2000条发完为止。结果是广州去了三四百个民工,没有发完,南京去了二百多个老干部,也没发完,上海去了五千市民,一抢而空。于是就判断出上海人精明,喜欢占小便宜。

于是宋城开园时,就邀请1400个上海嘉宾,其中包括40个媒体嘉宾,到宋城享受一天"皇帝生活",设定一套筛选规则。之后收到了25万封申请体验信,按规则选了400个家庭,包了一列火车,从上海送到杭州,住五星级酒店,在宋城玩一天再送回去。从此,宋城在上海没有投入一分钱广告,就已名声渐起,这是迈出的第一步。

第二步又做了一个项目,提出"旅居结合、景观房产"的概念,即旅游和居住相结合,形成景观房产。当时萧山产业结构调整,宋城集团以下岗工人全部接收为条件,开发已被淘汰的砖瓦厂土地。用砖瓦厂土地做了杭州乐园,周边开发房地产。利用砖瓦厂的两个大烟筒,一根包装成了瞭望塔,另一根烟筒外观被包装成一堆雕塑,变成一个生命柱,成为一道独特景观。园子还没有建成,房地产就已拉动,投资就已收回。这个项目有效证明了旅游和房地产结合是有前景的。

紧接着宋城又在杭州购进一大片地,动员浙江省政府、杭州市政府邀请世界休闲组织来杭州召开世界休闲组织大会。获悉世界休闲组织大会在杭州举办,浙江省政府承诺马上修高速公路，杭州市政府也承诺修城铁，最后世界休闲大会成功在杭州召开，借此创办了首届世界休闲博览会。就这样，宋城集团资产从一个亿到十个亿，现在到一百亿，去年成功上市。就是通过大题目拉动、大活动拉动，形成项目扩张的模式。

（四）青岛海上嘉年华

一般滨海城市尤其是北方的滨海城市，到了冬天经营惨淡，所以一般都不贸然投资。很多前车之鉴，以北戴河为例，1979年，《人民日报》接连发表五篇文章，认为北戴河是旅游的金矿，举了若干国际的成功案例。中央当时做了一个决策，就是北戴河所有的招待所一律交给国家旅游总局。国家旅游总局经营半年，就着手放弃，原因是北戴河的招待所没有一家盈利的。后来国家旅游局在北戴河建造金山宾馆，是北戴河最好的一个宾馆，可最终也成为一个包袱，因为一年只能经营三个月。一个项目如一年只经营三个月，就是亏损，如果能经营半年才能持平，半年以上才能有利润。所以在这些地方进行大项目投资会遭到反对，可是青岛海上嘉年华恰恰是抓薄弱环节来集中主题。

青岛海上嘉年华是集中主题，形成大项目的典型案例，投资65亿。这个项目巧妙抓住了青岛冬季旅游经营淡季的空白，在海边以青岛海上嘉年华为名，以室内为主，把关于海洋休闲娱乐设施集中到一起。解决了冬季经营的问题，同时夏天照样经营。

（五）观澜高尔夫球场群，山东南山休闲项目群

大规模对应大需求，典型案例就是观澜高尔夫球场群和山东南山休闲项目群。

第一个典型案例是人们所熟知的深圳观澜高尔夫球场群，号称是全世界最大的球场群，构造了一个户外体育运动的集中点。2009年，在世界金融危机最严重的时候，该项目的24000土亩地上，20个高尔夫球场同时开工，配套的酒店群、服务群也同时进行。项目投资方判断很清楚：第一，这个需求是持续发展的需求；第二，现在进入是成本最低的时候，土地成本、物料成本、员工成本都是最低的。此处已经开始举办世界高尔夫论坛，取得一致好评。

第二个典型案例是山东南山休闲项目群。南山原来是一个村办企业。他们一开始做工业，发展起来后转型做旅游，开发了36m高的南山大佛，但重点是做高尔夫球场。现在南山号称是全世界最大的高尔夫球场群，有236个洞球球场，同时配套有葡萄酒酒庄、葡萄种植园。这个村办企业把周边各个村都买下来，把农民都变成工人。现在各地发展高尔夫最大的问题就是手续问题，目前全国大概有500个高尔夫球场，真正有完全手续的不超过三个，都是以休闲公园、体育公园等名目开发的。这几种类型远远超出了我们传统的概念，这就是一个地产运作的概念。

二、资源运作

资源运作就是借助现有资源开发旅游，形成一个新的发展格局。

（一）山西绵山

开发绵山的企业最早是做焦炭的，最鼎盛的时候，全国出口焦炭的三分之一都是由此出产的。彼时，该企业就有了可持续发展的意识，认为焦炭是黑色产品，没有前景，旅游是绿色产业，有前景，所以开始投资开发绵山。1995 年开始进入，五年投资 7 个亿，到 2000 年的时候，绵山已经变成山西接待量最大的旅游景区，构造了一个矿业集团的新领域。这就开创了一个模式，也形成了山西这种基本上所有的景区开发都由矿老板经营的格局。

另一家焦煤企业，投资 2 亿在临汾开发云邱山。云邱山的资源本身是三流，道路条件也非常差，但是云邱山上种了一种植物叫翅果，却真正有价值，因为这种植物只有在那里生长。在这个山做旅游实际上是为了让民众认识翅果，要漫山遍野进行种植，以三年为合同期。现在这家企业已变成山西煤炭转型的一个典型，生产的翅果油，也从一瓶 300 多元涨到了一瓶 3000 多元了。同样是旅游，矿业老板就是这样来转化资源的。当然，这类项目不宜过度投资，不要认为投资越多越好，投资成功才叫好。另外，项目开发很重要的一点是开发时序，时间把握准了，二流的资源可以做成一流项目。

（二）青海发展

当前，青海提出一个理念就是青海欢迎大家来开矿，但是开矿是以开发旅游作为必备条件。例如投资商计划投资 100 亿开矿，就要求必须拿 10 亿投资旅游。现在已经构造成矿产资源与旅游资源的捆绑结构。

（三）长白山开发

长白山的开发是借助资源大发展，目前是 7 个集团联合起来经营开发，计划总投入 400 亿，目前项目还在进展之中。可见，开发的关键是如何整合资源。

（四）海南

海南开发旅游的核心是资源的综合配置。除了南海的石油资源外，海南没有矿产资源，也没太多其他资源，所以是生物资源、气候资源、人文资源、生活资源的转化，是对环境资源的利用。海南构造的格局，就是海南国际旅游岛。前两年海南大概已经有 1000 亿资金投入，"十二五"期间规划投资 3000 亿，这就是一种综合配置的方式。

（五）景区经营权收购转让

景区经营权收购转让虽然已经出现一些比较成功的案例，但是还没有真正打响的案例。景区的资源是国家所有，收购转让的只是经营权，但是涉及法律能否提供保障的问题。而且部门之间意见不同，争议也比较大，因为景区一般都是现成的景区，比如广州中旅经营的肇庆盘龙峡。这种现象有一就有二，将来会成为一种比较普遍的现象，因为已有的资源已经开发好了，能够转让的大概就是二流、三流的资源，但是二流、三流的资源按照传统的观光模式做不下去，所以现在一般的方式都是转向休闲模式。同样，现在也是采用这种模式，把景区经营权拿下来，用景区周边土地发展休闲房地产。

三、电子商务运作

电子商务是覆盖一切的集团模式。一般而言，旅游电子商务集团资产规模都不太大，但是市场应用非常大，因为电子商务的覆盖性也形成了一个影响发展的集团模式，一个创造未来的集团模式。

（一）携程网

电子商务的集团模式，比较典型的就是携程网，严格地说携程网就是委托代办业务的集中和放大。此前旅行社有一个边缘化部门负责委托代办，只做点委托代办的事。可是携程网就把这一环节集中放大，通过资本运营，做成了大的集团。全国旅行社17200家，一年的利润大概是一个多亿，携程网一家一年的利润6000万，相当于一个行业利润的一半。

当然现在携程也面临着挑战，最大的挑战来自淘宝网，淘宝网现在叫做系列推进，开始进入旅游领域。原来就是网站开店，但是从去年开始做旅游了，也做机票、酒店预定，携程网做的一套淘宝网都在做，所以逼着携程网除了线上的业务，开始发展线下的业务，于是就构造了一个线上与线下的结合，电子网络与实体网络的结合。这一类电子商务的运作，很可能会变成将来的一个方向，当然这一领域变化太快，风险太大。一个商业模式刚刚成熟了，马上面临着被淘汰的格局。将来该领域的发展可能对各个旅游企业集团都会有重大的影响，所以旅游集团需要研究，当然，不是自己如何做电子商务，而是如何搭载这个"车"，如何实现合作。

（二）发展方向

未来的发展大致是以下三个方向：

第一，基于云计算的云旅游。云计算是整个互联网的一个发展方向，下一步必然是云旅游。现在谁也说不清楚什么是云旅游，正因为不知道才需要研究。

第二，基于互联网的旅联网。对于旅行的人来说，对信息的需求比什么时候都重要。在旅行过程之中，因不断变动，对信息服务的要求比什么时候都强，虽然现在这种信息服务很多公司都有，可是消费是有依赖性、有惯性的，如果能够形成一种跟踪服务、贴身服务，就是一个很好的方式。

第三，从信息化到智能化。这对于每一个旅游企业来说都适用，现在所谈的的只是信息沟通，实际上进一步的发展一定是智能化发展。这种智能化发展的好处是可以大大降低企业的运作成本。比如酒店，是典型的人对人的服务，可是这种服务过程之中有一些是可以替代的。所以，通过一个完整的智能化流程，提高了效率，保障了质量，降低了成本，这是必然的。

四、酒店集团运作

（一）经济型酒店连锁

从如家上市开始，就构造了一个资本运作的范例，之后是汉庭上市，而且都是在美国上市。但是这个市场基本饱和，现在传统酒店集团的发展很重要的一块就是靠经济型酒店。华侨城有一个城市客栈，也在走这个路，依托大的酒店集团发展经济型连锁，是可以走通的，问题在于现在的市场基本饱和。

（二）主题型酒店连锁

深圳的维也纳酒店集团，在全国已经有一百多家了。起先预想按照经济型酒店的路数，后来，做成一个主题型的城市酒店连锁，依托城市，依托社区，挖掘城市文化，挖掘社区文化，构造一个独特的主题型酒店连锁。已经看出这个方向。

（三）温泉酒店连锁

该模式比较典型的是天沐集团。天沐集团借助各地的温泉资源，进行综合资源整合，形成一个温泉度假村，再加上少量房地产的格局，现在全国已有二十几家，资产膨胀很快。其方式就是强化自身的模式，形成自己的品牌，借助地方政府的支持，比较廉价地拿到土地，然后用银行贷款来支撑发展，基本上就是这么一个构造。

（四）度假综合连锁

海南21世纪金手指集团是江苏投资商投资的，涉及酒店、公寓、经济型度假设施、销售渠道等多种业务，应该说已初具规模，但是大规模的扩张现在没有形成。21世纪金手指集团在全国选了7个点开始建设，这是一个酒店集团的运作。我们现在常见的运作方式还是这样两种类型：一种是外国的饭店管理公司进入，目前已有二百多个外国管理公司品牌进入中国，做的规模比较大的如洲际、雅高，在国内也形成了相应的影响；另一种方式就是国内一些传统的旅游集团，如首旅集团、锦江集团，通过酒店的扩张，实现综合运作。

酒店集团运作大体上就是这些类型。这里的一个问题是传统的一家一家建酒店、一家一家经营的路数发展起来很困难，但此路也通，现在有的企业也还在如此做。各种类型各有各的优势，但当前更多的是靠这种短期内的规模急剧扩张争取上市。这里最大的风险就是如果上市不成功，资金链撑不住。虽然不可能家家都上市，可是有一个成功典范就引发一批人效仿。如家和汉庭还不同，这两家酒店一开始是携程的创业团队，有一个完整的人才组合，有专门做资本的，有专门做旅游的，还有专门搞管理的，形成了一个非常完整的人才组合，各个方面都补足了。每个人都不是全能，但是通过人才的组合优势，尤其是在美国上市，能够对美国的情况非常清楚，上市规则非常熟悉，知道该怎么做会取得成功。

第三节 核心扩张：传统旅游集团发展

传统旅游集团发展，优势明显、弱势突出。

优势可以概括为四个方面：一是发展历史较长，影响较大；二是具备国有背景，信誉较好；三是依托行政资源，扩张迅速；四是业态存量丰富，整合方便。

弱势亦可概括为四个方面：一是竞争意识淡漠，无事即安；二是国有机制束缚，进取裹足；三是人才结构老化，专业局限；四是承担政府任务，成本自担。

谋划传统旅游集团发展，需要发挥主观能动性，调整和转化弱势、围绕和发挥优势，赢得最大的发展空间。

一、首都旅游集团

目前，首都旅游集团经营六大业态：一是酒店，酒店是主体业态；二是汽车运输，首汽公司共有6000多辆车；三是旅行社，以康辉旅游集团为代表，在全国多项评定指标名列前茅；四是商业，尤其是北京古玩城；五是餐饮，多家传统北京餐饮企业属于首旅集团名下；六是景区管理，开拓全国性、国际性业务。

首都旅游集团旗下拥有四家上市公司，谋求综合发展的格局。

首旅集团发展主要有四个方面的关键问题。

一是扩张。全国各地的很多旅游项目都希望获得首旅集团的投资，但作为北京最大的旅游集团，首旅集团的投资涉及到政府如何看待的问题，北京市政府对首旅集团的京外旅游投资持"不在北京好好干事，往全国投什么资"的心态。首旅集团目前的扩张概括为三种模式：一是直接投资模式，二是股权收购模式，三是派驻管理模式。

二是管理。首旅集团历史悠久，内部管理包袱较重，基本落实原则：老同志给待遇，中年同志给平台，年轻同志给机会，各得其所，调动人才积极性。首旅集团具有宝贵经验，但是知识结构落后的老领导，一般都到二线发挥顾问、咨询的作用，位子腾出来，给中年人构造平台。

三是人才。企业能力主要取决于人才，尤其是旅游项目投资，资金到位，人才也需要到位。人的问题涉及到一系列现实问题，但从根本而言可以分为三个方面：一是培育敬业、精业的企业文化，而不是依然延续国有企业宣传模范、树立标杆的老套措施；二是实施合理的人事安排，放错了位置的人才就不是人才；三是科学的激励机制，不能要求每个人靠觉悟工作，不能总用觉悟替代机制。

四是导向。现在，中国社会充斥着"做大做强"的泡沫，而不是踏踏实实地以"做好做优"为导向。首旅集团这样的大型企业，应当率先引领旅游工作的现代导向潮流。

二、上海锦江集团

锦江集团的特点是集中主业，主要集中酒店主业。一端是连锁发展，借助锦江的品牌，以锦江之星形成一个经济型酒店的连锁。另一端是高端发展，做一批高端酒店，一个是和平饭店，这是老酒店改造项目，还有一个是曾经的东风饭店现在是美国的华尔道夫酒店。华尔道夫酒店是一个拥有悠久历史的高端品牌，它几乎不扩张，但是就是做一家成一家。华尔道夫酒店到了上海，完全是老上海那种风格，同时引入了很多新技术，实际上提升了上海层次。比如一个三居室套房，不是富丽堂皇套房，但一天卖到28000元，而且生意还很好。锦江就是集中主业，两端扩张，稳扎稳打，这个路走得也相当不错。

三、华侨城集团

华侨城是一个综合发展的格局，是从诸如锦绣中华、民族文化村、世界之窗、欢乐谷等主题公园开始一连串做起来的。最初谋划以锦绣中华这个品牌走出去，后来转向了以欢乐谷模式的再重新扩张，现在遍布全国各地。这个模式就是旅游加地产模式，即一个欢乐谷作为旅游项目，旁边有一个地产项目。该模式现在看起来是成功的，以北京欢乐谷为例，当时是以北京四环绿化带政策入手，附带进行周围的房地产开发，使最初预计的欢乐谷要亏损三年，实际只亏损了一年，第二年就实现了盈利。

四、青旅集团

青旅集团是主业上市，然后通过景区突破，谋求综合发展。主业上市的优势就是有了一笔资金。以浙江乌镇为例，青旅投资以后，现在乌镇的经营情况决定了青旅的股市价格。从谋求综合发展格局这个角度出发，青旅集团是有成功经验的，青旅这个模式康辉现在都在学习。

五、国旅集团

传统上国旅集团是垄断的，20世纪80年代是海外市场垄断，后来就是客户垄断。现在这两个垄断都没了，还有一个免税品的垄断。国旅发展一开始也想学青旅，将主业上市，但是后来没有操作成功，就做了一个国旅联合，也算是有一个上市公司了。经过多年摸索，国旅联合现在是以温泉为主，之后国旅集团主业上市，谋求了一个新的发展格局。现在免税业务的发展，尤其是海南免税店的开业，给国旅集团注入了一点新的活力，但长久依靠这些业务恐将不能实现可持续发展。

六、港中旅集团

港中旅集团也是通过投资发展起来的，总部在香港，而且兼并了中旅集团，所以是歪打正着，形成了实力。所谓歪打正着，就是当初港中旅投资了一些钢厂、电厂、高速公路，很多人对这些事都表示怀疑，而且对这些投资普遍不看好，但是后来恰恰是这些投资形成了港中旅实力的基础。由于有了这样的实力，所以兼并扩张才有力量。港中旅这几年在探索一个模式，就是海泉湾模式，如在珠海、青岛、西安等地均建了一个海泉湾。简单地说，就是一个造地模式，就是通过海滨造地，建设一个旅游小镇。现在还不能评价这个模式是否完全成功，但是因为有了工业的支撑，所以这种实力还是很起作用的。

七、开元集团

浙江开元集团的特点是强化主业，滚动发展，当然也包含一部分和房地产结合的项目。开元起初是浙江杭州萧山的一个酒店，属于粮食局的，后来和粮食局脱钩，慢慢民营化，之后就开始滚动发展。比如在千岛湖建了一个开元度假村，同时配套建了88栋别墅，通过别墅销售收回度假村的投资成本。基本上就是以集团自己的经营实力，每年增加两家酒店，均为自己投资自己管理，现在已有二十多家了，而且规模都很大，形成了开元集团不小的总规模。所以，开元集团的模式就是有机会就做一些房地产，没有机会就踏踏实实地做主业。

八、陕西旅游集团

陕西旅游集团可谓是一波三折，努力突破。当初陕西省政府下过大决心，把一堆资源都给了陕西旅游集团，可是文物部门强烈抵抗。比如陕西旅游集团在汉阳陵进行了很多投资，花了很大的工夫，在陵墓类产品的经营上做到了极致。但是做完之后被文物部门收回了。因而，最后也没有发展起来，只好收缩。庆幸的是在这个过程中，有些资源即使被文物部门收回了，集团仍然存在，还有一部分发展余地。这两年创造了《长恨歌》的演出，做的非常不错，但原来设想的大发展格局已不会出现了。在这种条块分割、部门割据的背景之下，又涉及到旅游文物，就很难发展起来。不像其他的一些自然风光，只要不带风景名胜区这个"帽子"，有关部门就无权管理。现在很多国家风景名胜区都提出来要把这个"帽子"摘下来，但是戴上了就很难再摘下来。可以看到，部门割据对发展是有影响的。

九、桂林旅游集团

桂林旅游集团开始的格局不错，但是后来谋求上市非常艰难。1998年，因为涉及到四个景区，集团邀请文物部门、建设部门的专家进行讨论，结果多数专家予以否定。最后集团撤出这四个景区，资产盘子缩小了一半，但是也最终上市。到2010年通过增发，又增加了十个亿的资金。桂林旅游集团的持续发展就是通过一个上市公司的发展格局，同时扩大范围，虽然过程艰难，但也发展起来了。

十、江西旅游集团

江西旅游集团成立伊始，专门举办了一个旅游企业集团发展研讨会，掌握了一些资源，江西省把滕王阁的资源交给该集团，但是环境艰难，主要难点在于江西省普遍观念保守，至今也没发展起来。

当然，上述例子仅供参考，还有许多集团如天津旅游集团、杭州旅游集团等，各有一本经，值得借鉴。总体来看，传统旅游集团发展的一个共同点就是核心扩张，即借助自己的核心资源发挥自己的优势，而且不管什么时候，都是"进可攻，退可守"，"进"就是借助核心优势向上下游扩张，"守"就是如果有风险就收回来，而且收回来不伤筋动骨。总之，传统旅游集团都是这么一个格局，就可以减缓弱势，发挥优势。

第四节 集团发展态势

一、基础

基础在于三个方面：一是全球一体化呼唤集团，二是全球工业化产生集团，三是全面城市化培育集团。这是大背景，这个大背景不容忽略，因为这涉及到旅游企业集团发展的根，要借助的各类资源就是这三个方面。

二、关于旅游集团

旅游企业集团实际上是企业生产要素与发展要素的有机组合，我们原来强调的只是企业生产要素，比如有一个酒店，有一个旅行社，就研究怎么运营。现在看起来，只局限在这一点还远远不够，而是要研究资金、土地、区位、人才、技术、模式、制度、品牌等一系列要素，就是要超越单纯的企业生产和运营，形成两者之间的有机结合，这样才称得上企业集团。否则，只是一个企业联合体，就谈不上一个企业集团。

同时，要形成生产商、运营商、渠道商、品牌商"四商合一"的格局，现在生产商、运营商都不存在问题，但是渠道商、品牌商都有不足，比如酒店，如何销售就涉及到渠道的问题，大致有这么几种：一部分自己销售，一部分借助携程网之类的销售，一部分是研究大客户销售。大客户销售一定意义上已经在扮演渠道商的角色，但是自己并没有足够的意识。品牌商更缺乏，但是如果作为一个集团而言，一定是"四商合一"。作为单一的企业，可以研究强化某一个方面。比如旅行社，本身就是渠道商，因为旅行社没有多少生产商的概念，但是可以研究能不能构造出品牌商的概念。现在旅游市场上对品牌是认同的，比如国际上市场导向，到一定程度必然就是一个品牌导向。酒店，现在仍然是标准导向，但标准导向不是长期的发展趋势，长期的趋势一定是品牌导向。当时制定星级标准之时，笔者就提出这个问题，即为什么星级标准这么多年来在国际上并不那么兴旺。国外虽然也有星级的概念，但是并不突出，因为是一个市场经济自然发育的过程，到了一定程度就变成品牌导向了，对标准导向的需要不突出了。我们是在一个发展的过程之中，还不成熟，所以强化标准导向。诸如此类，都涉及到这个问题。

旅游企业的规模效益问题。企业要研究规模效益，任何企业都有规模效益的问题。旅游企业的规模效益体现在单体规模、群体规模和网络规模三个方面。以酒店为例，单体规模的典型就是北京的中国大饭店，一期工程、二期工程、三期工程，300亿投资，构造了一个酒店群。但是更多的是群体规模，比如形成酒店一条街，就构造了一个群体规模，群体规模作用更大。北京就是这样，北京的酒店，金街是东三环，银街是长安街，铜街是王府井，可是北京的商业金街是王府井，就商业而言王府井是好区位，就酒店而言却不是，但是确实构造了一个群体规模，这种群体规模相互促进。再如海南三亚的亚龙湾，起初只有凯莱一家酒店，经营艰难，现在十几家好的滨海度假酒店都运营起来，整体形势好转。第三个就是网络规模，形成一个网络，而且这个网络形成品牌了。旅游企业规模效应这三类概念都有，集团的概念就是要把这三类的规模集中到一起，而且更重要的是综合性集团，有一个业态之间的相互支持。比如旅行社是渠道商，发挥渠道商的作用,集团公司是运营商,发挥运营商的作用。如何把各种业态之间的作用整合到一起,非常困难,到现在为止应该说还没有成功案例,但是可以思考与研究。

三、关于"化"

当前的格局是国际竞争国内化,国内市场国际化。这个"化"是一个规模扩张过程、市场扩大过程、品牌扩展过程和效益扩充的过程。这就要求旅游集团要研究这"四个扩",目前,不少集团把精力放在规模扩张上,而对更重要的后面"三个扩"关注不够。每个集团有每个集团不同的情况,但是"化"的趋势是必然的。

四、关于旅游集团化发展

关于旅游集团化发展,涉及到四个问题:

一是战略问题,就是明确自己到底想做什么、能做什么、能做到什么,这都是战略问题。

二是战略选择的问题,就是选择什么样的模式、选择什么样的路径。各个企业与各个集团的情况都不同,各有各的选择,核心就是如何发挥优势。

三是宏观背景的问题,全球化、工业化、城市化,这就是宏观背景。每一个集团又涉及到具体的宏观背景,比如省政府怎么看、市政府怎么看、国资委怎么看,会涉及到这些问题。

四是集聚效应的问题,没有集聚就谈不上人气。这种集聚涉及到生产集聚、销售集聚、土地集聚、客流集聚等几类情况。一般来说,传统的旅游集团都有一个优势,就是都有空间,或者有土地,或者酒店闲置的空间很多,对此可以转换概念,这样才会形成集聚。比如酒店的闲置空间要充分挖掘,以北京建国饭店为例,设计就是无仓库,无锅炉房,无员工倒班宿舍。酒店的盈利面积要达到85%,客房面积要达到70%,达到这两个指标酒店一定能盈利,否则就不行。而当前酒店大而无当、华而不实、费而不惠的闲置空间很多,这些问题都需要研究。

客人寻求体验,资金寻求品牌,市场寻求技术,企业寻求发展,形成这样一个相关关系。当前的状况是,不缺钱,但缺好项目;好项目又缺好包装、缺好策划。而有很多好项目自己都认识不到,看不出好。以老饭店存画为例,有的老饭店存画价值甚至超过酒店的资产,所以不能只关注简单业务与表面经营。

五、长远战略

(一)百年心态

百年老店,百年集团,都需要一个沉稳之心,也需要培育一种企业文化,这方面倒是和所谓的弱势结合。中国人有个传统,很多人都在企业工作三十年,甚至四十年，对企业就有这份感情，而且本身也已经清楚了企业的文化。这叫"急不得也慢不得"，步子慢不得，心态急不得，心态急了也会犯错，所以不能过急；可是步子不能慢，步子慢了就错失机会，所以首先要培育心态。

旅游的优势在于有些资源可以留存下来，比如酒店，无论如何流转，最后留下的还是酒店。旅游行业有两个现象，一个是酒店倒闭不转向，另一个是旅行社倒闭不转人，这是行业的两个特点。酒店产权可以转让，可以有各种变化，最终还是酒店，这些年已经产生了一批全国的酒店产权转让，每年都有几十家甚至上百家酒店产权流转，最后还是酒店。真正从酒店转向其他行业的笔者只看到一家，是北京崇文门的金郎酒店，被同仁医院收购，变成同仁医院的一个住院楼。所以，同一个景区，再过一百年还是同样的景区，本身不变，这就有助于培养一种百年心态。

（二）长远发展

从企业的长远发展来看，尤其对于企业集团，涉及到四个问题：一是管理模式，二是人才梯队，三是品牌培育，四是扩张模式。集团必须要形成这四个方面，一旦提起某集团，众所周知，且口碑不错，就形成了品牌。具备了品牌，就会很自然形成扩张模式，这种扩张模式包括三个方面：

第一，规模型。规模需要扩张，但不是无限制地规模扩张，也不能是个项目就"往上扑"，绝不是这么一个概念，"扑"也要有"扑"的能力。

第二，效益型。效益型扩张是争取做一个成一个，该类型的优势是选准把握利益最大、风险最小的项目进行扩张。但也存在着实际问题，就是容易错失机遇。由于项目本身的局限性，最初难以展现全部效益，但在选择项目的过程中，利益可能会清晰展现出来。如果在没有看到全部收益之前，在没有百分之百的把握之前，只考虑风险，对项目就加以否定，就会丧失机遇。对于企业决策者来说，创建投资咨询制度，倾听专家意见是避免决策失误的重要手段，但专家也有其局限性，企业决策者要综合把握专家意见，做出正确决策。

第三，品牌型。即以品牌效应为基础，在具备承受能力基础上的扩张。比如有的项目可能经济收益较小，但是树立了品牌，如果能承受经济上的压力，则可进行扩张。品牌效应一般来说是一个长远的效应。

这就是 A+B+C 的模式。

六、优势转换

（一）大市场需求

当前的需求是可以长期保持的大市场需求。国家经济在发展，老百姓的收入在提高，整个国家都在强调消费对经济增长的拉动作用，各种政策都在促进消费转化，所以，旅游市场的需求会一步一步地增长。

（二）大存量调整

一些企业集团是有一些资产存量的，但是这些资产存量需要调整，这个调整就是一种结构性的调整，同时也是一种观念性的调整。

（三）大规模成长

大规模成长主要有三个方面：

第一，行政捏合。要发挥这种优势，不能坐等机遇，需要主动把握。如果从"小富即安"的角度来看，似无必要，但新的格局形成了，所以，需要研究行政捏合，这就是国有企业集团的优势。国资委曾经研究整合180多个企业的酒店，做一个中国酒店集团，大概有两千多亿资产。虽然基本不太可能，因为这些酒店资产涉及到各个企业自身的利益，但是集团背景下是可以研究，也是可以操作的。

第二，市场整合。市场整合就是借助优势，研究对一些需求市场进行整合。

第三，品牌融合。品牌融合是市场整合的基础，首先提升知晓度，接着让客户知道我们好在哪里，这样才能让客人来追着我们走。整合了客人需求，就能整合更多的内容，这就构造了一个品牌融合的格局。

（四）政府背景

要抓住政府需求，整合相应资源。政府的需求实际上有不少是好大喜功。回应政府需求是企业集团成长的重要条件，否则难以获得政府有力度的支持。旅游企业集团不与工业企业集团比资产、比规模，不拿自己的弱势和别人的强势去比，而是应该拿自己的优势来和别人比，可以比市场影响、品牌影响，因为涉及到民众幸福度，涉及到民众的日常生活。这是民生问题，有存在的必然性，也有发展的必然性，必须突出优势，形成模式化发展，在发展模式、运营等方面，都要超越工业企业。

七、控制成本

成本上升，税费不合理，竞争激烈，这三个因素压缩了利润空间，造成传统旅游企业生存的艰难。当前，房地产是"快钱"，上市是"大钱"，旅游日常运营是"慢钱"，"慢钱"的优势是具备比较充沛的现金流，需要"快、慢"结合，"大、小"结合，"长、短"结合。控制成本首先要分清各种成本的特点。成本一般分为三大块，即能源成本、物料成本和劳务成本，近几年这三大块均呈上升之势。

第一，能源成本。2000年国务院颁布的9号文件，2009年，国务院颁布的41号文件，均强调酒店的水电气价格。十年间国务院两个文件，水电气价格得到了足够的重视，主要解决旅游企业的能源成本问题。尽管41号文件的力度很大，但是至今没有普遍落实。解决能源成本问题，重在落实。

第二，物料成本。控制物料成本就要开源节流，当前要转变短缺经济的观念，树立"三个盘活"理念：一是盘活库存，二是盘活资产，三是盘活空间。上海饭店协会创办的中国酒店闲置设备用品网站，是积极的尝试。今天的发展远远超越了短缺经济时代，但是更需要这"三个盘活"来解决物料成本上升的问题，减缓发展压力。

第三，劳务成本。针对劳务成本问题，当前的研究对策是"小费"的社会化与合理化。首先是社会化问题。"小费"的概念是针对一线员工的，客人愿意支付"小费"，服务员愿意接收，即可。社会要接受这个概念，但是社会化不是一个企业能解决的问题。其次是合理化问题。按照国际惯例，一线服务员工的薪资结构里，基本工资占40%，福利占20%，小费占40%，服务业的特点是人对人，生产与消费同一，所以才有小费制度。如果能够实现"小费"的社会化、合理化，这就是一种和服务质量挂钩的直接激励。

总体而言，成本分为三大块，能源成本靠文件落实，物料成本靠开源节流，劳务成本靠小费。

第四章　旅游投资

第一节　中国旅游投资的现状与发展

一、中国旅游投资吸引力

目前，中国旅游在国际旅游市场上所占比重接近 5%，在全世界的国内旅游市场总量上已占 12%。今后 20 年，中国旅游业仍将保持两位数的年均增长速度。按照中国旅游发展规划的要求，到 2020 年，旅游总收入将达到 36000 亿元人民币。在国际层面，将建设成为世界旅游强国；在国民经济体系层面，旅游将成为新兴的支柱产业。可以说，在这一过程中，中国旅游业应该是未来一个时期具有良好投资前景的产业，也是吸引投资方面具有多种优势和条件的产业。

（一）国内的三个突出优势

一是对外开放度高。改革开放以来，旅游始终是窗口行业，借助改革开放的力量，得到了改革开放的利益，成为改革开放的龙头。每一波改革开放的推进，对中国旅游业都是一次上台阶的极好机会。另一方面，我们的开放度已经很高，该冲的也已经差不多了，入世之后，对旅游发展会形成全面推动。

二是资源垄断性强。这种垄断性主要体现在产品的垄断上，中国已有 28 个世界自然文化遗产，以此为代表，形成相当一批在世界上具有垄断性的旅游产品，比如北京的故宫，西安的兵马俑，安徽的黄山等等，入世之后，这种垄断性不但未被削弱，而且得到进一步强化。

三是劳动密集度大。总体来看，旅游还是一个劳动密集型的产业，中国是一个发展中国家、人口大国，这就意味着我们的劳动力成本更低，竞争力更强。只不过在原来的情况之下，这一优势并没有完全体现出来。入世给我们创造了更好的机会。

目前，中国旅游的地面价格在全世界横向比较，可以说是最低的，至少是最低的一类，但是我们的价格优势没有体现出来。中国的饭店住宿价格仅为欧美的三分之一，为东南亚国家的二分之一，比如我们的五星级饭店一般房价是80美元到100美元一宿，而东亚、东南亚卖到160美元，到欧美要卖到240美元，应该说我们有足够的价格竞争力，某种程度上也可以说中国是一个价廉物美的旅游目的地，但是现在没有体现出来。其中有一个客观原因，就是从欧美来说，我们是一个远距离的旅游目的地。还有一个原因，就是对海外客户的把握，外商在组团的环节就已经把主要利润都拿走了。两个原因相加，使中国旅游在海外市场上的直观价格并不低。随着市场的进一步开放，如果外商形成了一个全过程的质量体系和一个全过程的运营体系，他们自身就要考虑如何加强在国际市场上的竞争力，这个考虑的过程就必然使中国旅游的价格优势在国际上突显出来。

（二）国际的三个有利条件

在西方，旅游在服务贸易中定位是传统服务业，但在中国，却是新兴产业。由此形成了三个有利的国际环境条件，对我们的旅游业发展非常重要。

一是贸易壁垒少。如果从国际贸易的角度来说，旅游贸易壁垒小，或基本没有壁垒可言。既没有关税因素，也很少非关税因素，这就使中国旅游市场直接和国际对接，国际和国内市场的优势可以充分发挥。

二是没有贸易战。加入世贸组织之后，贸易纠纷照样很多。但是从旅游的角度来说，从来就没有过这种事，有的国家搞零团费，甚至负团费，也没有外国投诉倾销，更谈不上贸易战，这就意味着市场极其广阔。

三是技术差距小。旅游作为传统服务业，虽然里面也有很多技术问题，但总体来说，技术含量比较低。这样就使我们在技术创新方面的弱势相应来说差距不突出。在其他的行业，技术方面的弱势比较突出，就直接影响竞争力。但是在旅游行业，由于技术含量普遍比较低，使我们有条件把握更多的主动权。

这样三个重要的国际环境条件给我们的旅游业创造了一个更好的前景，提供了一个更广阔的国际活动舞台，也使我们现在的传统优势能够进一步发挥。使中国旅游业有可能超越国内其它各个行业，一步到位，直接进入世界旅游经济体系中的水平分工。这就意味着很多附加值比较高的产品我们同样可以开发，得到效益。

（三）入世效应

经过几年的实践检验，入世对中国旅游发展的效应已经开始产生，集中体现为两个拉动。

第一个拉动是入世拉动国际商务，进而拉动国际旅游。从国际市场来看，中国是一个大市场，加入世界贸易组织之后，所有大的跨国公司，甚至很多国外小企业都想尽快进入中国，占据一个桥头堡。2000年一入世，来中国的外国人第一次突破了1000万，某种程度上就是一种入世效应。这两年国际商务活动和会展活动更是大举进入中国，进一步拉动了国际游客数量的增长。据国家统计局2011年国民经济和社会发展统计公报显示，2011年国内出游人数26.4亿人次，比上年增长13.2%；入境旅游人数13542万人次，比上年增长1.2%。在入境旅游者中，过夜旅游者5758万人次，比上年增长3.4%。国内居民出境人数7025万人次，比上年增长22.4%。

第二个拉动就是国际性商务会展和旅游活动拉动了国内的商务会展和旅游活动，也进一步刺激了国内旅游的发展。又据国家统计局2011年国民经济和社会发展统计公报中"分行业固定资产投资（不含农户）及其增长速度"相关数据显示，2011年全国住宿和餐饮业投资额达到3916亿元，比上年增长34.3%，租赁和商务服务业投资额达到3374亿元，比上年增长40.3%。不难看出，这两年国内饭店业的整体形势在恢复和好转，尤其是中心城市体现更加突出，其中重要的原因也是入世效应。可以说，今后这两个拉动作用还会进一步持续，而且会放大，进而会增强对各方面投资的吸引力。

二、中国旅游业投资情况

（一）总体情况

中国旅游投资的传统模式是以国资为主，外资用以补充。在截至2001年底的一个官方统计中，中国旅游业吸引海内外资金的总体规模达到8600亿元。其中，宾馆饭店等住宿设施投资规模为6400亿元；景区景点开发为1000亿元；旅游车船、文化娱乐、旅行社等1200亿元。在这8600亿元投资中，国资占绝大部分；外商投资约500亿美元，在外商投资中，旅游饭店业400亿美元，景区景点开发80亿美元，旅游车船、文化娱乐业20亿美元。根据2011年正式发布的旅游业"十二五"发展规划纲要，旅游业增加值已占到国内生产总值（GDP）的4%以上。预计到2015年，中国旅游业总收入将达2.5万亿元，年均增长率为10%。2012年2月16日，人民银行、发展改革委、旅游局、银监会、证监会、保监会、外汇局等七部委联合发布了《关于金融支持旅游业加快发展的若干意见》，以加强和改进旅游业金融服务，支持和促进旅游业加快发展。国家旅游局主要领导也明确表示，今后中国还将对旅游业发展加大政府投入，并将制定国民旅游休闲纲要。由此可见，政策上对旅游行业的关注和支持将一直持续，将对扩大旅游投资规模的加速扩大和投资主体的丰富多样产生直接影响。

应该说，近些年来，民营资金已经开始大量进入旅游领域，形成了引人注目的现象。目前，全国各地在旅游区的成片开发方面，民营企业已经占多数，投资方式多样化，投资领域多元化，构成中国旅游业新一轮增长的重要动因。

（二）投资政策

客观上，目前中国在投资理念、操作方式、合作对象等各个方面正在与国际接轨，今后旅游投资环境会越来越好。其主要体现在以下两个方面。

一方面，国家仍将保持以往对外资的优惠政策。其中主要的政策一是土地政策的优惠；二是税收政策的优惠；三是外汇兑换的政策，包括外商所得利润和工资等收入汇出的自由；四是相应金融政策的支持；五是必要的财政支持。上述政策因行业和地区而有具体差别，但总体会长期持续下去。这样看来，按照国民待遇的原则，内外资政策差距的空间应当逐步缩小，工作的重点应该是要创造更公平的竞争与发展环境。

另一方面，国家也从发行的国债资金中专门拨出一部分用于旅游的基础设施项目，也由此而吸引了大批国内外经营性资金投入上述项目。2001年，国家计委、财政部、国家旅游局发行两期共12亿元的旅游国债，加大中西部旅游基础设施建设力度；2003年，国家拨付20亿元旅游国债，支持范围扩大到全国，除了中央财政拨款和中央转借地方贷款之外，又增加了项目贷款贴息等方式，以更大发挥旅游国债的杠杆作用和拉动效应。2005年7月，国家发展改革委下达了12个与抗战相关的红色旅游景区基础设施建设项目，共安排预算内补助投资2.32亿元。2005年10月，国家发展改革委下达了第二批红色旅游国债投资，共安排国债资金4.68亿元支持36个红色旅游经典景区的基础设施建设项目。2000—2005年，我国共投入67.2亿元加强旅游基础设施建设，先后共安排项目600多个，遍布全国31个省、市、自治区的250多个重点旅游景区。2011年国家安排了中央预算内投资10亿元用于旅游基础设施项目建设。与此同时，全国各地也都在可以操作的范围内出台了一系列具体政策，吸引投资的积极性都很高。尤其是中国的西部地区，目前12个省（区、市）和3个享受西部政策的民族自治州（鄂西、湘西、延边），都把旅游作为优势产业，实行优先发展的政策。

（三）投资方向

多年以来，旅游投资主要集中于饭店领域，从目前来看，这一领域基本已经饱和，今后主要的工作是进行结构性的调整，但还有两个方向可以进行。一是西部一些地区的饭店建设还比较薄弱，有些已有饭店需要改造升级，少数地区需要新建。二是度假饭店等专项主题式饭店的建设还处于方兴未艾的阶段。

目前，从发展的需要和市场的前景方面说，也产生了一系列的旅游投资机会，需要格外关注。

第一是"三区"建设。国家旅游局、国家发改委、财政部、国务院西部开发办公室、国务院扶贫办公室等五个部门已经联合着手积极实施"国家生态示范区、国家旅游度假区、旅游扶贫试验区"的建设工作。随着这项工作的持续进展，相应的政策和资金支持也会进行。政府资金主要采用财政拨款方式，用于修路、环保等各项旅游基础设施建设，经营性投资自然有赖于国内外投资商的支持。

第二是旅游区开发。丰富的旅游资源要转化为一流的旅游产品，要建设具有国际竞争力的旅游目的地，旅游区开发就成为下一步发展的重点。其中，借助名山秀水和文化性资源开发的产品成为目前中国旅游投资回报最高的领域。

第三是专项旅游产品的发展。其中的重点，一是会展旅游，目前在各个中心城市已经表现出越来越成为热点的趋势。二是滑雪旅游、温泉度假等一批休闲娱乐产品也正在成为新的需求。三是探险旅游等特殊产品也是具有专门成长性的良好市场。

三、旅游投资的发展

（一）充分发挥政府的主导作用

长期以来，中国旅游业受制于资金短缺的困扰，产业发展的巨大潜在优势还远没有充分释放出来。特别是中西部地区，基础设施建设严重滞后于产业发展的需求，成为旅游经济规模增长的最大制约因素。为此，要本着政府主导、社会参与、市场运作的原则，进一步充分发挥政府在促进旅游业发展方面的主导作用，改善投资环境，降低商业性投资成本，营造适宜社会资金投入的氛围，培育我国旅游业发展的新的增长点，推进我国建设世界旅游强国战略的实施。

为进一步明确旅游投资的方向，更好地引导社会资金的流向，按照市场的需求和发展的需要，国家旅游局会同国务院有关部门，努力开展了一系列相关的工作。

一是组织制定"三区"建设的标准和操作方案。

二是对重点地区和重点项目组织专门规划，如西部地区旅游投资规划、三峡区域旅游发展规划等。

三是继续抓好旅游国债项目资金和工程进度的落实。

四是连续推出"中国旅游发展优先项目"，并制成招商册子和光盘，以方便投资者的选择。2002年，国家计委、国家旅游局联合发布了2001年中国旅游业发展优先项目155个，国家安排用于这些项目的基础设施建设资金16.81亿元，入选项目的建设全面展开，在投资市场上产生了很大反响。通过国家资金的导向性投入，拉动了海内外的社会资金，使一批资源独特、具有市场潜力的项目在较短时间内具备了旅游生产能力，从而全面提高了旅游产业的综合供给能力。近期，将继续发布新的中国旅游业发展优先项目。

五是积极组织全国性的"旅游发展要素交易会"，努力在这个平台上，使资金、技术、管理和人才等各项发展要素的供给者和需求者得以获取更多的信息，创造直接接触的条件,增加更多的交易机会。

与此同时,有关部门和各地也应该以贯彻落实国务院下发的《关于加快发展旅游业的意见》(国发[2009]41号)等文件精神为基础,按照"符合市场需求,具有一定的规模和影响;具有开发前景,对当地旅游业的发展具有支撑和带动作用;契合历史机遇,有望成为促进中国旅游业发展的后续项目和先导项目"的原则,研究确定建设项目和投资方向。

(二)努力提高项目质量

目前,在旅游招商引资工作中还存在一些误区,主要表现在以下一些方面:

一是单纯倚重经济政策的优惠。应该说,在发展中最重要的是投资环境,而不仅仅是经济政策。投资环境是一个综合性的问题,需要方方面面的配合,但这一点在很多地方,尤其是一些经济不太发达的地区,始终存在着很大的误区。

二是单纯模仿,造成重复性的项目。旅游项目有两个特点,一是会形成一种聚集效应,二是拉动效应。从旅游角度看,有些资源是属于垄断性的,这种垄断性本身表面上看有重复因素,实质上看并不重复。聚集效应和拉动效应很大程度上可以使旅游避免重复建设,因而具有一定的招商引资能力。但是,一些单纯模仿所形成的重复建设项目很难招商引资。目前,重复性建设主要体现在人造景观上,另外体现在旅游资源的低层次开发上。从总体来说,旅游的重复建设大体上还是在一个合理的范围之内,但是这个误区是存在的。

第三个误区是单纯指望海外投资,招商引资范围比较单一。其实,多渠道、多方式、大范围的招商才应该是招商引资的发展方向。

第四个误区是单纯依靠直接投资的方式,这和很多地方经验不足有关,有些项目单位自己对自己都缺乏信心。

旅游发展有突出的客观优势,一是主观上能不能达到,这是一个新的挑战,也是一个新的要求。二是关键在于有没有创新意识来运用招商引资的优势。三是重点在项目基础工作的完备。一些地区和项目在程序规范上不是很清楚,要有认真规范的手续和材料,投资商一看材料质量高,就知道人员素质高,就有一个好的印象。这就要求项目必须要有质量。

(三)大力弘扬创新精神

全面创新是旅游投资深化认识的基础,是工作的主要抓手,也是实现赶超的根本方式。要抓住全面创新首先是认识问题。一些旅游发展比较晚的地区,之所以在发展上没有思路,主要原因之一就是没有创新。一些旅游发达地区,有了创新意识,也需要找准创新的点。我们要充分发挥想象力,但创新绝不是想象力的竞赛。如果我们总是在不断模仿的过程中发展,有限的资金实际上起不到更大的作用。所以,只有实行全面创新,争取一步到位,才有可能达到真正赶超。

一是要树立符合时代特征和市场潮流的旅游资源观、产业观和发展观，把观念创新付诸规划和发展的具体行动中，形成思路出规划、规划出项目、项目出资金、资金出建设、建设出效益、效益出发展、发展出思路的良性循环格局。

二是必须明确创新的基础就是市场。旅游发展之所以这么多年在没有多少具体手段的情况下，还能够有工作的主动权，就是因为我们手里有市场，有了市场就把握了发展的主导权。

三是创新的递进、传导和反馈。首先，百年大计，策划第一。第二，策划方案，创意第一。现在很多规划，包括旅游发展规划、旅游区规划和旅游项目规划缺乏创意，仅仅是搞成了想象力竞赛。第三，创意构思，特色第一。与其搞模仿，不如仔细研究到底有什么特色，这才符合旅游经济作为特色经济的本质。第四，特色立论，文化第一。旅游的竞争是文化的竞争，特色最终也要体现在文化上，不能把项目策划变成资金竞赛。而文化方面所形成的特色，怎么强调都不过分。第五，文化竞争，市场第一。不和文化对接、市场衔接，再好的策划也立不住。最后，市场开发，超前第一。一些项目在立项时市场很好，等工期完成了，市场形势大变，最根本的问题就是超前性不够。这六个"第一"有一个层次递进关系，也有一个内在逻辑关系。

第二节 建设良好的投资环境

一、充分认识创新在旅游投资中的作用

（一）充分认识全面创新的战略意义

国家旅游局提出新时期的旅游发展战略，一是动力产业，二是质量为本，三是全面创新。就这三者的关系来说，动力产业是基础，质量为本是核心，全面创新是主导。这样一个发展战略的提出，意味着不是某一方面、某一工作上创新，而是方方面面的创新。大体能适应旅游业在新时期发展的需要，也能够促进和推动今后发展的需要。

全面创新是深化认识的基础，是工作的主要抓手，也是实现赶超的根本方式。要抓住全面创新，首先是认识问题。我们要充分发挥想象力，但创新绝不是想象力的竞赛。在市场经济条件下，一些传统性的工作手段在弱化，一些新的市场性要求在提出来，尤其是从管理市场、服务企业这个角度来说，如果没有创新，只靠传统做法，工作就很难展开。面对新时期、新形势，必须形成新的工作抓手。

新的工作抓手就要靠创新来完成。在这方面，我们面临两种选择，一种是实现全面创新，争取一步到位。这意味着对有限的资金，一定要用在刀刃上。国债资金是老百姓的血汗钱，所以一定要珍惜，一定要用好。但是如果没有足够的创新意识，就很难将国债用在点子上，就很难一步到位。明智的选择，就是通过创新，一步到位。一步到位并不意味着巨量的资金投入和技术投入，旅游经济是特色经济，如果不在特色上下功夫，就很难讲创新。特色更多的是我们固有的资源和优势，如果把固有资源和优势发挥出来了，创新就做到了，有时候少花钱，反而能达到更好的效果。另一种选择是局限于不断模仿。这种选择只能亦步亦趋，只能是不断重复、多花钱。一方面建设资金十分有限，一方面又因为模仿而造成大量的资金浪费。如果总是在不断模仿的过程中发展，有限的资金实际上起不到更大的作用。所以，只有实行全面创新，争取一步到位，才有可能达到真正赶超。

　　当然，中国有自己的特殊国情。社会的不同发展阶段，也对应了旅游的不同阶段，这对创新研究来说，是一个基础。我们现在的情况是几个阶段并存，表现出来的旅游方式多种多样，旅游需求也是多种多样的。但其中毕竟隐含着发展的方向，如果说一些经济比较落后的地区还是重复"工业化初期——工业化大发展——后工业化时代"的路子，未必能走得通。如果认识到这个情况，通过追求特色化发展来实现超越，从发展阶段来说，这种超越就是一步到位。这种一步到位的发展思路，就可以形成很多规划，带动很多项目。现在旅游发展是一个大投入、大产出的时期，但大投入并不意味着资金可以浪费，关键是能不能做到特色化。如果在项目刚开始起步，或者项目刚开始策划时就注意到特色化，实际上意味着从起点开始，就已经一步到位了。在实践中，各地和各类企业，已经在创新方面积极探索，积累了一些经验。四川省党政主要领导着手抓旅游，形成有关部门齐抓共促大发展的格局，以高层次制定旅游规划为先导，深入发动，凝聚力量，推动发展。浙江省旅游局适应市场，规划先行，项目储备对应，多种方式开展招商引资工作。哈尔滨市旅游局以政府主导开路，变弱势为优势，通过大项目拉动，促进旅游发展。深圳华侨城以国际化为标准，高起点、大手笔，滚动发展。黄山股份公司以现代企业制度为基础，进入资本市场，以资本运营推动企业全面发展。成都花水湾温泉公司独辟蹊径，从资源到资产到资本运营，迅速扩大市场。这些经验都是在实践中开创出来的，有些还是经过很多曲折和坎坷碰撞出来的，具有一定的实际意义。

　　总之，不管是从认识上、战略上，还是从工作基础上，都应该把全面创新始终当作旅游工作的龙头。现在真正的制约因素是我们自己，尤其是观念。我们要不断地争取资金，但争取资金的所有措施，都必须以创新作为基础和依据。

（二）充分认识旅游国债资金的重要意义

几年来，国家发改委通过努力，争取到了相当数量的国债资金。这个事情本身就是一个政策创新，充分体现了政府主导型的旅游发展方针。

首先，旅游国债资金最大的作用是杠杆作用，就是"四两拨千斤"，通过这种杠杆作用起到一个全面推动和长远推动的效应。这种杠杆作用需要各地和各有关部门共同来发挥。国债资金争取下来，只是开了个头。工程落实了，质量还不错，这也只是开始的第一步，真正需要做的是拉动社会投资，这样杠杆作用才真正体现出来。

第二是市场导向作用。旅游国债资金的实施，既体现了政府加快旅游发展的决心，又体现了政府各部门对旅游工作的重视程度，这是一个很强的市场导向信号，对国内外的投资者都会产生非常大的导向作用。政府把不赚钱的事做了，把赚钱的事留给企业，企业当然会积极跟进。从旅游投资这个角度来看，从1999年以来到现在，形成的投资总额大体达到500亿。2002年底，中央拿出42亿的旅游国债，2003年又批准了20亿的旅游国债。因为旅游国债项目是中央财政这个渠道，所以经营性的资金一分不给，都是基础设施建设的投资，实际上在资本市场上就是起一个导向的作用。从现在来看，旅游国债已经发挥了很大的作用，中央的要求是中央国债下去之后地方要有配套资金，对于东部地区来说，要求配套资金是1.5∶1，对于中部地区来说要求是1∶1，对于西部地区来说要求是0.5∶1，有些地方不要求地方配套资金，但每年要发布中国旅游发展优先项目，基本上是以国债项目为基础，所以在市场上也产生了很大的拉动作用，大家感觉这是国家支持的项目，所以投资商、开发商选项目的时候，自然把这些项目作为首选项目。所以从实际效果来看，旅游国债项目大体上可以达到1∶10的比例。就是说中央的1亿资金拉动了地方配套资金和市场性的资金，一共可以达到10亿的投资规模。

第三是项目导向作用。"中国旅游发展优先项目"本身就是一个导向。在这个基础上，项目导向拉动地区发展，招商引资需要加大工作力度，也见到了良好成效。

第四是基础作用。基础作用体现在旅游国债资金主要用于旅游区的基础设施项目，由此设立了一个招商引资的平台，创造了更好的条件，在发展的过程中会起到一个长远的发展作用。这种基础作用使现在非常具备优势的旅游资源通过这种方式转化成旅游产品。一期旅游国债77个项目中，60多个都是解决景区道路的问题，道路问题解决了，可进入性问题解决了，资源转化为产品的第一个瓶颈就解决了。剩下就是怎样一步一步提高，怎样把产品建设成为精品。从上述来看，旅游国债资金在旅游长远发展中具有重要意义。几年滚动下来，已经起到重大的推动作用。尤其是能把杠杆作用发挥得充分，这个影响就更大了。

（三）促进旅游投资工作的转变

从长远来看，传统的计划手段在逐步弱化，靠政府投资来搞经营，已经被历史证明走不下去了。真正发展旅游，尤其是获得经营性投资只能靠社会。从根本上来说，国债资金提供了一个好的基础，好的条件，但这只是一个开端，主体还是要靠招商引资。抓好招商引资工作，首先就要充分认识旅游在招商引资中的优势，大的形势已经提供了大的背景，由计划经济向市场经济转轨是一个总体背景，在这个总体背景下，工作内容也在发生变化。第一，从原来排项目、分资金到出思路、筹资金，这是根本性转变，主要是要有好的思路，通过多种渠道促进发展。第二，原来的工作方式是政府管企业，现在转变成服务企业，对企业的服务到位了，企业就会轻装前进，我们自身也会在市场上树立形象。

二、拓宽招商引资的渠道

（一）旅游融资分析

1. 招商引资的 10 个主要影响因素

以影响程度排序，参照先进国家的经验，发达国家对发展中国家招商引资会存在以下一些认识：

第一是政治稳定。这是招商引资最重要的条件，其中一是政治环境稳定，二是政府运作规范，三是法律环境健全。

第二是经济周期。小的投资商看重的是经济政策，大的投资商则会研究一个国家或地区的经济是处于上升时期还是处于停滞时期。

第三是市场前景。首先是所处的领域是处于朝阳状态还是盛阳状态还是夕阳状态，其次是具体到项目是有广阔的前景还是正在萎缩。

第四是基础设施。基础设施是否完备，或者是处于发展阶段还是落后阶段。

第五是资源的丰富程度。涉及到三个方面。一是自然资源，是垄断性的自然资源、丰富性的自然资源还是贫瘠性的自然资源。二是人力资源，这个地方人的素质是高还是低。包括一些地方政府官员的素质。三是其它的经济资源，缺乏其他经济资源是一种状态，能够利用其他经济资源又是另一种状态，能够充分借助是最好的状态。这包括国内资金运作、银行贷款机制等因素。

第六是项目创新。一是技术创新，二是市场营销创新，三是企业制度创新。现代企业制度如果在一个非常扭曲的大的制度环境下也很难发挥作用。

第七是合作对象。合作对象的考虑是投资商非常看重的因素。看合作对象一是看素质，二是看有没有锲而不舍的态度，三是能不能形成群体素质。

第八是经济政策的优惠。经济政策的优惠涉及到几个影响的因素，一是经济政策优惠的权限分级水平；二是各个部门之间是否存在扯皮现象，是否会将经济政策的优惠演变成"画饼充饥"。

第九是社会的接受程度。对一个项目，当地是欢迎、接受还是抵触，这也是很重要的一个问题。

第十是环境保护。这实际上是一个门坎，如果环境保护要求太高，外商就进不来，可是如果没有环境保护这个门坎，就意味着我们要承担发达国家甩出来的污染严重的低附加值的企业，我们也不干。

此外，还有一个因素就是区位优势。当然，以前我们总把区位优势当作大优势，但在交通基础设施比较发达的情况下，尤其是在信息全球一体化的条件下，区位优势已经越来越淡化了。

2. 充分认识旅游项目在招商引资中的优势

对照上述因素，从旅游方面来说，在招商引资中可以说条条都有优势。一是政治稳定，这是各行各业都面临的共同条件。二是中国旅游业正在进入一个迅速上升的周期，现在是投资商进入的一个最好的时期。三是市场前景，旅游这方面的优势更加突出。四是在基础设施上，我们正处于发展阶段，谈不上完备，但是全国基础设施的建设也处于快速发展时期。五是中国旅游资源丰富，尤其是垄断性的资源丰富，是我们特有的优势。六是比起其他行业，虽然真正国际化复合型人才依然缺乏，但是旅游行业的素质还是要高一些。七是在项目创新方面，技术因素对我们的影响比较小。八是在经济政策上，现在全国各地实施政府主导型发展旅游方针，在经济政策方面提供了不少优惠。九是在社会接受上，毫无疑问，旅游项目社会都是接受的，而且大多是持高度欢迎的态度。十是环境保护，旅游做好了就会促进环境保护，环境越好，旅游发展越快。

虽然客观优势较为明显，但是仍然需要看我们主观上能不能达到，基础条件是否完备，有没有全面创新意识来运用招商引资的优势，避免招商引资工作中的误区。没有一套规范的材料，光拉着客商到处跑显然是不行的，很多招商引资不成功原因也就在这里。

3. 发挥优势

总之，旅游项目在招商引资中有非常大的优势，但是如果我们不注意发挥，也就是在削弱我们的优势。这就要求项目的方方面面都要提高，必须强调规范、明确程序、提高质量、把基础打好。要在实际工作中，形成一套经验，创造一套好的工作模式，关键是要充分体现出旅游在招商引资工作中的吸引力，这就会对进一步发展创造好的基础。

很多地方尤其是中西部地区，说到旅游开发首先就是没钱，资金的制约是一个大的制约，但并不是根本的制约。经过改革开放以来的发展，国家的综合国力大大提高，资金较为充裕。尤其是从旅游发展来说，现在的关键不是没钱的问题，而是没有好思路，没有好规划，没有好项目。很多地方破坏性的建设或建设性的破坏也时有发生。这些现象，使人经常问，到底有钱没钱？如果有钱，为什么一口一个没钱？如果没有钱，为什么花了这么多冤枉钱？所以，从根本上来说不是钱的问题，而是如何花钱的问题。

（二）旅游融资渠道

从总体来看，旅游发展多年，已经形成了全方位多领域的融资渠道，也产生了巨大的作用。

1. 外资

外资尤其是港澳台资金，成为旅游投资的一个主要渠道。前些年，外资投在旅游上主要是搞饭店建设，使中国饭店业在20年中走完了世界100多年的路。目前，部分外资正在进入旅行社行业。下一步，有一部分外资会流向景区建设，这是旅游开发一个机遇，应该好好把握。但这里又涉及到体制问题，是否允许中外合资。如果允许中外合资开发景区，然而景观是国家的财富，具有公共性，应如何处理？但如果封闭，也同样会错过发展时机，也会在一定程度上保护落后。

2. 工业企业集团

工业企业集团进入旅游业是这几年比较突出的现象，他们的主要目的是为了企业集团自身产业结构的完整，但对旅游行业来说，却增添了一支生力军。这些工业企业搞旅游虽然起步晚，但是起点非常高。

3. 上市公司

现在国内证券市场上的上市公司已经达到1300多家，总市值5万多亿元。除了30余家旅游上市公司外，很多也都在寻找旅游题材。现在已经有相当一批上市公司在积极投入到旅游业，或者参与一些旅游项目开发，实际上对于上市公司来说，也开拓了新的商机。

4. 民营企业

民营企业投入旅游开发是这几年更突出的现象。如浙江全省投入旅游业的民营企业，投入10亿元以上的有6个集团，投入6亿以上的有10个集团，这就意味着这几年浙江的民营企业在旅游业投入了120个亿。随着市场经济的发展，民营企业的力量越来越强，特别是一批以资本运作为主的民营企业进入旅游业，使运作形态和经营效果都有所不同。

5. 国家投资

国家投资有两个方面的变化。一个方面是经营性投资在不断弱化，现在国家经营性投资基本上已经取消；另一个方面是基础设施建设的国家投资在强化。自1998年以来，国家发行的国债大部分投向基础设施建设。总体来说，市场化的运作不能指着国家的资金，国家的国债资金也是钓鱼资金，先是钓到地方，要求地方配套，然后再钓市场的鱼，形成国家、地方、市场一起上的局面，但是主体资金必然是市场性资金。

6. 银行贷款

目前银行存款已经超过 8 万多亿元，巨额存款压在银行手里，银行也很有压力。银行是经营货币的企业，如果只是存款而没有贷款，银行就经营不下去。但现在很大的问题是中间阻塞，有很多好的项目，银行也看到了，可是自身没有担保的能力，又没有专业的担保公司，缺乏手续，银行即使有钱也不敢贷。这就涉及到建立和完善中间环节问题。一种方式是需要形成一批新的公司，如建立旅游贷款担保公司，作为一个中间环节来解决这个问题。再一种是集团化的方式，集团有担保能力，通过集团化的运作，达到产业扩张。

7. 群众集资

现在群众开发旅游的积极性非常之高，但是风险也比较大，对各级旅游局来说，这是主要的一项工作责任。各级旅游局在这方面必须有使命感，必须有义务感，真心实意、认真负责地帮助老百姓发展，使老百姓尽可能规避风险，争取项目做一个成一个。同样，专家也应该有这样的责任感和义务感，如果能实实在在用自己的智慧，帮助一方百姓致富，是功德无量的好事。

总体来说，开发的资金来源渠道很多，方式也很多，真正的制约因素不是钱，而是能不能研究出好的项目。当然，更重要的是要有一批既懂得旅游又懂得金融的人才，这样一批人才培养出来了，旅游开发的一个新局面大局面就产生了。

第三节　酒店发展：热投资中的冷思考

一、从问题出发

2010 的亚洲酒店论坛年会主题是"持续增长与绿色展望——共同构建中国酒店投资的未来"，围绕这个题目实际上引申了两个主要问题。

第一个主要问题是我们如何持续。能不能持续这个问题实际上不是一个问题，因为一定要持续，但是如何持续就是个问题了。多年以来，我们总是面临着一种大落大起、大起大落的发展格局。如果我们总是处在这样一个过山车的状态中，就很难说是健康的持续。

第二个主要问题就是该如何认识绿色、低碳发展。绿色经济成为一个时髦，我们都希望低碳，但是从酒店本身来说，我们面临着市场的矛盾，如果过于追求低碳，就意味着品质要下降，这个矛盾是必然存在的，而且将是长期存在的。酒店行业总体而言是个高碳行业，我们只能减少一些碳排放，所以，我们可以把低碳当作一个目标去趋近，但是如果绝对地追求低碳，由此而降低我们的竞争力，降低经营效益，这种做法不太可取。

从这个角度出发，"酒店发展热投资中的冷思考"就是要我们从现实出发，从存在的问题出发来冷静分析。最近几年，中国的旅游投资大热，集中在三个领域。一是所谓的旅游地产；二是旅游景区；三是酒店。其中，地产是一个重点，因为旅游地产一般来说都是大项目、大投资，谋求一个大发展的格局。景区是一个焦点，经常在投资景区的过程中引发各种各样的争论。酒店是个热点。这三个领域实际上很大程度上集中在酒店，没有酒店，就称不上旅游地产，从发展的角度来说，也确实应该更客观一点。

二、投资饭店的动机

（一）非经济动机

酒店具备多种功能，其中非经济功能占据了很大成分，例如接待功能、公关功能、培训功能、城市形象、复合功能等等。在中国酒店发展过程中，非经济动机（至少是直接表现的非经济目的）仍然占着很大的比重，这就意味着我们用一般的市场规律无法解释中国的酒店现象。

（二）半经济动机

半经济动机涉及到投资环境、企业形象、生意手段、整合平台等四个方面。就一个地区而言，建酒店可能是为了改善投资环境；就一个企业集团而言，建一个酒店的目的是提高企业形象。半经济动机的经济色彩强一些，但是酒店直接的投入产出回报不重要。

（三）经济动机

经济动机包括追求直接的价值、衍生的价值和集群的价值。这三类动机中，对中国的投资者而言，某个酒店真正追求直接的投资回报的并不多，这就必然涉及到酒店行业整体的供求关系，而且这种影响一定是长期的影响。因此，研究中国的问题还要从中国的国情出发，我们的国情一个基本特点叫做政府主导，中国政府所能起到的作用恐怕是很多外国人无法理解的。所以，本来不是问题的问题，恰恰成为我们现在研究酒店行业最大的一个问题。

三、酒店投资的特点

这里归纳了酒店投资的八个特点：一是长线投资，长远回报；二是资金密集；三是稳定性强；四是成长性好；五是阶段性效益显著；六是品牌性效益突出；七是现金流的作用；八是总体均衡。这些特点主要是从经济角度出发的，属于研究市场、投资回报等问题。就整个投资环境和投资的强度而言，如果不把这些问题研究透彻，恐怕我们对目前很多酒店投资行为也很难解释。多年以来，酒店投资总是一起一落，因为很多投资商看不准，也有的投资商认为这是长线投资、长远回报，之所以这两年又热起来了，就是因为整个资本市场中，各个领域短、平、快的机会越来越少，所以大家要想追求一点长线投资长远回报的投资，自然而然就转向了酒店。再加上这些年稳定性强、成长性好、阶段性效益显著、品牌性效益突出、流动性严重过剩，在这种情况之下，酒店投资大热，实际上是很自然的。

四、市场变化

（一）十年一轮回

中国酒店业发展30年，基本上是三个轮回的过程：

第一个十年是市场波动，大起大落的十年，因此，第一条微笑曲线应该说是市场波动的苦笑。

从1990年开始，业界就一直在呼吁给酒店行业一个公平的经营环境。呼吁了十年，在2001年，国务院有关文件里明确提出了酒店的水、电、气要和其他工商企业享受同等价格。换句话说，酒店行业30年来始终处在一个和工商企业不平等的竞争过程之中，处在一个不平等的经营环境之中。现在的环境应该是好多了，但是经营掣肘的环境始终都没有解决。因此，也可以说，第二条微笑曲线，是经营掣肘的苦笑。

第三条微笑曲线，是发自内心的感受。最近十年，环境条件各方面已经改善了不少，而且酒店行业大落大起的格局也平稳化了一些。从2005年开始，中国的酒店行业基本上摆脱了将近十年的全行业亏损，达到了盈亏平衡，进而达到了全行业盈利，一般人很难相信酒店行业有10年的全行业亏损，但是确实如此。

这就是一个不是规律的规律，不能说这是规律，因为这和全世界发展的规律是违背的，但确实是中国酒店发展的一个非常突出的现象，只能说不是规律的规律。

（二）"新高潮"来临

现在我们面临着一个"新高潮"的来临。

第一，城市化全面发展。城市的发展对酒店的拉动作用不可思议，往往是过度的拉动。第二，商务需求推动。第三，重大活动拉动。比如2008年北京奥运会、2010年上海世博会，这种重大活动的拉动，也经常是过度的拉动。第四，地产配套的提升。中国的房地产业近年来面临着一个大发展的格局，房地产老板也开始大规模地进入酒店，因为一个大楼盘一定要配套建设酒店，这是想控制也控制不住的。第五，资金沉淀升值。这是很多人刚刚形成的一种认识，本来这些资金可以做很多投机性的事，现在不敢做了，所以很多人索性就把钱投到酒店了，资金就沉淀到这里了。因为城市化的发展，土地在升值，酒店也在升值，酒店日常经营亏损没关系，最后把酒店一卖，照样挣钱，而且一定超过其他领域的一些冒险性投资。由此，大家都感受到了一种"新高潮"的来临，可是越是这种"新高潮"我们越是要警惕。

（三）大视野下的住宿业

现在不仅是一个酒店业的概念，而是一个住宿业的概念。国家旅游局发布的数字基本上是星级酒店的概念，主要是满足旅游需求和商务需求。而其他的公寓、写字楼，可满足常驻商务需求；经济型酒店满足一般商务需求；度假村满足新兴需求；培训中心满足会议需求和单位需求；招待所满足一般公务需求；办事处满足特定需求；社会旅馆满足社会需求。这些住宿设施构成了完整的住宿业，满足各种不同的需求，但是在发展的过程中，又混杂在一起，可以相互替代。这就构成了市场的一个错综复杂的情况，这样一个错综复杂的情况，单纯看星级酒店是看不明白的，而且这个"新高潮"，很大程度上也是把方方面面都体现出来了。

五、影响形势的主要因素

酒店行业一般关注的是同档次酒店的情况，但是如果做宏观分析，恐怕只关注这一点是不行的，势必是各种因素。各种类型的产品紧密地交织在一起，这就需要进一步地研究影响形势的主要因素。

（一）三个主要背景

第一，城市化。中国的城市化至少还有30年的持续发展过程，在这30年里，大体上有五亿到六亿的农民进城。城市化的蓬勃增长，对于酒店发展的需求，或者是对于住宿业的需求，一定是长期持续的，这就决定了住宿业长期持续的发展。

第二，工业化。工业化的发展过程拉升了酒店业的投资强度，广东东莞酒店业的发展就是一个典型，一方面是投资数量的提升，另一方面是投资强度的加大。

第三，国际化。国际化的拉升提升了酒店投资的品质。

这三个主要背景势必会长期持续地影响中国酒店业发展的供给增长和投资成长。

（二）三个构成因素

第一，商流。应该说是最直接的一种拉动。

第二，物流。这些年来，中国高速交通的发展在世界上是第一位的，这些都从根本上改变了许多城市的发展格局。同时，很多地方都谈到大港口、大物流，也直接构成了酒店投资的拉力。

第三，客流。客流既包括一般的旅游团队客流，也包括其他各种各样的零散客流。

这三个构成因素对酒店的投资来说是一些直接的判断因素。

（三）三个影响体系

多年以来，中国的酒店行业始终有几个大的争论。第一个争论是我们的酒店是多了还是少了，从80年代开始一直争论到现在。第二个争论是我们的房价是高了还是低了。实际上，这里的根本问题是缺乏第三方的参照系。

第一，经济总量，涉及到酒店的多与少，由此形成了教科书上旅游定律的失效。一般来说，一个地方只要有10亿的GDP，就需要一家酒店，因为10亿的GDP就包含了商流、物流和客流。如果按照这个经验数据来说，现在酒店的数量总体而言差不多了。当然，酒店有大有小，档次有高有低。比如北京的GDP已经超过了一万亿，北京的酒店应该有一千家，现在北京的酒店差不多就是一千家。上海的GDP现在是一万六千亿，上海的酒店应该有1600家，现在上海距离一千六百家尚有比较大的空间，但是因为长三角地区发展水平的均质化程度较高，所以存在一个替代效应，这个替代效应就把上海酒店的一部分供给压下来了。总体而言，在新的情况下，要求我们确实要有新的分析。

第二，房地产，房价的高与低实际上和房地产这个统一的大市场联系在一起，基本上一个地方同档次楼盘价格的十分之一就是酒店的房价，由此形成教科书上十分之一定律的失效。比如这个地方的房子卖一万块钱，酒店就应该卖到一千块钱。但是这两年这一定律基本失效，房价涨得很厉害，酒店的价格没有同步涨，实际上这就反应出了一个深层次的问题，从一定角度意味着现在投资建酒店风险很大。但是，就是中间的这一个价格差，正是酒店下一步投资真正回报升值的领域所在。

第三，产业调整，由此形成了一般定律的失效。就市场的一般情况来说，经营得不好就关张，经营得好就发展，但是在中国，这也常常是失效的。中国酒店有一个特点，叫做倒闭不转向，酒店只要建起来了，不管换了多少个业主，最终还是酒店，所以基本上可以说是一个单向的路径，可以往前走，不能往后退。

对于一个酒店的直接投资或者收购或者管理，这三个影响体系实际上是三个决定性的因素。如果对这三个因素判断不清楚，恐怕就要吃苦头。比如我们可以对一个城市的酒店现状加以分析，这个城市有300家酒店，根据发展因素，还可以投资，但是我们不知道有多少家酒店正在报批，不知道有多少家酒店正在建设。等我们做出决策，又冒出了一百家酒店，这个市场还能进吗？如果能够完整地分析这三个影响体系，恐怕得出的结论会更客观一些。

六、发展判断

（一）不能晕

第一，短缺记忆，宽松现状。中国酒店还会长期发展，还有大的发展，诸如此类的观点不能信。有长期发展毫无疑问，全世界都要长期发展，这种话说了等于没说，什么是大的发展？是数量，还是质量？还是水平？所以，这种笼笼统统的话不能信。而且，现在很多做酒店的人还有一种历史上的短缺记忆，特别是二、三线城市的短缺记忆仍然很强。现在，一线城市的酒店经常会爆满，其实，阶段性的爆满是完全正常的，没什么可兴奋的，我们如果把这种阶段性的爆满当作长期性的判断，就难以持续发展。我们现在是宽松的现状，虽然不能说中国的酒店现在供过于求，但是中国的酒店供求现状确实比较宽松。

第二，供给惯性，需求下滑。供给形成了一种惯性，可是客观来说，从今年以后需求必然下滑。问题在于大家看到了这种上升，大量的项目在建，需求下滑正是供给的最高点，就意味这供求之间的差距会越来越大。

第三，两者并行，相互影响。我们如果从总量、结构、速度这三个分析角度来进行综合分析，可以得出一个总体判断，未来的几年是酒店行业的险日子，会面临很大的风险，全国平均下来，大约需要过十年苦日子，之后我们要过几年紧日子，最后恐怕才会换来一个新的好日子。当然，这种市场表现是非常复杂的，有个别地区，有特殊的原因，仍然会有一些比较好的表现。

（二）大趋势

随着国内旅游市场的快速发展，以及国外游客对中国的热情与日俱增，带动了中国酒店业近年的迅猛增长。中国酒店业的发展在伴随着蓬勃商机的同时也面临不小的挑战，随着全国各地酒店数量的快速增加，市场的激烈竞争更是有增无减，因此必须了解酒店发展的趋势才能在竞争中获得生存。

中国酒店业的发展趋势如下：

第一，房地产业联动，酒店必然与其联系在一起。

第二，民营资本进入。随着国家产业战略的调整，进入酒店产业的民营资本会越来越多，势必加大酒店行业的竞争压力。

第三，国际品牌深化。国际上知名的品牌酒店几乎都已经进入中国，在品牌化竞争的过程中就需要进一步深化品牌。

第四，市场分工形成。消费群体的多样性促使酒店必须细化，针对自身的优势来吸引目标人群。

第五，集团优势突出。随着竞争压力的不断增大，酒店行业为了增强竞争力，避免风险要组建集团，利用集团优势来抵御风险。

第六，核心竞争体现。酒店在经营过程中形成的独特的能力即核心竞争力，其本质是让客人享受到独特的服务、文化和产品等，以此保持酒店的可持续发展。

（三）多变化

从投资的角度来说，是一个多变化的过程。

第一，市场变化：目前市场进入一个低谷时期，有一个紧运行的过程。

第二，经济变化：流动性过剩形成总的资金宽松，所以热投资还会持续。

第三，旅游变化：既然强调转型，就有一个冷与热的问题。

第四，发展变化：要更多地看到隐忧，研究我们的对应性。

总体而言，供过于求的格局长期持续，求高、求豪的状态仍然持续，市场恶性竞争开始显现。这些年来，酒店规模越大越好，越来越豪华越好，就像今天会场周围的一圈酒店，在全世界都不多见，可是我们认为这很棒，而且如果按照统计数据分析，利润最好的、入住率最高的还就是这一批酒店。

（四）调模式

从宏观的角度来看，在这个时候，中国的酒店业也需要升级换代，现在升级基本上完成了，换代还没有完成。进一步的要求就是规模和效益同步，我们的规模迅速扩大，实际上效益并没有同步发展。香港的冷静就让我很佩服，尤其是香港的饭店协会，包括业主协会，什么时候都很冷静。大家的钱都看得很紧，哪怕建一点经济型旅馆，大家都反对，因为他们认为这些会对现有的酒店效益有影响，我们现在还没有这个认识，但是下一步必然会产生。同时，需要建立体系，形成系统的分工，形成区域的分工。

从微观的角度来说，下一步酒店投资有几个新的领域：

第一，买饭店，卖饭店。我们到现在还比较庆幸的一点，就是中国的酒店还没有真正经过一轮资本的炒作。有些酒店开始买卖了，但是总体而言，没有经过这种炒作。没有经过这种炒作，就意味着泡沫化程度低，同时意味着它的一些潜在的价值没有真正地挖掘出来。所以，在这个时候与其大把花钱去建酒店，不如买酒店，包括在酒店产权买卖的过程中完成新的一轮飞跃，这是现在最大的一种机会。而且，这些年来这个状况也在发生，有一些行政性的酒店，就无所谓买卖，行政划拨，一纸文件一个集团就形成了，这也是我们的优势，这种状况恰恰和我们房地产的虚高、虚热形成一个鲜明对比。

第二，酒店管理市场。中国的酒店管理市场下一步也是一个投资机会。当然，管理市场不需要大投资，可是要想真正形成一个硬碰硬的管理市场，没有相应的可依托的酒店也不行。通过投资一批酒店，建立成体系、成建制的队伍，然后输出自己的管理，这也是一种投资模式。

第三，主题化、文化性、精品化。这也是一种投资机会。除此之外，花大钱建若干大酒店，这大概都是十年以前，甚至二十年以前的思路，不可取。同时还有一个方式，就是投资酒店作为一种钓饵，来谋求其他资源的扩张，我们很多矿老板，很多房地产老板都是这样做的，这样，市长的面子有了，城市的形象有了，老板还有这块房地产在赚钱。这不是一般的小生意人能做的，这必然是一个集团化的联动，这也是一种机会。

总之，在新的形势之下，在大的社会和市场的变化过程之中，我们再用这种传统的酒店投资理念已经不适用了，完全用国外的这套酒店投资理念也不适用。所以，必须要针对市场的实际，研究做出几篇新文章来，就这篇新文章而言，谁的眼光看得准，谁的眼光看得远，谁就有真正的发展余地。

（五）精品化

从发展的角度来说，精品化必是下一步的方向，也就要求我们在建设中减少奢侈，追求高性价值。我很赞叹上海国际金融中心居然用那么普通的红砖，当作建筑的内部装饰，可是达到了一种极大的反差，这种反差反而构成了一种特殊的美感，真是觉得不可思议。这就是减少奢侈、高性价值的一种追求。

（六）细分化

要研究主体功能细分、主题文化细分、产品细分、市场细分等一系列的细分，注重细节，服务细致。

（七）智能化

智能化作为有效的经营工具和有利的扩张手段，需要我们下一步在提高技术含量方面来促进产业的进步，这实际上也展示了一种新的投资方向。所以，系统性、集团性、国际化、网络化在未来的发展过程中，会面临着新的一系列的挑战。当然，我们不能只用走过的路来解释这种挑战，而必须用新的观点来解释新的现象，来制定新的战略，谋求新的发展。

第四节　中国古镇投资分析

按照一般的投资模式，研究一个项目的投资，首先要追踪项目本身，然后研究市场、研究投资的额度、研究回报的方式以及回报率等等。但是古镇的投资在这个基础上还要增加一些内容，因为古镇的投资超越一般的项目投资，尤其是工业性项目的投资。可以说古镇投资既是经济性投资，又是文化性投资，也是品牌性的投资，这就要求在研究古镇投资时要超越一般的经济投资模式，或者说要更加具有开拓性。

一、关于古镇

什么叫古镇。一般地说,成片保留的传统建筑,体现了传统文化风貌,展示传统生活方式,这样的地方就可以称为古镇。但这并不准确,具体说,可以把这样的地方分为四类。第一类是古院落,集中体现在山西的大院,最近热播的《乔家大院》就是典型;第二类是古村,突出的体现是安徽的西递村、宏村,已经进入了世界文化遗产名录;第三类是古镇,集中体现是江苏和浙江的六大古镇;第四类是古城,包括云南的丽江、山西的平遥、辽宁的兴城等等。这样的分类,一是按照范围的大小,二是按照历史上行政建制的层级,但总体来说都是一类资源,所以探讨古镇投资,包括以上四类。

二、资源

应把古镇看作一种非常有意义的、有价值的资源。这个问题可以从几个角度来看。

首先,它们是历史的遗存。上述四类古镇,中国现在遗存下来的已经不多了,都是先人留下来的。

其次,数量有限。因为没有完整的统计,大体估计,全国古院上万、古村上千、古镇上百、古城上十,但是在历史上,全国 2200 多个县,几乎每个县都是一个古城,现在留下来的也就一二十个。

第三,良莠不齐。有的古城非常完整、非常有味道,古城体现了传统的文化风貌,展示了传统的生活方式。但多数古镇是新的和老的混在一起,甚至新的压倒了老的,老的呈现出残存状态。所以很多古镇牌子打得很响,很多古村牌子也打得很响亮,但是大家去了之后一个普遍的感觉是失望,包括江浙六大古镇在内。

第四,消亡迅速。对古村、古院、古城、古镇破坏最厉害的是改革开放以来这 28 年工业化过程,这个时期破坏的程度超过了文化大革命,因为文化大革命的破坏只是破坏了一些皮毛,28 年工业化的发展破坏了机理,破坏了根本,现在这个破坏过程仍然在发展之中。所以也就意味着,这四"古",或者统一叫做古镇,现在消亡迅速。

近年来,由于古镇旅游兴起,在很大程度上避免了,至少减缓了破坏的过程,大家知道古房子值钱了,古院子值钱了,古村落值钱了,只要值钱了,就有人保存,老百姓就产生了保护的动机,所以在一定意义上,旅游业的兴起挽救了古镇。但旅游业的兴起又存在另一方面的负面作用,使古镇的发展方向有所扭曲,这样就需要研究这些问题。更重要的,谈古镇投资,就是在这种情况之下,如何来通过投资性的行为使古镇得以辉煌,使古镇得以发展,使古镇的投资形成更好的回报。

三、短缺

中国经济的发展非常迅速，但面临着三个根本性的制约因素。第一是资源的制约，第二是环境的制约，第三是市场的制约。这三个短缺因素制约了各行各业。东部发达地区制造能力很强，但是市场有限；西部地区资源比较丰富，但是环境又受到破坏；也就意味着，这三个短缺因素在各个地区、各个行业基本上都存在。另一方面，凡是短缺的东西必然升值，由于短缺带来了机遇。古镇是现在非常短缺的资源，也就意味着将来必然要升值。但因为现在处于工业化的中期，总习惯于用工业化中期的现状来看待这一切，包括看待自身的文化。严格地说，我们现在有一种弱国心态，生怕人家看不起，所以总是在追求人家已经淘汰的目标，这是一个普遍性的状况。从发展的角度来说，只有形成后工业化的思路，来拉动工业化中期的现状，这才是根本的发展之路。

历史古镇要挖掘其文化价值，从而提升古镇的经济价值，这是一条很重要的途径。当然，它重要到什么程度很难说，毕竟资源有限，但是如果认真研究，就会发现它对各地都会起到多方面的作用，这样就产生了古镇的长远价值。这个价值何在呢？作为古镇来说，就现在的利用方式，如果加以适度改良，古镇资源就是可持续的资源，古镇的环境是可优化的环境，古镇的市场是可扩充的市场，也就意味着，古镇这样的产品较之各行各业是非常具有竞争力、非常具有优势的产品。各行各业的短缺因素，在古镇的利用上都不受制约，都是优势因素。

四、价值

（一）作为产品的价值

一是历史价值，这种历史价值现在主要的表现形式是观光。二是具有很深厚的文化价值，这种文化价值现在的表现是一种体验，有很多名镇就是这样构成的。因为有名人、名宅、名事、名场，这一系列的"名"构成一个古镇的名气。这里所产生的文化价值不是简单的观光能够消费的。进一步会形成一种精神价值，古镇在如此迅速的工业化发展过程之中，会成为城市人的精神家园，会成为追寻历史甚至追寻自己祖先的一种人文的地域。这种价值是无可替代的，是多少汽车和高楼都无法替代的，这也更是一个国家、一个民族一些根本性的文化因素所在。

（二）作为衍生的价值

首先，古镇具有比较好的环境价值，所有的古镇现在还保留了比较好的环境，所以形成了生态经济发展的前提和基础。第二，具有山水价值，江南古镇主要体现在水，是江南水乡。有一些地方的古镇不仅有水，而且有山。同时，以山水为依托形成的古镇，进一步弘扬了山水的价值，具有了扩展性，这种扩展性甚至可以培育出一些当地特有的产业。比如有些山有很好的石头，就形成了奇石产业；有些山有很好的土特产，就形成了土特产业；比如有很好的水，这种水本身就构成了水产业。第三，农副产品的衍生价值，在这个过程中，农副产品不断提高附加值。这是各个古镇普遍感受到的变化。

（三）作为实体的价值

第一，资产的价值。现在的古镇资产体现出来的都是老旧资产，恰恰是这样的老旧资产在新的形势之下不断升值。所以这些年不仅是老宅，包括老的建筑构件都在迅速升值，老的家具、老的陈设等等也都在升值。这种资产很难用一般性的资产评估手段来评估，因为它包含了历史信息、文化信息，甚至包括一些名人的个体化的信息，这都引起了市场的关注。

第二，土地的价值。古镇土地的价值不同于工业开发区的土地，古镇的土地在发展的过程中得以转换，这个转换的过程必然也是一个升值的过程。标准工业厂房开发出来就行了，古镇越这样搞越不行，所以古镇的土地可以说是寸土寸金，在多元化发展过程之中，这种转换的价值会远远超出想象。

第三，产业基础。很多古镇都有产业基础，这种产业基础在发展的过程中价值不断提升，有些价值的提升程度甚至超过了开发商的估计。比如湘西的凤凰古城，开发商一年的收入4000万元，主要是八个景点的门票，但是当地老百姓生产一种姜糖，一年收入1亿元。原来也有这样的产品，但只卖到5毛钱一斤，现在已经卖到20块钱一斤，所以老百姓把开发商视为财神，如果没有古镇的开发，这个产业的基础就得不到提升。这样的现象也是非常普遍的。再比如周庄的万山蹄，大家耳熟能详，到处都是万山蹄，已经构成了一个产业，万山蹄的生产已经不是只靠当地的原料了，而是构造了一个市场，才可能有这么大量的供给。

（四）作为市场的价值

第一，区位价值。从历史上来看，凡是成形的古镇，都有非常好的区位价值。随着工业经济的兴起，传统的农村区位价值在转换，有些在下降，但近些年来，随着古镇的开发，区位价值又进一步提升。它经历了一个从高到低、又从低到高的过程。下一步的发展，区位价值会体现得更加充分。

第二，市场价值。古镇本身不仅是一个产品，也构造了一个市场，这种市场聚集了人气，聚集了财气，聚集了商气，所以这样的市场价值本身就有别于一般的工业化产品，或者其它的农产品，这也是古镇所特有的价值。

第三，品牌价值。这种价值可以说是永恒的，一定意义上，很多地方古镇的品牌甚至胜过了当地的品牌。比如江南六大古镇中，同里很有名气，多数人甚至说不出来同里就在吴江，一定意义上，同里的品牌已经胜过了吴江的品牌。而且随着发展，这样的品牌价值可以说是永恒的。所以分析古镇的价值不能只用一般的经济性的眼光来判断,而要从多个维度来判断。

五、利用

如何把这么多的价值挖掘出来,利用起来,这是一个核心问题。从投资的角度来说,古镇投资的另外一个特点是非线性的,其中不确定的因素很多,同时和经营管理的水平更紧密、更直接地联系在一起。这不同于生产流水线,古镇投资不是一个简单的投资模式所能概括的。

(一)现存问题

现存主要是三个问题:

一是产品同质化。现在是以古建筑为载体,以仿古生活为形式,以商品销售为兴奋点,这是全国古镇开发的基本模式。这就造成了一个比较严重的问题——产品同质化。当地人可以如数家珍,这个地方有多少名人,有多少名事,但是对于外来者,他的一般感觉,尤其是观光者的一般感觉就是一个古镇而已。

二是经营单一化。现在是单一主题、单一观光的方式,单一门票的商业模式,这个问题比较突出。

三是文化的低俗化。很多地方的表演少依据,各种各样的展览多模仿,甚至出现了一系列恶俗化的表现,使得人家乘兴而来、慕名而来,败兴而归。当然不是所有的古镇都是这样,但是有相当一批已经走到这条路上了,而且这条路一定是一条失败的路。

(二)指导思想

古镇投资和古镇开发的指导思想有两个要点。第一个要点是传统文化现代解读,第二个要点是传统资源现代利用。因为市场是现代的市场,不能就传统说传统,就传统说传统在一定意义上会陷入误区。目前在古镇的利用上,采取的基本方式是博物馆的方式,如果只是=靠这样的方式,形成的只能是同质化的竞争。比如,山西的大院有五十多个,现在成名的大院已经有七八个,再往下开发,这些大院怎么利用。如果都是博物馆的方式,就会自相竞争,甚至是一种恶性的削价竞争,这显然不行,就需要研究如何进行现代解读和现代利用的问题。

(三)利用原则

对古镇来说,基本原则一是把握稳定存量,发展增量,以增量拉动存量,以发展调整结构。二是研究少花钱,多办事,办好事,好办事。三是少开发,多利用。现在有些开发商,开发古镇恨不得上来就把这个古镇推倒,重新再建。这是大错特错,三流的真品也是真品,一流的赝品还是赝品,如果在这个过程中,花了很多钱,但最终是焚琴煮鹤,这是错误的方式。但是这种方式很多人接受,因为我们习惯于城市化的大开发,推土机推一批,建一批,卖一批,投资马上就有了回报。这是一种建设性的破坏，这种投资方式决不能拿到古镇投资和古镇开发上，否则最后还是会退出。这里的核心要强化软开发，适度硬开发，要把握好这个度，在规划设计、文化挖掘方面下大功夫。

（四）运作机制

古镇在一定意义上是准公共性的产品，有些甚至是公共性的产品，这样的产品靠投资商独立运作是不可能的。从全国的经验来看，现在已经形成了一个比较完整的运作机制，即政府主导、部门支持、市场主体、企业运作、社会参与，最终达到利益协调的机制，这样才可能把古镇的投资、开发、建设、经营、管理等一系列工作做到位。

（五）利用模式

最好的模式是统一开发、全面开发，这就是浙江的乌镇模式。江苏的三大古镇开发得比较早，浙江的三大古镇开发稍晚，应该说浙江汲取了江苏的经验和教训。所以从现在来看，乌镇的模式非常成功。乌镇组建一个旅游开发总公司，进行统一开发，而不是让老百姓自己胡搞乱搞，也形成了一个比较好的商业模式。这个商业模式就是，在投资的过程中，资源转化为产品，产品转化为市场，市场转化为资金，资金转化为发展，发展转化为品牌。乌镇的一期开发是在政府的统一组织下通过成片开发、全面开发，既保留了相应的商业气氛，又避免了过度的商业化，让大家感觉乌镇是个精品。二期工程完全是现代开发模式，但是这个开发模式也创造了一个新的好样板，创造了一个未来的文化遗产。不仅古人做的事是好事，给我们留下来的是遗产，我们当代人做的这些工程，做的这些项目也应该留给后人作为文化遗产。乌镇抱着这样的一个思路、一个态度，所以形成了一个好的模式。

（六）体系化发展

从发展的角度来说，需要构建一个体系化的发展局面。

一是围绕需求促进旅游。需求持续增长，所以要围绕需求促进旅游的持续增长。但这里边需求不仅是一个数量问题，还有需求的层次问题，还有需求的质量问题，要把数量、层次、质量认真研究透，对应市场就比较有主动权。

二是围绕旅游形成市场。因为旅游是人的流动，旅游者来了就地形成购买力，就地形成市场，使当地的很多东西就地升值，所以这样一个市场性的作用是非常强的，也构成了市场的繁荣。

三是围绕市场开发产品。当前，各地开发古镇势头很猛，也有隐忧，主要是普遍开发和遍地开花，造成近距离低水平重复建设。因此，必须围绕市场开发产品，市场需要什么才能做什么。

四是围绕产品组织产业。市场形成了，产业一定会形成，之所以用组织这个词，就意味着政府在里边更多发挥一些作用，不能凭着市场自然发育，自然发展。如果只是自然发展，就会形成秩序混乱质量低下的局面。所以要围绕产品组织产业，同时要形成产业链。随着旅游需求的扩大，形成一个需求链，旅游企业形成了一个经营链，形成了一个服务链，进而延伸了产业链。

五是围绕产业合理分工。这个问题可以说是现在全国旅游业所面临的一个重大问题，因为大家对旅游的认识程度提高了，积极性也高涨了，有资源就想开发，所以形成了一些近距离低水平的重复建设。可是这个积极性不能阻挡，这就变成两难的局面。这样就需要形成一个合理的分工体系。

六是围绕分工全面发展。分工是一个产业发展的基础，也是产业成熟的标志。只有围绕分工，产业的全面发展才有可能。所谓全面发展，不仅仅是旅游企业的发展，而是要通过旅游拉动整个经济、社会、文化、环境等方方面面的全面发展，拉动各部门各企业的全面发展。

形成一个体系化的发展模式，这个模式超越了旅游，但是可以把古镇的各类资源全面挖掘出来，同时可以形成古镇的产业链。

（七）开发要点

第一，强化功能性。要把现在的单一观光功能转换到复合功能。我们经常说一句话，"古色古香"，古色是观感，古香是体验，古人在他们的语言里已经概括出这些东西，可是我们只强调古色，而忽略了古香，这种单一功能、单一主题、单一模式的路显然是不行的。

第二，突出主题性。古镇的基本概念是有自己的主题文化，这就是古，同时是镇。但是有没有自己独有的文化主题，却需要研究。现在是主题文化有了，文化主题不足。比如乔家大院，刚刚搞的时候并不突出，现在两者皆有，一拨又一拨的影视剧逼着他走上了突出文化主题这条路。很多地方还是不足，有些地方只打几张名人牌，除了这几个名人之外，这个地方真正有别于其它地方的特色到底何在，文化主题到底怎么形成，这都需要下大功夫来研究。江南水乡，江南古镇，仅浙江的古镇就有三四十个，都是江南，如果这样的产品大批进入市场，没有自己的特色，一定意义上是泯灭了自己的核心竞争力。

第三，追求异质性。看一下江南已经成名的六大古镇，江苏的三大古镇可以概括为：商气周庄、文脉甪直、智慧同里。浙江的三大古镇可以概括为：悠远乌镇、生活西塘、财富南浔。相对而言，特点是存在的。各地的古镇都存在这样一个问题，就是异质性到底何在。差异就是旅游的核心竞争力，就是旅游的品牌。

第四，着眼长期性。古镇的投资毫无疑问是长线投资、长远回报，所以如果用一般的短平快的投资眼光来看显然是不行的，但是不意味着所有的项目都做不到短平快。投资古镇，需要剑胆琴心。剑胆是需要投资的眼光、投资的魄力，琴心是需要有文化之心，需要有历史的耐心，真正做成一个精品。希望古镇都能够成为文化精品，通过这种文化精品来托起投资的真正的市场价值。

第五，形成复合性。古镇的资源是综合性的资源，围绕着综合性的资源，要形成链条式的扩张。现在来看，需求链已经形成，产品链大体形成，服务链还很不足，这只是从观光的层面上看。如果进一步来看，古镇的利用不仅是观光，休闲度假、特种旅游、会议等等都是古镇的利用价值之所在，这就需要在古镇的投资中延长产业链、扩大产业面、形成产业群。

六、保护

古镇的一切必须以保护为前提。从保护的角度来说，首先是保护内容。其中，物质的内容也就是实体的内容，非物质文化的内容和传统生活的内容，这三方面的保护缺一不可。如果进了一个古镇，没有老头老太太在那儿晒太阳，在那儿做一些家务，就会觉得这个古镇是死的，就是一个博物馆。比较而言，实体的保护反倒容易，传统生活的保护是最困难的。现在还有一些人留恋传统生活，不愿意出去，本身就构成了古镇的一景，但是如果这些老人过世之后，传统的生活没有了，古镇的文化价值就会大为降低，这是一个似乎很难解决但是又不得不解决的问题。这可以转换一个方式，就是要把古镇当作一种生活的居所，吸引外边的老人，和本地的老人相结合，一块保护传统生活，这不是不可以做到的。早晨和傍晚，古镇给人的感觉最好，那时候人都走了，传统生活才真正体现出来了，你才感觉到古镇真正是古镇。

第二是保护机制。这个机制是官、产、学、群四位一体，各尽其责，只不过要有明确的制度化的要求。比如，作为公共产品，就要求政府提供资金，提供力量；作为产品，要求开发商必须尽到这份社会责任，社区的群众在保护方面也要尽到自己的责任。这样一个保护机制是完全可以形成的。因为在古镇二十几年的发展过程之中，已经形成了一个动力体系，古镇的发展本身就是靠保护形成的。概括一下，叫做"因穷而留，因留而起，因起而保，因保而富"，这些保下来的古镇是因为穷得连破坏的力量都没有。山西的平遥，历届县委县政府都在研究怎么把它拆掉，研究之后都是一个结论：没有钱去拆，一直到了上世纪90年代，发现这个资源值钱了，才明确地转换过来，绝不能拆，一定要保。历史就是这么一个过程，围绕着保护，形成了一个利益共同体，也形成了一个利益生长群。我们不能空谈觉悟与保护，必须用利益来调整。而且从发展的过程和未来的发展角度看，这个利益机制已经形成。所以在保护方面，现在更重要的不是保护意识，而是保护技术。比如，木结构建筑的保护问题、原住民的生活空间调整问题等等。下一步，传统技术和新技术都要综合性地采用。如何在保护技术上下功夫，这是需要抓紧的事情。

七、发展

（一）城乡统筹的典范

中国古镇的发展具有多方面的意义。首先，抓好了古镇的投资开发建设，可以树立一个城乡统筹的典范。历史上的古镇都处于城乡结合处，现在多数也都处在城乡结合部，虽然有些作为历史的行政中心、经济中心的功能已经转移，但是区位还在。所以抓古镇发展实际上是落实中央科学发展观的一个重要抓手。

（二）新农村建设的示范

抓好中国古镇的建设，会形成新农村建设的示范。我对新农村建设有很大的担心，中央的一号文件和各个部门下发的文件，写的都很清楚，要求是20个字，同时强调了新农村建设中的特色保护和特色发展的问题。但估计，下一步的浪潮是大拆大建。现在树立的一些新农村建设的样板，严格地说是不可取的样板，可是大家认为这是很好的。比如北京的韩村河、宁波的腾头村、江苏的华西村，河南的南街村等等，他们的村容很整洁，但都是"排排坐、吃果果"。这样的新农村是不可取的，违背了农村的特色。而且在农村下一步的发展中形成大拆大建的潮流绝不是好事。如果倡导中国古镇的建设，一定意义上会形成新农村建设的另一方面的示范。我们不希望中国产生更多的韩村河式的村容，但希望中国有更多的古村、古镇、古院落、古街能够保留下来。同样，由于它具有市场的优越性，对于新农村的产业发展会有进一步的推动作用，也必然具有这样的示范作用。

（三）经济增长点、市场培育点

古镇的进一步发展培育了当地的经济增长点。从现在经营比较成功的古镇来看，无一例外，这个作用都已经起到了。更重要的是形成了一个市场的培育点，随着古镇的开发，随着更多的人前来，当地人的市场意识形成了，当地的市场机制形成了。在一定意义上，市场经济是最好的大学校。比如阳朔的西街，有一个老太太，中文文盲，大字不识，但是可以讲一口流利的英文。她说得很清楚，我英文讲得越好，来的人越多，我的生意越好，所以现在这个老太太本身成了西街的一个吸引物，所有人去了，听说这个老太太，都要去看看她，跟她聊会天，之后一定要买点东西。这样一个市场机制焕发的内在力量无可替代。所以随着古镇的建设，经过进一步的培育和发展，这个市场会越来越大。

（四）新老分离、新老分明

现在产生了一个普遍问题，很多古镇已经不成其为古镇了，经常是混杂在一起，或者叫做不新不旧、不伦不类。从资源的角度来说，还有利用的价值，但是从产品的角度来说，价值已经不高了，这是摆在我们面前的一个最重要的问题。

随着古镇的发展，很可能造成一个新老混杂的局面。解决这个问题最好的办法就是新老分离，比如丽江，进了丽江的大研古城，感觉很好，这是元代的古城，已有800年的历史，但是从丽江古城出来，隔着一条马路就是一圈高楼，磕头碰脑，把刚刚形成的非常好的感觉完全破坏了。失败就在于缺乏一条隔离带。因为要建设，要发展，盖房子是毫无疑问的，但是要想保护，首先要解决大环境的问题，所以就需要研究新老分离。如果新老分离实在达不到，就要研究新老分明。这牵涉到中国建筑的一个特点。中国的建筑是土木结构的建筑，这样的建筑留不下来。所以中国的建筑一定要不断维修，更重要的是要住人，活的建筑才可能真正保下来。如果我们现在完全按照博物馆的方式，没有人居住，没有人生活，没有人每天去收拾它，这样的房子是保不住的。古村、古镇、古院落等等，一定要有生活，一定要有人天天在那儿维护，这样就要求古镇的开发利用一定要转换新的模式。

（五）产品："三化"战略

第一，功能转化。现在这样的单一功能的局面不行，而且单一功能的局面发展到极致，破坏的力量太大。如果能采用一些功能转化的方式，很多产品就会丰富起来。如山西有的大院可以搞成民俗宾馆，有的院子注重娱乐性，但是都要在保护的前提下形成主题性的功能。也就意味着，这个市场有了分工，每一个产品有了自己的定位。所以，一方面一些主体功能要强化；另一方面有些功能需要转移，更重要的是要丰富自己的功能，功能丰富起来，最大的意义不在于赚钱。在古镇的经营管理的过程中，一定要培育出高端产品，这个高端，高在文化上。

第二，结构优化。在空间结构方面，优化的余地已经不大了。比如有些古镇只剩下一条古街了，有的古街只剩下若干古院落了，这样一个空间结构，密度很大，很难调整。但是产品结构优化的余地是很大的，从单一的观光模式中跳出来，按照自己的优势，按照自己的特点，培育成复合型的产品。最终达到整合的一体化，这种整合的一体化要达到保护与建设的互相补充，共同促进，最终统一到发展上。

（六）市场："三常"战略

现在古镇的经营，基础是观光者，而且大家认为观光是唯一的，其实不然，可以考虑几类新的市场。第一类是常住的客人，购房者。有些房子是可以卖的，即使从保护的角度也是可以卖的，只是这种卖是有前提的，这个前提就是有一些规定，按照这个规定你来买，可以在这里经营。这是一种方式，也是一种市场。第二类是常留者，这是经营者。有很多人看中了古镇的市场价值，在这儿租一间房子，开始经营了，也是可以的。在一定意义上，今天的旅游者，可能是明天的生意人，后天的投资者，所以这一市场是不能忽略的。第三类是常来的度假者。度假的特点是回头客很多，而且忠诚于某一个目的地。当然基础还是观光者，所以对于古镇的经营来说，投资和经营紧密联系在一起。如果有这样的一个市场战略，相信投资不会失败，赢利顶多是早晚的问题。

前面强调一个观点，古镇投资是长线投资，长远回报，但不意味着不可以短平快。道理很简单，资源越来越少，短缺必然形成。比如湘西凤凰古城，沱江边上的房子，2000年5万元一幢，现在100万元一幢，五年之内增长了20倍，这样的投资项目应该说很可观。再比如，2004年四川的阆中古城，买一个院子20万元，现在40万元了，估计再过两年可以卖到80万元。这样的投资项目，投资者可以考虑，而且最大的好处是，因为有资金进去了，就有了保护力量，这是一个最大的好处。更何况投资者看中老院子，绝不是把它拆掉重建，看中的是这个老，因其老才投资。也就意味着，随着国家的发展，文化投资的价值越来越高，所以古村古镇的发展应该是文化投资的一个亮点。

（七）形象："三吹"战略

在古镇营销方面，要敢吹，会吹，经得起吹。就全国来看，敢吹都可以打100分，经得起吹大体上都及格，六七十分是有的，但是会吹基本上不及格。总是希望把海量的信息推到市场上去，越是这样推，客人越记不住。比如，很多古镇娓娓道来，可以说一个小时，细说下来，可以说一两天。有人听你说一两天吗？有的古镇宣传自己的书大概有几十种之多，但是核心是什么，拿什么东西来吸引人，靠什么东西来说几句话就能让人记住？所以，不仅是一个形象战略的问题，也是一个宣传促销的问题。钱花了大把，效果并不好，所以希望把敢吹转换成会吹，把会吹进一步转换成经得起吹，这是古镇的前景所在。

（八）创建新的生活方式

古镇对于现代中国的发展，根本性的意义在于创造和建设了一种新的生活方式。作为农耕民族的传统，从根本上来说，是离不开人的，要让中国人像游牧民族那样生活，绝大多数人是受不了的。但是现在人口太多，所以大家又向往大自然，希望人少一点。能够满足这两方面矛盾欲望的一个最佳结合点是古镇，古镇可以创建一种新的生活方式。

这种新的生活方式说起来是四句顺口溜，但是如果达到了，那真是不得了，就意味着中国人的生活质量有了一个根本性的提高。

一是"自然、自然、大自然"，而不是小自然。强化这种自然状态，其中既有大自然的这种自然，也有文化自然，现在很多文化的东西做得太过分了，做得不自然了。

二是"生态、生态、深生态"。不是说有两棵树、有一个水坑就叫做生态，这是浅薄的生态，应该达到深生态。所谓深生态就是天人合一，这是古人的理念，人和大自然是完全合一的，人在生态环境里没有自己的特殊地位。

三是"文化、文化、活文化"。我们看到的多数文化，尤其是传统的文化，都是展示性的文化，又些是模仿性的文化，或是表演性的文化。活文化应该在古镇充分体现出来，能够真正融为一体。

四是"生活、生活、真生活"。创建新的生活方式，将会有出奇的效果。这是城市里找不到的，因为城市是水泥森林、高楼峡谷。在农村真正要找也是找不到的，强调新农村建设是一个方面，另外一个方面，工业化的发展必然意味着农村的凋敝，这是经济规律，也是社会发展的总的规律。所以，避免两种极端，寻找一个终端，寻找最好的生活方式，就是在古镇。

中国古镇创建新的生活方式，会得到广大老百姓的喜欢，也会得到广大世界游客的喜欢，这样就意味着古镇发展的真正前景。

第五章　旅游规划与设计

第一节　旅游智业发展

一、智业

智业，既要有智，又要成业。目前中国旅游智业的现状是：有智，但是还不成业。

目前，全国旅游规划、设计、科研机构，包括旅游院校在内，已经多达上千家，但依然"不成业"。成业，即形成产业，要看产业规模。目前在中国40万亿的GDP总额中，一两百亿的产值构不成产业，然而，旅游规划、设计、科研产值总额，大体上每年不超过几十亿，甚至更少。因此，在一定意义上，旅游智业仍停留在概念上，或者说，从规模上"不成业"，从机构数量上已经"成业"了。

二、从数据密集到规范研究

（一）战略研究

多年以来，我国处在市场经济的初级阶段，商业发展不规范，存在很多"缝"与"空"，这期间，产生了所谓的"点子大王"，拍拍脑瓜即可。这个阶段已经难以适应形势发展的需要，今天商业环境与发展环境都与过去大为不同，公众的要求亦有所不同。要想发展，就须借鉴德勤等世界级大型会计师事务所与美国智库的发展道路，美国兰德公司就是一个最典型的案例。兰德公司名义上是私营企业，但实际上是一个半官方的机构，长期从事战略研究，是美国政界、军界的首席智囊机构。

朝鲜战争初期，美国国防部就中国会不会出兵的问题咨询兰德公司，兰德公司提出500万美元的费用，国防部没有接受。在中国抗美援朝之后，美国又开始担心会不会引发第三次世界大战，再次咨询兰德公司，兰德公司依然要求500万美元的咨询费用，后来美国政府花费 500 万美元巨资购买了兰德公司咨询报告。其实，从朝鲜战争的第一天，兰德公司就已经得出研究结论，一是中国一定会出兵，二是肯定不会引发第三次世界大战。然而，其结论虽然简单，但论证却花了 600 多页。因此，可以看到，不仅这两个结论重要，更为关键的还要看分析过程、论证过程，看结论究竟是如何得出的。

（二）制度决定行为

美国智库的这一套做法具有极强的战略性，当前中国最缺的就是这种战略研究人才，也缺乏这种战略性的研究，旅游业更是难以达致战略的层次与高度。目前，从上到下都是短期行为，政府官员最多两个任期，任期一届的做 5 年发展规划，任期两届的做十年发展规划，而一些地方官员实际任职年限只有三年。制度决定行为，这种干部制度就决定了干部不可能有长远眼光。2008 年美国次贷危机伊始，就有不少智库提出应对方案，论证能否靠打一场仗来缓解经济危机，从战争成本、作用、目标国家是伊朗或者古巴都有详细论证，并做出多个预案。在各种方案中做出比较，就会得到最佳方案。

里根总统时期，美国政府提出了"星球大战"，其真正目标就是要把苏联拖垮。

星球大战虽然来势汹汹，但具体实施却比较柔和，所有的军事研究成果很快就转为民用，引发了苏联的戒备心理和大量军事投入。然而，苏联没有军事成果民用化的转化机制，这样，美国的最终目的达到了，就是很快就拖垮了苏联，这叫"不战而屈人之兵"。这样的战略性研究，其核心问题实际上是规范性研究。现在不能依靠好点子与好创意来生存，首要的是要数据密集，通过对数据的规范性分析，来体现研究成果。

（三）数据密集

上述案例中的成果在中国不曾出现。其原因是需要付出非常艰苦的努力，一是数据的收集非常困难，中国没有数据收集的传统，大量的工作需要从零开始，而美国历史上就有完整的数据系列。二是要对数据进行整理和分析，通过整理和分析才能得出客观和正确的结论。以某省某市旅游规划文本里"上海有 1300 万人，南京有 800 万人，哪怕有 10%的人到我们这儿来，一年就可以接待 210 万人"这句话为例，我们可以看到，这个材料完全是拍脑袋的材料，是只有数据而没有经过整理和分析得出的结论，类似这样的表述还有很多。做规划，必须做很多游客调查，调查的是现状而不是发展，如果以发展代替调查作为基础，就难以得出正确的结论。

（四）规范

规范问题是最薄弱的一个环节，也是需要全行业来实践的一个环节。如何做到规范？可以参考中国旅游研究院出版的《中国旅游经济发展蓝皮书》一书。这本书从基础入手，既做到了研究的规范，又能体现当前业界的研究水平，值得参考与借鉴。

三、从智慧密集到创造性发挥

（一）大思路

创造性涉及到"点子"，有"大点子"，有"中点子"，有"小点子"。现在各地领导都很重视旅游发展，但要跳出旅游说旅游，跳出城市看城市，跳出项目论项目。比如一个城市要做旅游规划，第一份必看材料是市委书记在全市经济工作会议上的讲话，第二份是市长在人代会上的工作报告，第三是当地的统计年鉴，最后才是旅游材料，只有把握了GDP总量、财政收入、一二三次产业结构，再研究当地旅游材料，才会有真正的判断。

（二）工业化阶段

随着社会经济的发展，各地领导更加重视旅游行业，但是往往只停留于口头层面，难以落到实处。而之所以如此却具有必然性。就全国范围而言，大部分地区处于工业化发展的中期，工业化是各级领导的第一要务。而到了工业化后期，领导的思路和态度就全然不同，需要研究产业结构的优化，因而，必然提高对旅游的重视，以北京、上海为例，这两个城市已经处于后工业化时期，当然，也有一些地方亦进入工业化后期，此时，当地领导对旅游的认知就与其他地区截然不同。所以，创造和创意要首先建立在这样的基础之上。

（三）对应领导

要具备能够和市委书记、市长对话的资格和条件，要有大思路。按照后工业化的视角，挖掘前工业化的资源，形成超工业化的产品，对应变化中的市场，这就是发展旅游的大思路。现在全国处在工业化发展的中期，提出后工业化发展的策略，这样才能和领导建立起对接和共识。这样才能便于旅游发展规划的洽谈与合作，如果局限于旅游说旅游，局限于城市看城市，局限于项目论项目，就很难有所超越。

四、实证密集

（一）比较

没有实证性的研究，就没有说服力。

实证性研究需要实证性基础，这种基础更多的要通过比较得出来。以山西寿阳为例，其发展就是通过查找中国的地名里有多少带"寿"字的这个思路来挖掘，这是一个比较的结果。实证性需要各个方面的比较。

（二）具体分析

随着市场的变化和需求的提升，许多不可用的东西、不被看好的旅游资源，都能物尽其用。这是一个变化的过程。旅游业的开始阶段，不少人认为旅游不同于工业、农业、商业，不是每个县都能发展旅游的。而今天随着需求的提升，中国 2000 多个县几乎都在尝试发展旅游。传统观念强调观光旅游需求，这是顶级的旅游，中国顶级的观光资源如黄山、九寨沟、兵马俑、故宫早在 20 世纪 80 年代就已经进入市场，形成京、西、沪、桂、广这条主线。20 世纪 90 年代中国二流的观光资源也已进入市场，且已被开发殆尽。所以，今天必须转变观光旅游的思路，才能有出路。

今天，包括休闲度假、商务旅游、特种旅游在内的复合型的产品体系已经形成，最为关键的是复合型的市场需求形成，在此背景下，可以做许多曾经不可为的项目。以某地温泉开发为例，如果从观光旅游的角度，难以做出成绩。然而，如果转换思路，按照市场的需求提升，既有面的扩大，也有质的提升，来重新研究产品就可以做出成就。中国五千年的历史文化，各地历史上都有过名事，有说不完的名人轶事，然而，很难看到实景。"很有说头、很少看头、很没玩头"这是很多地方的一种普遍情况。对此，需要研究，如果有内容可做，就会有甜头，否则就会吃苦头。

（三）操作

规划要有实证基础。有了实证，才具有较强的可操作性。

研究可操作性，第一个要考虑的问题是谁来操作，目的是什么。在一些经济发达地区，可操作性的实施就比较强；而在一些落后地区，即使已经有非常具体的实施细则，也难以实施。其原因是需要帮助其解决资金来源，只有如此，才认为规划具有可操作性。这是实际操作中需要把握的。

五、服务意识

规划人员要具备很强的服务意识。所谓服务意识，是将心比心，是站在对方的立场思考。具备服务意识，就会形成良好的工作态度。需要与当地人多交流和沟通，尽快把握和熟悉当地情况，而如果居高临下，则难免产生不快，毕竟规划人员不如当地人更加熟知本地情况。规划人员具备良好的工作态度，对方态度也会不同。"远来的和尚好念经"，这是对方的要求，我们对自己的要求则是"远来的和尚要念好经"。

六、整合

整合就是要整合各方资源。整合资源就是要做大事。整合各方资源各有各的路数，与人才结构、业务重点直接相关。

整合要出好题目，做大文章，才可能持续不断地整合资源。规划机构需要如此，作为政府部门的旅游局，也需要整合资源，也需要借力使力。所以，这种整合就要求有一个整合性的思路，有相应的一套做法，也得有相应的人才储备。

七、市场

（一）全行业状况

2011 年，旅游规划设计行业的状况是：第一，全行业不景气，处于"过冬"状态，都在尽力开源节流。第二，有相当一批人在研究未来的发展，研究如何对应发展。2011 年既是"寒冬"，又存在有利因素：是低成本的建设期，也是低成本的扩张期，是整个产业重组、结构优化的一个过程。简单地说叫大调整的一年，如果在大调整的一年里，不满足于维持现状，而是积蓄力量，韬光养晦，发掘价值，完善自己的结构，谋求新的发展项目，就有发展的后劲。

（二）两个市场

一是商人市场。在建设低成本的时期，会有一批投资商着手做项目。其项目无非是两种，第一是圈地，第二是做规划做设计。一边做前期工作，一边看市场形势，一旦市场有恢复迹象，便开始做建设。从投资主体来说，当前外行业投入旅游的趋势越来越明显。原因很简单：这些投资商原来有无穷的投机机会，虽然投机风险大，但是在经济上升的时候，这种风险相对而言变小。目前来看，投机的机会几乎没有，短、平、快的项目也几乎没有，而像旅游这样长线投资、长远回报的项目就值得研究。不仅如此，旅游项目具有明显的一大优势是，通过旅游项目圈地，而通过其它项目很难圈地，这样就容易形成大项目。而这些项目的操作者都是海外人，中国人也可以承担这些大项目，要抓住这样的机会，这是一个大市场。

二是政府市场。当前中国的情况是：社会缺乏资金，企业亦缺乏充足资金，而老百姓有钱不敢花，唯独各级政府尤其是中央、省、市资金充足。所以，研究"十二五"最重要的是研究结构优化和调整的问题，结构优化和调整主要就是第三产业，而旅游就是重中之重。十二五时期，政府市场发展空间巨大，但必须做出优质的项目，树立品牌效应。

八、品牌

（一）思路衔接

思路和规划必须衔接。品牌需要珍惜和保护，要做出真正让人们信服的项目，做到规划和思路的无缝衔接，才能行之有效。

（二）大事不落空，难题往上冲

在规划过程中需要做出品牌，做品牌首先要有品牌性的成果。当然，不可能每个项目都达到品牌性成果，但必须研究如何各取所长，发挥优势。要做到大事不落空，难题往上冲。以2008年四川地震的专家志愿者团队为例，当时有专家提出去四川当志愿者，但并没有被批准，因为，专家去现场当志愿者并没有充分发挥自己的优势与特长。相反，组织专家团队志愿进行四川地震的研究，做分析和方案，供国家旅游局参考，这也是志愿者，这就是所谓的大事不落空。再以《中国旅游发展三十年研究报告》的成书为例，该研究报告有相当多的难题，如果做不好，则可能毁坏了自己的品牌和声誉，这就是难题，但是难题得往上冲。一个团队只有靠难题的不断挑战，团队的素质才能培养出来。

（三）总体思路

旅游本身就是大局。曾经的说法是"旅游服从大局"，这是自己把自己置于一个边缘化的位置；接着的说法是，"旅游服务大局"，这比边缘更近一步，但仍然处于边缘状态；现在说"旅游已经融入了大局"，即旅游本身就是大局。

在《天下旅游看四川》一书中，本人曾提出"敬畏自然，珍视资源，善待文化，尊重前人"。当今的国人具有强大的建设力量，亦有巨大的破坏力量，整个民族缺乏信仰，丧失道德底线，这是可怕的。作为一个国家，我们必须要有敬天法祖之心，要有自己的核心价值观和主流意识形态。这就是我们的底线，要围绕底线较少破坏、较多建设、多留美好于后代。

最后，我们要用旅游激活城市、以激情创造明天。这项工作本身需要激情，对每个项目、每个地方，要有兴奋感，没有激情，就不可能有好思路、好想法。要用激情来从事一个充满激情的工作，创造一些有激情的成果，这样才能不辜负自己付出的努力。

第二节　中国旅游规划发展的现状与趋势

建设良好的投资环境，必须强化旅游规划工作。要通过规划市场的培育和规划水平的不断提高，提高项目的成功率，促进旅游投资的发展。

一、旅游规划的发展过程

研究趋势就需要研究现状，研究现状就需要回顾过程，现状是过程的积累，趋势是现状的延伸。

（一）发展过程

中国的旅游规划是随着旅游业的发展而成长的，过去 30 多年的旅游发展过程，在一定程度上也是旅游规划的发展过程，这个过程基本上可以分为四个阶段。

1. 项目规划起步

在中国旅游发展的初期，还没有完整的旅游规划的概念，可是旅游开发已经开始了。所以，在开发的过程中迫切需要规划，但并不清楚如何进行规划，只能在摸索中进行。这样，旅游规划一开始都是项目规划。此时，没有旅游规划师，最初介入旅游规划的首批人员是建筑师和城市规划师。这恰恰反映了当时国家和旅游的总体情况，即一部分旅游开发项目已经开始启动，而旅游的项目规划随之才进行。各地的发展情况不同，发展阶段也不同，现在有些地方还处在这个状况之中。从那以后，旅游项目的规划逐步发展，在这个过程中，很多规划师和建筑师也开始正式转向旅游规划。

2. 资源规划的积累

随着旅游业进一步发展，只靠一个项目很难拉动一个地方发展，所以就提出了形成宏观概念和总体思路的要求。在这种情况之下，地理学家、植物学家等一批新的学科的学者开始介入旅游规划，主要进行的是资源规划。比较普遍的做法是先进行资源的大体排查，然后进行初步的分类，再进行初步的评价。由此形成的状况是各地都认为自己的旅游资源丰富，究竟谁最丰富，并没有公认的判断。各地都有长长的资源清单，摸清了"家底"，形成了资源规划的积累。

3. 区域发展规划开始启动

区域规划开始启动的一个重要的标志是：1985 年 12 月国务院第 92 次常务会议，听取了国家旅游局的汇报，明确把旅游业列入国家的"七五"计划，每年增加五个亿的投资。由于旅游业列入国家计划，就要求国家旅游局必须进行长远规划和年度计划。形成这样一个模式之后，各地也都必须进行长远规划和年度计划，至少要争投资。在这种情况下，区域发展规划开始产生，随之而来的就是很多拥有经济学背景和市场学背景的专家学者进入了旅游规划领域，这样就使旅游规划涉及的学科越来越多，学者越来越多。

4. 国际规划的引入

国际规划的引入最早是在 1990 年。当年，联合国计划开发署通过外经贸部国际经济技术交流中心确定了一个项目，即西藏旅游发展规划，计划开发署为该项目提供了 24 万美元，组织国际专家于 1991 年进行了评审。这是我国最早的一个国际旅游规划项目。之后在一些项目规划上，开始引入国际专家，比如华侨城的几个大项目，在规划设计的过程之中有很多外国专家参与，现在已经转换成了国际招标模式。

此后，发展到 90 年代下半期，世界旅游组织的国际规划专家开始较大规模进入中国区域旅游发展规划领域。规划组织模式大体上是：地方政府提出要求，国家旅游局给世界旅游组织发函，之后世界旅游组织经过确认，派一个专家来做前期工作，制定相应的计划。计划制定之后，在世界范围招标，一般来说有七八家公司投标，然后世界旅游组织在其中选三家而且明确其比较倾向的公司，再交给委托单位。委托单位最后确定一家，之后规划组开始进行工作，到中期要召开一次中期评估会议，规划完成之后，要召开一次规划评审会议，最后提交规划成果。在这个过程之中，谁来委托，谁是业主是一个问题。世界旅游组织是一个组织单位，本身并不做规划。国家旅游局是质量监控单位，主要行使质量监控职能。到目前为止，全国已经有七个省市委托世界旅游组织招标，国际性咨询公司和规划专家进入，并已经基本完成规划。第一个是四川规划，于 1999 年完成。第二个是山东规划，于 2000 年完成。第三个是云南规划，于 2000 年完成。第四个是海南规划，于 2001 年完成。第五个是安徽的黄山、九华山和太平湖"两山一湖"区域规划，于 2002 年完成。第六个是贵州规划，于 2002 年完成。第七个是黑龙江规划，当前规划已经进入到后期，基本完成。此外，国家旅游局邀请国际专家参与制订中国最佳旅游城市标准，北京市旅游局委托国际专家编制北京旅游市场营销规划，进入更具体的层面。在这个过程中，自然而然形成了一个规划热。

（二）洋专家带来了什么

这七个国际规划专家制定的规划及其他项目规划给国内的旅游规划学界带来了很多值得学习的东西。

1. 人才团队

国际上的规划公司，都有一个比较完整的人才团队，除了上文所述的建筑师、城市规划师、地理学家、植物学家、经济学家、市场学家等等之外，又增加了环境学家、文化学家和人类学家，学科是非常完整的。

2. 市场意识

外国专家普遍具有非常强烈的市场意识，而这正是国内很多旅游规划专家不足的方面。我们的规划专家比较偏重于资源，比较偏重于产品，但是对于市场的研究不足，对于市场的意识也不足。洋专家在这方面非常突出，各类规划均把市场分析放在首要位置，并且以市场统领全局。

3. 人文意识

在世界旅游组织专家的规划编制过程中，可以看到他们对于旅游者的实际需求非常注重。在项目设计上，也是处处突出人本主义精神。这和中国专家形成一个比较鲜明的对照，我们往往只注重外观，甚至是只注重文化符号，牺牲了项目的结构和功能，这是比较普遍的情况。这种情况在单体项目的设计中表现得非常突出，比如设计一座楼，设计师首先考虑的是这个楼的外观要好看，要形成自己的纪念碑，这里最缺乏的就是人本主义意识。但是洋专家的第一个考虑是这个设计是干什么用的，是为谁服务的，这是本质性的差别。

4. 特色意识

在一个区域旅游规划编制中，如何通过深入调查旅游资源，研究旅游市场，把真正具有特色的东西挖掘出来，这也是洋专家非常突出的特点。特色意识的突出也使一个旅游目的地真正具有自己的特色，真正能够在市场上树立自己的形象。当然，很多人会质疑，中华文化源远流长，博大精深，洋专家在此工作三个月、半年，如何能够把中国的文化吃透，如何能知道哪些东西是真正的好东西，确实存在这个问题。但另一方面，凡是文化差异性比较大的东西，洋专家兴趣更浓厚，因为他们是用一种国际眼光，更能够体会文化的独特性。但是有时也会形成看法的冲突，也反映了一些普遍性的问题，各地做规划请国内的规划专家，也会有看法上的冲突：专家看着很好的东西，当地可能觉得不好，因为司空见惯，而当地觉得很好的东西，专家未必评价很高。

（三）向古人学什么

在旅游规划发展中，进一步引发我们思考的是，不但要向洋人学习，而且要向古人学习，向民间学习。很多古人形成的东西，包括现在民间形成的活的文化里面都有很深的文化内涵，都值得旅游规划专家去研讨，去进一步的挖掘，去全面的整合。实际上，古人和老百姓有几点意识是很强的，虽然这种意识没有完全清楚地表述出来，但是在他们的作品中突出地存在和表现出来了。

1. 环境意识

这种环境意识表现在各个方面。"天下名山僧占多"，观察所有的寺庙，可以看到，几乎没有一个寺庙不在环境好的地方，没有一个寺庙周围不是树林郁郁葱葱。各个传统景点也是这样，包括西北很多地方，如果人们看见一片树林了，就知道一个景点到了，这是一种天然的环境意识，而且在实际建设中，这种环境意识融合到各个方面。

2. 融合意识

古人不是从旅游的角度来研究问题，而是从生存的角度和生活的角度来处理这些问题，所以就形成了很好的人与自然的融合，融合意识非常强，手法也非常巧妙，形成了"天人合一"的局面。无论看古代建筑，还是看民间建筑，很多地方的民居与自然的和谐达到了极其协调的程度，"天人合一"的感觉非常之强，现在很多新建筑恰恰破坏了这样的感觉。

3. 文化意识

不管是寺庙类的建筑、宫廷类的建筑，还是很多民居类的建筑，都有很强的文化意识。同时古人的很多设计手法，包括造园造景的手法非常周密，借景、障景等等，在教科书上都有定论。这些东西对于我们来说也要很好地学习，很好地继承。

4. 小中见大

最突出、最典型的是苏州园林，通过各种造园手法，形成小中见大的效果，也体现了中华文化的底蕴。同时，不管是小尺度的园林，还是大尺度的景区，都注重山水相间。"天人合一"的一个具体体现就是山水相间，古人在这方面的意识非常强烈，只是没有用现代语言表述而已。其中一些已经成为定规，比如讲究山水相间的关系，"山无水不秀，水无山不幽"。大到自然山水，小到园林山水，实际上都体现了这种关系。

这些意识和手法，需要在旅游规划的过程之中很好地汲取，进一步发扬光大。现在，凡是看着不舒服的建筑都是近年的新建筑，也有很多是老百姓自己做的建筑，城市化在发展，农村的老百姓也在追求城市化，然而，追求的却是这一套表面的东西，反而放弃了传统的精华。"天人合一"的规划思路、设计手法和实际效果始终是我们应该遵循的。

所以，在旅游规划方面，包括在很多具体项目的设计上，国内规划专家不如洋人，亦不如古人，这是一个现实。当然，也不能厚古薄今，厚洋薄中，只要洋人干的活就是好活，古人干的活就是好活，并不完全如此。我们需要继承古人，但是也需要批判地继承。我们需要借鉴洋人，但是也不能简单地模仿。所以，我们有一个新的历史任务，就是要创造新世纪的新型旅游文化，新型旅游文化的创造首先要从旅游规划开始。所谓"先进文化的发展方向"，具体到旅游规划领域就是要创造新文化，这种新文化应该是既借鉴洋人的，又继承古人的，同时融合为我们自己的，这才能够创造出一种新型文化来。

二、旅游规划的现状

近年旅游规划比较火热，但就整个旅游市场而言，这只是热点之一，旅游市场最热的是假日旅游，这是需求热，其次是投资热，由投资热引发了旅游规划热。

（一）旅游规划需求的产生

当前，产生普遍性的旅游规划需求，主要有几个原因。一是旅游大发展的趋势使旅游规划的重要性和对旅游规划的需求超越了任何一个时期。二是一些工作性的原因，也产生了很多具体要求，比如旅游国债项目的一个前提要求就是必须要有规划，要保障项目的质量，就必须有相应的规划，否则项目就没有足够的质量。

除上述原因之外，就是一批高端项目，从一开始就瞄准了国际规划公司。如主办亚洲博鳌论坛的博鳌镇，在万泉河的出海口，是河海相交之处，自然条件很好，规划为一个水城项目，聘请的是澳大利亚的规划专家，花费不菲，但钱有所值。聘请国内的规划专家做不出这样的规划。这就看出当前国内规划专家和国际上相比，还有一个相当的距离。

（二）旅游规划供给的膨胀

从供给角度来看，如果需要给予定位，规划工作者就是产品的提供者，是生产者。规划工作者提供了旅游市场上的一种特殊商品，就是旅游规划，这种商品知识含量很高，也有一部分科技含量。该商品包括三个层面，第一个层面是区域性的旅游发展总体规划，第二个层面是项目规划，第三个层面是项目设计。这三个层面越往下越难做，越往下越能较量出真的水平来。

从目前的状况分析，已经形成了几个态势。

第一是多学科介入。目前旅游规划已经不是一个单一学科，而是各个学科都在介入旅游规划，传统的是城市规划师、建筑师，之后是地理学者、地质学者，后来就是经济学者、市场学者。现在来看，还需要新的学科进入。最近产生了一批规划，由于一些新的学科介入，提高了规划水平，也变成了目前的一个发展态势。

第二是全方位开展。这是从规划层次来说，纵向的是从上到下，从国家级一直到乡镇级，都在开展规划。另外一方面是从项目规划到旅游区规划，一直到旅游市场规划，各种规划也都在开展。

第三是共同探索。旅游规划还谈不上成熟，还处在共同探索的过程之中，在这个过程中，要逐步积累经验，相互参照，也是一个相互促进。

第四是逐步提高。从现在的规划文本来说，水平比前几年有了大的提高，因而，需要总结出一些具有普遍指导意义的规律、原则，这一条件已经基本成熟。当前，既出现一批旅游规划方面的理论研究著作，也有一批实证研究著作。总体来说，旅游规划是一个经验学科，应该更多注重实证分析。

（三）供求关系逐步发生变化

一是规划的深化。在发展的过程中，规划产品的细分化也越来越多。当前区域性发展总体规划的需求高峰已经基本过去，下一步势必就要把精力集中在项目规划方面，甚至深入到项目设计。此时，已经有专家难以适应，因为技术性更强，就使另一方面的专家突显出来。比如有的旅游规划班子里增加了投资专家，有详细的投资分析，甚至具体到投资渠道和客户，使规划更具有可操作性，这样的规划就比较到位。可是这不是每个人都能做到的，所以自然有一批专家可以迎接下一步项目规划的高峰，但是有一些专家现在也明显不足，尤其是既懂旅游又懂投资又懂金融的复合型专家在国内还非常少。投资专家很多，但是不懂旅游，旅游专家也很多，但不懂投资，所以能够双跨的人才，现在看起来是急缺的人才，一个规划班子里如果能有这样的人才，规划就能够保证相应的操作性，也能有相应的质量。

二是规划产品供过于求的局面也开始产生，在市场上的表现就是削价竞争，造成规划市场秩序的混乱。这未必是个好现象，所谓"便宜没好货"，作为委托单位来说，总觉得少花点钱是好事，但是钱花少了保证不了最终的质量，这样的规划还不如不做。这个问题现在还是苗头，但影响堪忧。因为规划质量下降实际上也是整个规划队伍总体形象的下降，旅游规划队伍虽然总体规模不大，但是也有一个可持续发展的问题。从正面来看，主流还是非常好，体现了供求双方共同发展的客观态势。

（四）规划的作用

从目前的状况来说，做旅游规划热情很高，总体来说都是认真负责的，产生了比较好的作用与效果。

1. 一个好的旅游发展总体规划至少会起到四个方面的作用

第一是提高认识。通过规划的研究过程，编制过程，使上上下下各个方面的认识得到提升，这是普遍的作用。很多地方编制旅游规划之始，都会遇到编制规划到底有何用的问题。在规划编制过程中，由于已经形成了一些比较好的模式，所以对旅游发展及对旅游规划本身的认识都相应提高。

第二是凝聚力量。由于明确了规划的战略目标和一系列具体的操作方式，所以在很大程度上把各个方面的力量凝聚起来，围绕着目标努力。一是凝聚政府各个部门的力量。旅游规划不单纯是旅游局的事，在规划编制的过程中，会涉及到各个部门。旅游规划是综合性的规划，因此，可以通过规划来凝聚各个部门的力量，这也是旅游业综合性发展的一种反映。旅游是把社会各个方面的资源全面整合，在发展过程中，旅游的产业链逐步延长，产业面逐步扩大，同时形成一个新的旅游产业群，旅游的发展就变成了很多行业发展的新的经济增长点。在旅游规划的编制过程中，很多行业和部门都已认识到这一点，旅游规划自然就不是单纯的部门规划，而变成了一个旅游目的地的总体规划，变成了当地政府经济、社会、文化发展总体战略的一个重要组成部分。二是凝聚当地民众的力量。现在很多社区旅游也在发展，社区资源也可以利用起来作为旅游项目来开展。三是凝聚乡村的力量，现在很多农村的老百姓勒紧裤腰带开发旅游，就是看到了旅游在脱贫致富方面的作用，同时达到了城乡之间的沟通。所以旅游规划凝聚力量是多方面的。

第三是树立形象。在旅游发展的总体规划中，一个地方旅游的主题形象如何树立，是规划里最难的一个题目。比如北京大学做江苏旅游规划，拿了五分之一的资金委托一个咨询公司策划江苏的旅游品牌，树立江苏的旅游形象，最后提出了"梦江苏—温情与水"的概念，以及"优雅江苏"等延伸形象。规划还没有正式通过评审的时候，有一些旅游企业在活动里就开始进行宣传了，说明这个形象的树立是符合江苏实际的。同样，各个旅游项目的规划，包括旅游区的规划也涉及到这个问题，主题形象怎么树立，在市场上如何突出特色，形成差异。比如全国八个野生动物园里，上海野生动物园和其它的野生动物园有什么区别，在市场上怎么树立起独特的形象来，需要研究。否则所有的野生动物园全部都一样，游客看完一个就已经足够。主题形象的树立涉及到长远发展的市场定位，是一个关键的问题。严格来说，旅游发展总体规划里可以不涉及这个问题，但是现在已经形成了一个模式，必须要涉及该问题，所以就变成规划中的一个大问题。

第四个作用是促进发展。一是好的规划有利于招商引资。这是促进发展的一个最大实效，投资商要投资项目，除了看现场之外，很重要的就是看有没有好的规划，一个好的规划能够打动人，招商引资就比较容易，很多地方在规划上下功夫也是为此。二是通过规划形成区域内的发展分工。这是更重要的一个作用，避免造成近距离、低水平的重复建设，避免左手和右手打架。三是促进市场经营方面的合理分工。好项目往往一哄而上，造成该项目必然的共同死亡。这是一个很普遍的状况，如果在规划里能够解决这个问题，形成合理的产品分工和市场分工，就会有根本性的改观。也就是说，各个部门在各个地方规划里都有一个自己的位置，包括各类旅游企业及每一个企业在规划里也有一个位置，大规划如此，小规划也如此。比如一个省级旅游发展规划，规划里就涉及到这个省在文化方面的定位，城市建设方面的定位，一些独特的资源形成特色产业的定位，甚至涉及到农业、工业等。这样的定位清楚了，能够形成合理的分工体系，对促进发展的意义来说比招商引资还要大。总体来说，规划文本经过修订之后，本身也是一个资源，也是一个产品，一定要把这个资源充分加以利用，把这个产品销售出去，而且要起到更大的作用。

2. 从客观效果来说，还有三种效果

第一种效果是"要钱"。一个规划起到的作用是可以成为争取投资的依据，尤其是项目规划。第二，真正好的规划应该是一个赚钱的规划，除了能够"要钱"之外本身还能够赚钱。就是通过规划的落实，实际的操作，滚动起来能够赚钱，这样就需要对一个地区或项目的投入产出、市场、营销各个方面进行更深入的分析。做到这一步，规划难度很大，也能考验规划者的水平。比如，有一个规划已经完成三年，还没有评审，规划组长要创立一个新模式，就是规划制定之后，先运转三年，三年之内见到了实际效果再评审，用实际效果来评审，说明这个规划是有分量的。在这个过程之中，组长给项目和银行牵线，从银行争取了 10 亿元的授信额度，对于该项目发展来说，资金短缺的问题从根本上解决了。银行为什么敢给 10 亿额度呢？银行分析中一个重要的依据就是规划。当然，一个规划是否赚钱，除了规划本身的质量和可操作性之外，也有当地实施的水平问题，还有当地实施的人才团队问题，以及实施的制度环境问题，规划只是一个方面。第三，好的规划既要花钱，也要能赚钱。只是花钱，但是不明确赚钱的规划，不是成功的规划。当然有一些公益性项目，建一个城市公园，建一片城市绿地，因为不收费，可以只花钱，不考虑赚钱。但是真正作为一个经营性的项目或者一个地方的总体发展规划，必须要避免只花钱而不赚钱。

（五）规划的实施

从实施的角度来说，大体需要三个方面的工作。

第一个方面是规划的宣传。要使规划能够达到家喻户晓的程度，能够在社会上形成比较广泛的影响，就需要比较系统的多方式的宣传。第二个方面是培训，在规划编制的过程之中就需要加强培训，这是世界旅游组织专家在中国做项目的一条重要经验。起初委托方有相应的要求，在这个过程之中，洋专家进行培训，远来的和尚好念经，有助于提高对旅游的认识。有些省级旅游规划培训，直接培训各市、县主管旅游的副市长、副县长。在规划编制和实施过程之中加强培训，对规划的实施有很大的作用。第三个方面是规划的法规化。可以通过几个层次来处理规划成果，比如四川省规划评审通过后，又通过省人大审定批准，把这个规划上升到法规的层次。也有的地方是通过省政府常务会议讨论通过，也有相应的法规性质。

实施中还有两个问题。一个是在规划的实施过程中涉及到的建设项目问题，规划的一个重要作用就是给建设项目提供了依据，但是作为一个总体发展规划和具体建设项目之间的衔接，还需要一个中间环节，研究具体项目的进行还需要具体规划、具体策划、具体设计。但是，不少人认为有了总体规划就可以操作，总体规划里面涉及的有些项目可以直接操作，但有些内容还只是作为一个依据，需要下一步规划更深层次地开展，把中间环节补足，才能实实在在发展。另一个问题，没有规划不能建设，这是一个前提，但是并不意味着没有争议才能建设。任何问题都会有争议，尤其是在旅游的发展问题上，人人都有当旅游者的体验，人人都有住饭店的经历，所以人人都觉得自己是专家，都有充分的发言权。所以如果没有争议了才能建设，或者把所有争议的事情都统一了才能建设，只会产生两个结果，一是错过很多发展机遇，二是有争议的项目最后变成一个模棱两可的项目，一个没有特色的项目，也就意味着是在市场上没有竞争力的项目，这两种情况都可能存在，所以既需要强调"没有规划不能建设"，又要避免"没有争议才能建设"的误区。

三、旅游规划的发展趋势

随着工业化和城市化的推进,旅游的发展是必然的,也意味着旅游规划的任务会越来越多,但是会有所变化。可以归纳为十个发展趋势,每个趋势后边都有一个"化"字,这字本身具有统计学意义,反映的是一个动态的发展过程,所以可以称之为趋势。

(一)规划需求的普遍化

现在各地政府包括各个项目单位,甚至包括普通民众,都明白一个地方要开发,先要做好规划,不能胡搞乱搞。现在已经基本形成共识,下一步会更加强化,形成一个普遍的趋势。

(二)规划产品多样化

多样化的规划产品体现在四个方面。

一是综合化的规划产品。最初的旅游规划是资源规划为多,之后大体上是产品规划,逐步发展成为产品规划+市场规划。现在综合性越来越强,下一步就会普遍产生旅游目的地规划。随着旅游的发展,认识也越来越深刻,这样综合化的旅游目的地规划就会提升。

二是专门化的规划产品。专门化的规划产品会越来越多,要求越来越细,也越来越专业。世界旅游组织给海南做的规划实际上既是一个海南旅游发展总体规划,同时也是一个度假旅游的专门规划,一个度假目的地的规划。规划越来越具体,越来越细,很多规划项目都会朝这个方向努力。

三是跨区域的组合规划。也可称为专项规划,也会逐步产生。例如,为了配合三峡工程的进展,有关部门做了一个跨区域的组合性规划,区域三峡旅游发展规划。从三峡库区来说,是湖北、重庆一省一市,但是区域规划同时还涉及到湖南和贵州,形成四个省区市的组合性规划。这个模式产生之后,各地都会逐步效仿,在各个省也有省内的跨区域问题,也会逐步产生。

四是规划外延的扩大化。亦即不限于单纯的旅游规划,而是外延逐步扩大。从发展过程来看,几个层面同时存在,首先是一地方旅游资源的整合问题,然后发展到一地方的旅游资源和社会资源全面整合的问题,进一步发展到旅游和其他产业的交叉。所以,起初研究开发旅游景点,后来研究开发旅游区,再后来研究旅游房地产问题,现在有些地方又提升了一个层次,叫做特色社区、主题城镇。随着城市功能化的逐步分化,各类功能区也在逐步产生。旅游规划的外延不断扩大,不仅涉及开发旅游点的问题,而是整个城市怎么发展,是城市里的主题社区以及主题城镇怎么发展。比如上海把九个郊区县都明确了各自的主题,虽然这个事情建筑学界和文物学界都有争议,但是至少体现了一种方向。如松江的主题是大学城，但是松江有很多古迹，古迹和现代大学城怎么结合，在规划里首先需要处理好这些关系和问题。

（三）专家学科多元化

当前，国际上规划专家班子的组成，集中了所有涉及到的学科，如占有非常重要位置的环境学家、生态学家。国内现在也在往这个趋势发展。专家学科多元化，根本的是以发展为目标，就是要通过旅游促进一个地方的经济社会文化发展。这是更大的考验，不仅规划的牵头人是不是名专家很重要，同时也要看规划班子，规划团队是不是由多学科组成。这也就意味着技术性的要求越来越细，在规划早期拍拍脑袋就能做规划的状况，也会一去不复返了。所谓"点子大王出金点子"，严格地说不是市场经济的现象，而是在市场经济早期，在大多数人一知半解的时候，"点子大王"起的作用。真正到了比较规范的时候，"点子大王"的这种"点子"意义不大，更重要的是实实在在的技术分析与市场调查是否做到位。旅游规划专家的下一步的发展要求也当如此。到现在为止，"点子大王"还在起作用，当然这是个好事，至少"点子"还有需求，这反映了发展中但是不成熟的状况。中国现在的规划专家大体形成了一套模式，可是从技术角度来说，离成熟还有相当距离。

（四）组织模式多样化

从组织模式来看，近年来，形成了多样化且不断创新的模式。大体上有三种模式。第一种模式是官、产、学相结合的模式，地方政府、旅游企业和旅游规划专家相结合，以旅游规划专家为主形成的模式。这一模式的好处是充分兼顾了各种人的眼光，充分考虑到各方面的利益。第二种模式是中外结合以中方为主的模式，随着洋专家的进入，这个模式已经逐步开始。湖北等几个规划都是中方中标，规划组再聘请外国专家，充分借鉴外国人的国际眼光和国际经验。第三种模式是中央单位和地方专家相结合的模式，目的也是充分借鉴各个方面的经验。本地专家有一个优势，即情况极熟，但是同时也产生一个问题，就是缺乏比较，使他们容易沉溺于本地的情况之中。之所以吸引外国专家也是要解决这个问题，就是我们对中国的情况熟悉，但也容易沉溺其中，所以时常产生自己估价过高的情况。模式的多样化主要是上述几种情况，从发展的角度看，还会有更重要的趋势，即充分吸引社区民众参与规划制定。当前一些地方乡村旅游的开展，如果没有社区民众的参与，很多规划思路就难以落实。因为农民有农民的审美观，如果不把事情讲透，农民也会搞破坏性的建设，因为在其心目中这就叫城市化。今后各种各样的规划组织模式都会发生，形成一个百花齐放的局面，对规划水平的提高和规划实施的效果会起到比较好的作用。

（五）规划趋向的差异化

在以往的发展过程中，很多规划有偏颇，形成模仿性的规划，结果就产生了规划趋同的现象。但是旅游规划根本的生命力是寻求差异，因为旅游者寻求的就是差异，所以这种模式性的规划严格地说是偷懒的事情。当然原因很多，但是从本质上来说是个偷懒。一个规划的核心是创新，创新必须创出差异，这也是规划所面临的最大困难，如果没有差异，形不成特色，这样的规划是立不住的。这里有实际问题，尤其是当地党政领导的眼光，对规划组的意见起了很大的约束作用。如苏州的东山建成了一个宾馆，号称是国宾馆，这个宾馆的建设过程是这样的：领导出国，看见好宾馆就拍照，拍了一堆照片，按照这些照片建宾馆。宾馆获得了不少人的赞赏，但是这个宾馆只学到了西方文化的皮毛，而没有学到西方文化的本质，所以看着很洋，但是实际上很土，类似这样的东西很多。领导眼界比较宽，把看到的好的东西想直接引用过来，但是没有研究消化，这样对规划编制组本身就有影响。但是如果不突出差异化，不挖掘当地的特色，在这个基础上整合当地资源，规划就很难成功。反过来说，规划趋向差异化就必然成为下一个发展趋势。

（六）规划核心人本化

所谓以人为本，必须要注重细节，在每一个细节上考虑旅游者的实际需要。比如在旅游旺季，主要的旅游区、旅游点都有排队现象，甚至排大队，这是普遍的。我们的方式是自然排队，不顾客人的感受。但是从人本主义的角度来说，比如美国的迪斯尼或者好莱坞，首先是把排队的栏杆设计成弯曲的，这样看着就不是一个长队，而是一个弯弯曲曲的队，让人看着心里舒服，同时在每一个拐角的地方都有一个电视，可以一边看着电视一边排队，在排队的过程之中时常再出来几个电影卡通人物，一边逗乐一边跟大家照相，这个时间并不短，但是给人的感觉是一个愉快的排队过程。从这个角度来说，一个好的规划一定是突出人本主义的规划，在洋规划中，最突出的也是这一点。因为他们是多少年市场经济培育积累出来的，严格遵循以人为本的理念，这种理念可以说已经渗入到他们的本能。但对于我们来说，还需要提倡，还需要呼吁，还需要在各个方面把关。

（七）开发保护一体化

在保护的基础上开发，通过开发促进保护，这是下一步规划里必须强调注重的根本问题。很多专家的观点和行为虽然有些偏颇，但客观来说起了一个作用，遏制了一些不文明的开发行为和短期行为。从发展的角度来说，一个好的旅游规划必须是一个能够可持续发展的规划，必须是一个开发保护一体化的规划。在这些方面，旅游规划专家从开始保护的意识就很强，但是在一些技术问题上认识未必完全一致。比如设计国家生态旅游示范区的建设标准，第一条就是生态优先原则，但生态优先又必须是以能够利用为基础，如果绝对化地强调生态，则不如封山。但这种绝对化的保护是不可取的，即使封山，山里的老百姓何以为计？深山出美景，但是深山也出贫困，所以要解决贫困得靠美景，如果不利用美景，贫困本身就会毁了美景。如果不开发旅游，当地老百姓要开荒、要炸山、要取石头，对环境也是破坏。所以在开发和保护的关系上，年年争论，各执一词，实际上核心问题还是要按照"三个代表"的重要思想来研究如何达到开发保护的一体化，否则，会形成一个理想化的保护，理念化的思维，都是原则，但实际上什么都做不到，这种状况造成的破坏更大。类似这样的问题，在开发和保护的关系方面体现很多，也存在一些比较严重的问题，最典型的一是景区城市化，二是乡村庸俗化。在这些问题上需要探讨，需要调整，但是不能压抑发展来调整。

（八）技术手段全面化

从现状来看，各类旅游规划的技术手段已经比较完备了，要不断采用各类新技术，逐步推行技术方法。比如，规划的基础是先做抽样调查，这是市场分析的重要依据。同时普遍采用了 SWOT 分析方法，就是优势、机遇、风险、威胁分析，这个方法比较简洁，而且能够比较清楚地表述问题。同类比较方法较多，尤其是项目规划上，提出若干参照系，对每个参照系进行分析，好的东西吸取过来，不符合实际的要扬弃。规划的表现形式上也越来越丰富，最初看规划就是两张图，现在不但有图还有各种各样的多媒体表现方式，有的甚至有了立体模型。在这些方面，一些实力比较强的规划单位和国际水平已经不相上下，还会进一步发展，逐步上台阶。

（九）规划人才国际化

规划人才的国际化，主要体现在引进洋专家方面，也体现在中国专家的国际化。即有些国内专家作为国际专家吸引到洋专家团队，进入世界旅游组织的规划人才库，这是最近的新现象。以国家旅游局的一位市场专家为例，该专家在安徽"两山一湖"的规划组中做市场分析，其成果获得世界旅游组织的高度赞赏，认为该专家是不可多得的人才，被列入其人才库。由此形成了中国专家就地国际化的局面。另外，随着规划人才团队的水平越来越高，也有一个"走出去"的问题。中国的规划专家水平已经达到相当水平，具备在世界旅游组织的规划招标中中标的可能性。通过人才的"引进来"和"走出去"，进一步开拓旅游规划发展国际化的局面。

（十）规划市场规范化

目前的旅游规划市场虽然不大，但是也存在一些问题，需要进一步规范化。2000 年国家旅游局出台了《旅游发展规划管理办法》，这是一个总则性的办法。并于同年颁布《旅游规划设计单位资质认定暂行办法》，这主要是规范规划设计单位和规划者。2003 年出台了《旅游规划通则》国家标准和《旅游资源调查、分类与评价》国家标准。2005 年颁布了《旅游规划设计单位资质等级认定管理办法》。

这几个相关管理办法和标准下发实施之后，为旅游规划市场上建立了规则，但仍需进一步规范秩序。市场秩序的规范既是保护规划的委托单位，也是保护规划的编制单位，对供求两方面都是保护。为使市场更有规范，更有秩序，当前还需要加大力度。秩序问题的影响虽然不大，但是，一些问题的产生如规划不到位，也可能对委托单位造成百分之百的影响。以农民为例，有些农民用尽积蓄做规划，如果规划不理想，则辜负农民的委托。类似的问题需要规范，在规范的过程之中，旅游规划市场才能够更健康地培育和发展起来。

总之，在旅游规划的发展过程中，应该强调如下内容：第一，差异是规划之道。一个规划必须要寻求差异，突出差异。第二，特色是规划之魂。不管是作为一个省，还是作为一个地市，甚至作为一个项目规划，都要努力来突出自己的特色。第三，文化是规划之基。特色的形成要靠文化，不仅要挖掘传统文化，还应在此过程中创造新型的旅游文化。第四，人才是规划之本。所以，培育人才，吸引人才，形成完整的人才团队，创造良好的人才机制，是竞争中的根本问题。规划的过程中，如果能够以上述四点来努力开拓，将会很好地促进全国的旅游发展。规划是投资的基础，旅游开发热在全国范围内继续，规划热也会持续。规划市场的状况主流是非常好的，市场本身也培育了一批高质量、高水平的规划人才，尽管有良莠不齐的情况，也有各种情况的发生。

从根本上来说，要形成一个规划人才健康成长的环境，形成一个规划委托单位能够更合理地寻找人才，选拔人才的机制。当前规划招标的方式已经成为普遍的方式，这是市场化的方式。随着规划市场的发展，仍需进一步深化方式方法，比如认定旅游规划师、条件比较成熟的时机评出一批中国旅游规划大师。这既能帮助旅游规划工作者在市场上树品牌，又能帮助规划委托单位在市场上认品牌，减少双方的交易成本，提高市场竞争力。当然，需要综合考虑，统筹规划，要根据市场条件的成熟情况，逐步推出各项工作安排。从总体来说，按照上述旅游规划发展的十个趋势，市场会更加向好，规划对于中国旅游发展的基础性作用也会越来越大。

第三节 旅游规划与旅游法

旅游法，是中国旅游人 30 年的期盼，是全国旅游 6000 万人的心愿。更重要的，是人民群众生活权利的保障和权益的保护，是每年上亿人次入境旅游者的质量提升。没有法律的规定，旅游的地位得不到落实，旅游者的权益得不到保障，旅游企业始终在歧视性的环境中成长。

中国旅游发展33年，已经形成了规模巨大的产业，占国民经济总量的二十分之一，在国际上也居于前列。另一方面，旅游已经成为生活要素，是现代社会不可缺少的组成部分。但是各级政府和相关部门对于旅游发展的认识和重视，到今天仍然很不相称，往往是重视在口头上，落实在口号上；拥护在原则上，否定在具体上。今天，幸福已经成为社会主旋律，如果说制造业解决了短缺，服务业提升了便利，那么，旅游业就是幸福的载体。幸福是一种感受，幸福是一个过程，幸福在路上。另一方面，幸福需要保障，从旅游角度看，就格外需要旅游法出台。

从长远来看，中国旅游仍然面临着大发展的局面。发展涉及到总量增长、结构优化和水平提高。未来五年，据不完全统计，中国旅游投资总量将达到5万亿人民币，反映了各地对旅游发展的实实在在的决心和力度。钱怎么来，钱怎么花，钱怎么赚，必然成为未来的突出问题，这就更加需要旅游规划的指导和推进，旅游规划成为发展的龙头。

一、旅游规划的特点和功能

旅游具有综合性强、关联度高、拉动面大的特点，因此涉及到各个方面。客观来看，旅游不仅仅是行业，而且是一个领域，既是生活领域，也是发展领域。在实际生活中，旅游覆盖第一、第二、第三产业，跨越各个部门，形成了以旅游需求为基础，以旅游市场为平台，各个产业全面交融的格局。旅游成为各个地方新的经济发展点，成为各个部门新的工作增长点。这就要求我们超出旅游看旅游，超出地方说地方，超出城市论城市，超出项目选项目。

由此，形成旅游规划的特点。首先，旅游规划是综合性规划，涉及到资源评价、理念提升、区域发展、空间布局、产业培育、市场营销、利益协调等各个方面，这是任何规划类型无法取代的。其次，旅游规划是市场性规划。以资源为基础，以市场为主导，以产业为主体，以提升幸福为目的，这就使旅游规划对应市场需求，推动市场机制培育，构造了长远的发展格局。再次，旅游规划是文化性规划，文化是旅游的灵魂，旅游是文化的载体，通过挖掘人脉、地脉、文脉，使各类文化资源得以全面保护和积极利用，在旅游市场平台上达到效益最大化。

再次，使旅游规划形成了特有的功能。一是整合资源，在旅游经营中，没有不可用的资源。既包括传统的自然旅游资源和人文旅游资源，也包括一系列新兴旅游资源，重点是社会旅游资源、生活旅游资源、环境旅游资源和产业旅游资源。二是形成产品，通过丰富的产品形态，组合了社会的方方面面，创造了新的格局。三是树立形象，旅游品牌与城市品牌基本上等位、等质、等效，抓旅游的同时也是抓城市知名度、地方美誉度。四是发展覆盖，旅游的超越性规定了旅游规划的超越性，在超越过程中形成一种导向，自然要求旅游规划的科学性、前瞻性和可行性。

二、旅游规划的层次性

旅游规划是多层次的，涉及国家层面、地方层面、跨区域层面和功能区层面。这些层面不是简单的工作划分或认识划分，而是在现实中产生，并在现实中起到重要作用。其中涉及几个问题。

第一，旅游发展为什么要强化规划？在市场经济发达国家，并没有形成中国这样系统完整的旅游规划行为，其原因并不在于不需要。一方面，他们是按照一个自然经济过程和市场发育过程发展的。另一方面，"小政府，大社会"的体制，即使有规划，也很难全面实施。但是在这个过程中，旅游发展也在不断试错，付出了相应的代价。中国也是如此，在80年代和90年代上半期，由于规划不力，近距离低水平的建设项目时有发生，尤其是当年的"百宫大战"，不仅使投资商，也使地方政府付出了相应的代价。而最近15年来，随着一系列规划规则的建立和实际中的强化，情况大有好转，已经见到了良好的效果。现在有些国家包括发达国家的旅游部门、企业和专家，对中国这方面的情况评价较高。

第二，旅游规划为什么要分层次？对于中国这样一个大国，各地发展情况差别极大，做什么事情都不可能"一刀切"。但规划层次不仅是空间范围问题，而是不同层面有不同的关注点，有不同的要求，产生不同的作用。其中国家层面的规划主要在于理念提升和宏观指导，而到省市级规划则应当体现在市场分析和一些大的项目上。

第三，为什么需要跨区域规划？其他方面的规划如城市规划、风景名胜区规划基本功能是空间配置，而旅游者的行程并不以行政区划为准，一个行程可能只在一个点，也可能涉及几个行政区域。这样就自然需要跨区域的规划要求，一是跨区域的旅游发展规划，比如长三角；二是区域相交的规划，比如川渝黔地区；三是产品的跨区域规划，形成旅游线路规划。

第四，为什么需要功能区规划？首先应明确旅游功能区的概念，凡是以旅游功能为主体，形成相应特殊功能的规模较大的区域都可以视为旅游功能区，择其大者，有各类旅游区、国家旅游度假区、国家生态旅游示范区、城市旅游综合体、乡村旅游区等，其中多数有了正式的称号，有些没有称号但是已经在市场上形成影响。其他还有各种各样的称号，如国家风景名胜区、国家森林公园、国家地质公园、国家水利风景区等。这些功能区，有共性，即客观需要依托旅游市场，以谋求现实的运行和可持续发展。但更多的是各有各的特点，也各有各的侧重点。在现实中，已经形成交叉交融的格局。但由于行政体制的隔离，使其共性淹没，个性突出,在实践中也容易各说各的,使操作者莫衷一是,形成"神仙打架,凡人遭殃"的局面。因此,需要加以相应的规定。从发展角度看,各类功能区将会逐步产生融合局面,从而和几个层面的发展规划形成更加紧密的关系,基本上会上延一层,或者成为上一层次规划的主要内容。按照国际经验,功能区规划是规划主体,功能区规划更具有强制性,也更具有操作性。在这个基础上形成各级旅游发展规划。

三、规划入法

第一,规划先行。

从实践角度看,中国旅游规划和旅游发展基本是同步的,在发展过程中积累经验,锻炼人才,在实践中产生了较大作用,很多地方都提出"无规划,不建设"。国家层面规划、区域层面规划、跨区域规划、功能区规划的设置,总体是对政府行为的约束,不应当对市场产生负面作用。其中的功能区规划,在现实中往往是官商共同开发,有分工也有合作,规划先行的必要性更加突出。规划先行是从源头促进发展。通过规划的组织、编制、评审等技术环节,形成共识,通过规划的实施,配置资源,开发市场,促进发展,形成新的格局。

第二,规划入法。

规划入法,是极具中国特色的创造,旅游规划纳入法律轨道的必要性在于,从发展的视角看,作为一个发展中大国,对于旅游规划、策划、设计等各个方面,仍然会有长期的需求,也有必要进行规范。

一是有利于约束政府行为。从文本中约束和规范的主体来看,主要是各级政府,可以通过法律方式,使地方政府在发展旅游中,减少盲目性,避免投资冲动,以取得更好的结果。而且会起到较好的示范效应,体现科学发展。因此,虽然具有中国特色,但也是普适经验。旅游涉及方方面面,每一个地方、每一个行业和每一个部门在其中都有其合理的位置,也有相应的发展机动性。这不是旅游局一个职能部门能够覆盖和解决的,旅游法明确规定和规范的行为主体是各级政府。明确政府应当做什么,不能做什么,设定政府行为边界,市场就有边界,更有利于长远发展。

二是有利于旅游目的地的环境保护和文化多样性建设。现实中存在一种认识误区是:资源部门,注重保护;旅游部门是市场部门,注重开发。一方面,这是对政府部门职能划分的曲解,另一方面,也违背常识。旅游销售的就是文化和环境,特色是旅游之魂,文化是旅游之基,环境是旅游之根,质量是旅游之本。因此,旅游工作者要比文化工作者更重视文化的挖掘,要比城建工作者更重视城市特色的营造,要比环境工作者更重视环境的绿化与美化,要比文物工作者更重视文物的保护，加强旅游目的地的环境保护和文化多样性建设势必成为旅游发展的重中之重。因此，旅游更需要法律保障。

三是有利于旅游的可持续发展。旅游的可持续发展首先涉及到资源的保护及其保护基础上的利用，如何明确定义旅游资源的保护，如何看待实践中资源在多样化利用中得到的积极保护，协调保护与开发的矛盾，需要建立共识。同时，旅游企业的可持续发展也必然涉及到各个方面，不仅包括资源的可持续，也包括文化可持续，就业可持续，社会可持续，经营可持续。这些都需要法律法规的介入和原则指导。

第三，法规协调。

法规协调是相关法规在这些内容上的协调问题。经济形态从来都是混合经济形态，其中包括政府与市场的混合，包括各个行业之间的混合，自然经济是自然混合，计划经济是地下混合，市场经济是市场导向，中国处于过渡形态，旅游法自然也涉及法规的交叉与协调，这些问题从法理上并无冲突，只在于部门利益的阻隔，而这并不能构成充足的理由。在政府强势主导，条块分割的传统体制之下，作为综合立法的旅游法也将推动体制机制的改革，而旅游规划入法恰恰是其中的一个突破点。

第四节　旅游情景规划与项目体验设计

情景规划是进行商业分析的一种工具，首先列举出并分析商业活动下一步可能发生的情况，为每种情况各建立一个模型，分别得出在该情况发生时，进一步会发生什么样的情况，需要制定什么样的方案，然后进行多模型多方案的比较，再得出相应的判断。人借助情景，把抽象的、一般的、将来的和可能的等等这些直接感受不到的情况，转化为具体的、特殊的、当下的和确定的等等能直接感受到的情况；或者广义地说，对于任何直接感受成本过大的情况，情景规划降低了人感受它的成本。当今国际上，情景规划不是从原则和信念出发，而是强调从对商业实际的敏捷和切身感受出发。简单地说，就像一场游戏，在种种因素不断变化的条件下，游戏的局中人进行互动，这就使情景规划作为商业战略分析的作用和意义越来越突出。

随着体验经济的提出，体验设计的概念也顺理成章地提出来了，而且已经使用得非常普遍。什么是体验设计呢？谢佐夫在《体验设计》中的定义是：体验设计是将消费者的参与融入设计中，是企业把服务作为舞台，产品作为道具，环境作为布景，使消费者在商业环境过程中感受到美好的体验过程。体验设计以消费者的参与为前提，以消费体验为核心，几层意思恰恰对应旅游规划中的设计，最终使消费者在活动中感受到美好的体验。体验设计是不断发展的一种成长方式，是一个动态演进的关联系统化成长方式，这样的一个创新成长的方式也是情景体验经济的体验方式，在这个崭新的实践领域内，最需要的，是富有创造激情和想象力的设计。

一、理念与原则

（一）总体理念

辞典里对情景的解释是情形与景象，这用在旅游中很直接，深一步理解，就是"情"与"景"的联合，情是主体，景是客体，一是以情入景，二是情因景生，三是触景生情，最终是要达到情景交融的境界。通常我们只研究客体，而实际上必须在这样的认识基础上来研究旅游的情景规划，把主客体放在一起来研究。一个项目，针对什么样的市场群是很重要的问题，不同的主体对同一个客体引发的感受是不同的，这就启发我们更深一步地研究旅游项目的情景规划问题。

体验与旅游有着直接的天然的联系，旅游者花费了时间、精力和金钱，增长的是阅历，得到的是体验。体验经济会刺激体验消费，旅游体验经济就是通过各个方面的努力使游客达到深度体验。说旅游是体验经济和阅历产业，是因为有了深度体验，客人才觉得这个地方好，如果只能让客人走马观花，过后没有深入的体验和阅历可以回味，从经营角度来说，这就是失败。如果客人到一个地方旅游，回来能够跟别人讲一些感触很深的细节，这就是成功。把握了细节就是把握了体验设计的深层。在旅游规划的体验设计中必须把握细节。

从旅游开发建设角度看，主要存在三个问题：第一，城市一般化。在城市建设中，很多城市追求国际化、现代化发展。但国际化、现代化的真正内涵是什么，怎么才能做到位，尚没有正确的认识。结果千城一面，失去了自己的特色和个性，这个问题已经多年，现在还要加上失去了人本主义的问题，比如，很多城市的公共设施建设只要面子，不要里子，使客人极不方便。第二，景区城市化。在旅游景区的开发中，追求城市化的体现一是求大，二是求洋，三是求多，四是求全。在对资源的利用上，往往是有什么资源就建什么项目，有多少资源就建多少项目。而缺乏集中力量，利用当地的比较优势，于是往往做不到位。结果是一流的资源做成了二流的产品，二流的资源做成了三流的产品。第三，农村庸俗化。中国民居自古讲究天人合一，而现在白瓷砖外立面比比皆是，田园诗意荡然无存。这些问题中，没有技术和财力的制约，相当一部分是设计的时候该考虑而没有考虑到，只能说明设计思路的失败。

因此，一切从旅游者的角度出发，研究旅游者所接触的情景，研究旅游者的需求，设计旅游者的体验，是旅游中情景规划和体验设计的总体理念，也是情景规划和体验设计实际操作的核心。如果违背了这个总体理念，只从经营者自己的概念出发，就会天马行空地蹦出许多并不关注游客，但自己感觉很好，因此市场反应必然平平的项目来。

（二）**基本原则**

1. 市场导向

（1）具体实际的市场调查

市场导向不是空的，一个好的市场导向方案，要了解旅游者究竟需要什么，为什么对这个地方感兴趣，创造什么样的产品才能使他们感兴趣，这是对市场调查的基本要求。

（2）多方法结合的市场分析

即使有了具体实际的进行市场调查的观念，现实中很多调查的原始数据的准确性仍然有限，所以，一般的方法是数据分析和专家分析相结合。这又带来一个问题：专家的感受和专家的眼光不能代表旅游者的眼光。现阶段，一般来说，专家的眼光除了比较专业外，品位也比较高，有时候就要求项目尽善尽美，但真正尽善尽美的项目市场可能反而不接受。专家眼光的问题是可能将非专业的个人好恶披上专业的外衣，明白了这一点，就可以在结合时更好地取长补短，而不是两头受制，如果还难决断，就需要运用市场情景规划的工具。

（3）引导潮流的市场前瞻

最近20年是中国经济社会变化最快的时期，在这段时间里，有一个非常鲜明的现象就是消费现象的变化极快。每当意识到适应需求的时候，可能已经落后于市场潮流了，因此必须研究市场的前瞻性。中国人喜欢赶潮流，这与国际上很不一样，现在的中国年轻人虽然开始调整了，但在相当长的一段时期内，总体而言，还是赶时髦的消费方式。市场前瞻，本质上是引导潮流。这个工作难度很大，首先要做好相应的预测，然后研究如何引导，在这里，情景规划分析工具的作用就体现出来了，可以用来预测变化，预防风险。

（4）目光远大的市场培育

市场是培育出来的，没有提供出来的产品，自然不可能有市场。一方面，在被动地适应市场和主动地培育市场的关系中，存在着消长，英雄也可以造时势，在市场培育上，企业的主观能动性可以有更大程度的发挥。另一方面，很多市场热点也不能自动形成，要靠企业培育。因此，企业需要通过市场的前瞻，来培育一个现实的市场。比如饮食有一个规律，小时候常吃什么，决定着一辈子的喜好。美国人很聪明，麦当劳、肯德基首先培养儿童，为了培养儿童，在寸土寸金营业场所里，开辟儿童乐园，策划活动，设计卡通礼物，组织生日晚会，无所不用其极。总之，规划儿童的情景，设计儿童的体验，促成体验消费。培养了儿童，就培育了一代终生的消费者。旅游，或者说玩，在我国是新兴的市场需求，但玩所在的情景可以由企业来规划，玩出的体验可以由企业来设计。在这方面下了工夫，从小培养旅游消费者，以后就是终生旅游消费者。

市场培育和市场前瞻是分不开的，首先要从市场前瞻的角度挖掘潜在的需求，研究现在提供什么样的产品来适应孩子的需要。国内不重视背包旅游者，但是其他很多国家都非常看重。为什么？因为背包旅游者是潜在的客人，很多国家设立青年旅馆，政府用财政来补贴。现在的高中生、大学生，背着包到中国来了一趟，有了体验，等到成为白领，就会拖家带口再来。一个国家宏观上就是通过这样的方式培养终生旅游顾客的，我国现在对这个问题很不重视，原因很简单，官员五年任期，这就从制度上限制了政府决策者的前瞻性。企业也是同样，如果企图的是一桩50年的大事业，就应该懂得培育市场，特别是培育终生顾客和挖掘潜在需求。

2. 强化特色

在经济学中所描述的完全竞争的市场里，随着投入的追加和其他企业的进入，一个产品的平均利润是下降的，边际收益是递减的，要想获得超额利润，只有垄断市场。垄断市场有很多种方式，其中有三种方式应该反对：一是利用"委托一代理"关系的道德风险，用拉关系、行贿等手段形成和保持的市场垄断；二是政府利用强制力代替市场应发挥的职能，人为禁止其他企业进入某一市场，而形成的个别企业的垄断；三是不法势力在商业领域使用暴力威逼、恐吓而形成的市场垄断。除这三种方式外，其他的垄断方式都是对社会经济总体有益无害的，也就是应该被允许和鼓励的。

旅游企业要形成市场垄断性，以获取合理的高额利润，就需要下工夫形成唯一性。而形成唯一性就是要有差异，就是要强化特色。在市场竞争里，有些条件，比如有特色的资源，是可遇不可求的。而同样的资源条件，如果把差异性做出来，在某种意义上也能促成唯一性，形成相对的垄断优势。茫茫大地上的每一寸土地都有它的魂与灵，每个项目，其实本身都具有潜在的特色，问题是如何把特色挖掘出来、把握住。在特色的问题上，首先要坚信有特色，不存在绝对没有特色的项目，其次是如何把特色挖掘出来，最后要落到如何强化特色上来，温泉本来是同质化的产品，做出特色很难，但日本形成并强化了其温泉的特色，因此，日本的温泉世界第一。

3. 以人为本

"以人为本"这个概念全天下都在用，但真正能够做到的不多。旅游业要做到，就需要认真研究游客到底需要什么，尤其是细节问题。我国推行旅游区的 A 级标准，一个主导性的目标就是要让业界关注细节，关注细节就是关注旅游者的需求，这也是情景规划和体验设计要达到的基本目的。但是目前很多要求还是"气派性"的要求，但在只追求气派的同时，往往牺牲了客人的方便、舒适。情景规划和体验设计要求在客人需求的基础上再来研究其他，尤其要体现在细节上，只有细节到位才能使客人有好的体验，这是我们能否做到以人为本的根本问题。

二、旅游情景规划

旅游的情景规划，主要包括五个方面。

（一）内容规划

一个旅游项目的内容，首先是树立主题。比如山野性的，一般是以观光为主题，再加上登山、探险、生态，这些是副主题。再比如一个文物类的景区，主题就是文物，但是仅有主题不行，主题之下要有内容，这些内容彼此之间要有相应的内在逻辑关系，这样才能更好地体现主题。如果这些内容毫无关联，整个园区就没有了主题。

此外，在市场情景规划的基础上，旅游的情景规划中的"情景"还必须是要加以"编织"的情景，或者说，必须要讲故事。可以这样说，对于企业来说，最有意义的事情，莫过于给每一件商品赋予一个故事。要做好项目的旅游规划，对故事的"编织"比资源本身更重要。在主题公园的设计上，要讲一个故事，要构造出一个甚至一组人物。一个旅游项目要在市场中保持长盛不衰的生命力，也一定需要讲故事。至今为止，我们讲故事的意识还普遍不够强，传统思路是从资源出发，先看当地有什么资源，再研究这些资源空间上怎么配置，市场上怎么组织，规划就基本定型了。这样操作使项目缺少一个灵魂，就像画面优美、节奏鲜明的一部影片，但是没有故事，是不可能吸引观众的，更谈不上与其他项目进行文化层面的竞争了。如果说一个旅游项目能够有主题故事，就搭起了一座通向目标市场中游客较深层次旅游休闲趣味的桥梁，就形成了这个项目的核心。编故事的实质是根据情感定义市场。在经营项目的过程中，旅游产品基于原有资源的部分已经成为一个附属，主要的目的是体现故事的意义。这一点在以文化为主的景区里，尤其突出。再次是出特色。尤其是在同质化程度比较高的情况下，如何出特色是根本问题。如海滨、温泉、森林、溶洞等规划，都涉及这个难题。其中，出新奇、重细节、多文化、增功能等，都是同中出异的有效方式。

（二）功能规划

功能规划就是要合理体现行、游、住、食、购、娱 6 要素的功能。这 6 个功能在大景区都要求体现出来，小景区不一定求全，比如不一定有住宿功能，但其他功能都要有。具体说，功能规划，就是什么样的地方摆什么样的具体项目，在功能上要有完整的连接，不能形成内在冲突，最终形成景区动静结合的复合功能。

（三）空间规划

1. 项目布局

项目布局是研究在既定的空间内安排什么项目，每个项目在什么位置。其中的关键是项目与主题的关系，在实践中，要努力做到主题指导项目，项目服从主题，而不能相反，更不能各唱各的调。

2. 土地利用

土地利用就是研究可用的土地有多少，怎么用，功能性的利用还需要进一步的研究。很重要的一点是要研究将来土地如何升值，如何发展。这里经常涉及到"做减法"的问题，就是把相应的地块留下来，将来所产生的利润可能更大，如果不考虑做减法，只考虑做加法，将来想改也改不了。另一方面是强化环境保护。但在实际操作过程中，首先是研究利益问题，其次才是环境保护等问题，只有把环境保护和利益连在一起，专家、业主、官员和群众才能取得共识，规划也才能真正落实。

3. 山形水系

在一些比较大的景区，山形水系的基本框架的构筑要讲究。第一要合理布局。如果让游客的游览过程中，发现很多地方都别扭，这就是缺乏情景规划和体验设计的表现。第二要变化多端。没有变化就缺乏相应的吸引力，古人造园讲究小中见大、曲径通幽，实际上就是通过变化，通过借景和障景等造园手法体现出园林的价值。

（四）时间规划

1. 全年时间利用

一个景区，需要研究全年性的利用能达到什么样的程度，季节性的利用能达到什么样的程度。一个经营性的项目，必须考虑全年时间利用的问题，目标就是争取全年的利用时间更长，方式一是增加冬游项目，二是增加室内项目，三是改变市场形象，四是调整消费观念，五是开展复合旅游。现在很多地方都在推出冬季旅游节目，就是一种尝试。

2. 游客的总体时间安排

要对应游客的总体时间安排进行情景规划。首先是客人从出发地到旅游目的地的时间当然越短越好。随着交通条件的改善，这部分时间会逐步调整。更重要的问题是，客人从出发地到旅游目的地的时间和游览时间的比例关系。一般说，这个比例关系的底线是1：1，游客去目的地的途中花一个小时，往返是两个小时，这个目的地的游览时间至少应该是两个小时。很多地方的资源都受游客路途时间的约束，存在是否适宜开发和市场范围的问题。在时间规划中，游客的总体时间安排是核心问题。

3. 游览时间的规划

游览时间的规划首要要解决的是游览时间从哪里开始，即到哪个地方算是进入景区。现在一般是到了售票处以后才算开始进入，这是一个特大的误区。一般来说，离开干线公路，到了支线公路，就应该算进入景区，但由于普遍存在误区，所以支线路的状况不是很好。干线要求通畅，而支线已经进入景区，对客人来说，就要求缓慢了，在规划设计方面，这条路的主要功能除了交通以外，应该是景观路、文化路、生态路，应该尽可能使旅游者感觉兴奋，这就需要在一路上规划设计一些景观。而不是像现在这样，只有到了景区门口，看到一块大牌子，才觉得到了景区。这个问题在全国各地普遍存在，而且在景区的规划设计里，也是一个薄弱之处。

第二是从进了景区门口开始，要规划设计客人的活动，争取达到每5分钟有一个兴奋点，每15分钟有一个高潮。兴奋点就是客人看了有意思，高潮就是客人到这里，要欢呼，要停下来照相。如果在整个游览过程中，始终有这样的感觉，客人就会说这个地方真好。爬山时这样的感觉最典型，山上的风景很好，但是路上很枯燥。所以沿途必须要修一些景观，否则虽然景色很好，但再好的景色也会被一路的枯燥抵消。

4. 综合消费时间安排

综合消费时间就是以游览时间为主体，加上其他消费时间的时间总和。包括排队、买瓶矿泉水、坐下来抽支烟、吃点东西、看看热闹，等等。

大体概念是3个小时有一顿饭，6个小时可以住一个晚上。很多景区之所以摆脱不了单一的门票经济，就是在时间规划上没有下工夫。游客走马观花，行色匆匆，经营者没有其他的收入来源，只好在门票上做文章。如果增加一些综合消费项目，就会增加一些停留时间，在增加了收入来源的同时，最终也要累计到综合消费时间上。而综合消费时间一旦超过了3小时、6小时的临界线，收入模式就会上台阶。基本的要求是兴奋持续，高潮迭出，当然，也不可能永远兴奋，永远高潮，到了一些地段让游客缓一缓、静一静，本身也是调剂性的体验。

（五）情景规划的方法

1. 根据情景，形成思路

做规划设计不能不考虑当地的实情，也不能不考虑当地的资源，实际上，到了现场，情景是客观存在的。按照资源挖掘特色，按照特色在规划师、设计师的头脑里形成情景。总体来说，根据情景，将资源、特色、空间逐一分析，就形成了一个基本根据，在这个基础上，形成思路。

2. 创设情景，探索创新

以现有的资源形成情景，只是对应现状，但从规划的角度讲，要求立足现在，规划未来，因此在一定意义上不能完全根据现在的情景，而需要创设未来的情景。就是要设立主要故事、主题人物，形成主题文化，最终创设新的情景。这个新的情景在一定意义上是虚拟式的，能不能形成新的创新点，景区规划的灵魂是什么，最终在感性上都依赖于这个情景，这也需要不断进一步创设新的情景，以拓宽创新的天地。

3. 模拟情景，创设规划

从技术手段来说，形成效果图，本身就是情景规划的方法。反过来，从情景规划的角度，方法可以有多种，比如写一个脚本，先构思一个故事，塑造人物，在构思的过程中，就包括了每经过 5 分钟、15 分钟，将到达什么地点。围绕故事的主题，模拟出总的情景。在模拟的过程中还需要研究变化，市场情景的导向在这里发挥作用，研究不同的变化情况，就会形成不同的模拟情景。现在的技术手段比较发达，可以采取多种模拟的方式，这些模拟方式一是作为商业战略的分析工具，二是要从旅游者需求出发，模拟情景，以形成新的规划。

4. 特定情景，特定规划

一类情况是特殊的情景，比如某个资源非常独特，就构成一个特定的情景，需要特定的规划。然而，在一般的资源条件下，如何来构造特定的情景呢？这就需要规划的专业化。比如同样是温泉，以民族文化为特定情景，就可以形成特殊的规划设计。总之，特定情景，特定规划，需要研究特殊资源、特殊需要，使规划能够专业化、细分化。

三、旅游项目体验设计

（一）从直接体验出发

从直接体验出发，就是从旅游者的切身体验出发，这里涉及到几个要点：

1. 视觉设计

视觉设计是一个景区最基本的设计，视觉设计是研究景观，就是以观为主体。

（1）建筑景观

建筑景观应该比较丰富，但又要和谐统一。古代的建筑景观，在和谐统一方面比较突出，但是景观的丰富性不够，相当一些是靠体量大，产生一种震撼感。比如故宫，没有更多的变化，就是靠体量大，体现出皇家的威严气势。苏州园林在这一点上设计得比较好，建筑景观非常丰富，方寸之间形成很多样的变化，又很和谐。

（2）文化景观

文化景观是通过多样化的元素来吸引人的，体现的方式很多，什么都可以被视为文化景观。比如很多村子里,标语口号很多,这些都是文化景观,但却是有破坏效果的文化景观。从正面来说,有些城市在建筑的外立面上适当点缀一些建筑符号、文化符号,游客就会觉得这个城市有味道。

(3) 环境景观

环境景观首先是对环境的总体要求。一是自然环境协调,不一定只是绿,比如大漠景观,莽莽苍苍的感觉,就是协调。二是要注重细节。如果把细节做到位,一般的设计都会做好,如果做不好,再好的资源也会被破坏。比如广东的宝墨园,本身没有明显的特色,主题也并不明确,但是细节非常到位,环境景观极好,这样就使游客看后觉得是精品,靠细节弥补了主题的不足。

(4) 视线走廊

在整个游览过程中,游客会形成一个视线走廊,视觉设计要使游客保持一个美好的视线感觉,有的地方需要贯通,有的地方需要遮蔽,总体来说应该是形断神不断,作用是通过视线走廊把各个景观连接起来。

2. 活动设计

活动设计是以活动为中心的设计,一般来说,一个景区的体验设计里,必须要有活动,没有活动就是一个死的景区。在日常生活中有这样的体验,一片草原,如果没有牛、马、羊,觉得很死,如果有的话,就觉得活了。从设计的角度,要研究这些,一般有大活动、小活动、表演性活动和参与性活动四类。搞大活动,比如每天晚上有一个花车游行。小活动,比如做游艺。表演性的活动比较好组织,不过表演的方式容易单一,广场式的表演应该是最重要的方式,在国外也经常可以看到,尤其是旅游城市,只要有一个小广场,肯定有人表演,这样游客就觉得这个城市活了。参与性活动的主要对象是青少年和儿童,他们的顾忌很少,但是要想发动中年以上的参与,基本上没有可能性,有些地方搞参与性的活动,设想很好,却经常冷场,大家都希望别人上去自己当观众。中国不像意大利、巴西,天然就有狂欢的文化。在活动设计方面,必须研究我国的一些独到的地方,研究我国特有的东西,才能把活动设计出来。

3. 声音设计

景区最大的声音是游客的声音,研究声音设计,从某种意义上讲,也是研究如何反噪音。有这样几个方面:

(1) 设立集中地点

需要集中的场所,让客人集中,那里都是噪音,但是不能持续,必须通过其他的手段来调整。

(2) 背景声音

需要研究一些背景音乐,有些景区有背景音乐,但如果达到了吵人的程度,就不叫背景音乐了。景区的背景音乐需要研究，严格地说，应该是和主题紧密联系在一起的，和故事紧密联系在一起的。放什么样的背景音乐，在什么样的区域播多长时间，都需要研究。

（3）表演性的声音

比如这个地方有点儿鸟叫，那个地方有林涛吼。

4. 味觉设计

需要运用多种手段，达到多种效果，尤其主题公园有许多特殊的项目。比如客人要到这个地方寻求刺激，就要制造出嗅觉的效果。味道的设计要以清为目的，首先要清新，进一步要清香，尤其一些人群比较集中的景区，都有这个问题。人群聚集在一起都有汗味，在做规划设计的时候，可以在适当的地方喷一点儿清香剂，把味道调整过来，让游客有更好的体验。

5. 触觉设计

人都有触觉，触觉设计以细为根本。在景区游览的过程中，第一是脚的触觉，第二是手的触觉，第三是全身心的触觉。

（1）触觉深入

触觉本身会引导深入体验。比如有的雕像，大家都去摸，时间长了，光滑细腻，触感非常好。

（2）触摸兴奋

除了触觉之外，再加上其他的文化内涵，摸起来就觉得很兴奋。意大利的一个地方有一个雕塑，张着大口，传说你要是说谎话，这个口就会把你咬住，你不说谎话就没事，游客都会进去摸一下，都在这儿照相。

（3）触摸特色

景区的很多节目，只能看不能摸不行，要通过摸，让游客产生不同的感觉。比如南非有一个黄金的旅游景点，谁要能一只手拿起一块黄金来，就可以把它拿走。这就是触摸特色，至少给人们提供了一个体验机会。

（二）从功能出发

从功能出发和从体验出发是紧密结合在一起的。

1. 行

第一是上文讲的支线功能的设计，只强调交通不行，应该按景观路、生态路、文化路、交通路的四路合一来设计，使大家没有到景区就感觉进入了景区，这样会减少客人的烦躁程度，增加兴奋程度。

第二是游线设计，也应该通过多种手段达到多重效果。一种是曲径通幽，另外一种方式是豁然开朗，要两种方式结合。在游线设计中，更需要考虑的是安全，这个问题在设计里也经常碰到，有的项目视觉设计一流，但是安全隐患问题大，这就和游线设计有关系。

2. 游览

旅游包括两个方面，一是观赏，二是游览。这就得研究怎样让客人关注，尤其是让客人的精神参与进去。针对不同的游客，有不同的参与方式。比如同样是看庙，文物专家看文物，建筑专家看建筑，一般的客人看外表，信教的最投入，但都是精神参与，要把这些精神参与转化成兴奋，甚至高潮。

3. 住宿

一般而言，大景区才研究住的问题，现在比较好的地方形成景观房产，要使住宿功能和园子紧密结合在一起，主题建筑更要突出特点。研究主题建筑和景观房产怎么与景区主题紧密融合，如果仍用一般造园子的概念，就会花冤枉钱。

在旅游项目的体验设计中，应该是将住宿功能、主题建筑、景观房产加在一起，目的是使客人达到深度体验。现在有一些大景区的住宿，实际上是把城市房地产直接搬过来，这在文化上基本是失败的。

4. 饮食

在吃的方面，基本是大小结合，快慢结合，这里的核心也是如何突出特色，从主题出发，突出特点。有的是集大成的方式，也有的是餐游结合的方式，如船宴，需要在文化内涵上，在体验设计上如何来研究餐饮。

5. 购物

在园区的内部不需要设立更多的购物点，只能在特别的地点设立。按照国际方式，购物区集中在出口，这时客人把园子已经看过了，出来以后自然产生购物的愿望。出口必须经过商场，这种方法是多年经验积累出来的。从功能的角度来说，体验设计的五大法则之一，也要求一定要有纪念性的东西。

6. 娱乐

娱乐设计的一般方式是有一个比较集中的游乐场所，同时考虑广场性的表演方式，广场的方式更贴近游客，但这在国内还基本没有。

从功能出发，基本是这6要素。设计时也要考虑6要素之间的相关关系，主要是怎么达到优化配置。核心问题是游，就是一切围绕着游，进行优化配置，围绕着游，进行游线的设计，然后考虑什么地方安排餐饮，什么地方安排购物，什么地方安排娱乐，把从体验出发的几个设计融在一起，这样的设计就会达到一流的水平。

总之，旅游情景规划与体验设计，最终达到的目标有两个方面：

第一，从旅游者的体验出发，要达到全身心的感受；从规划设计者出发，要达到全方位的创造。通过全方位的创造，使旅游者的体验达到全身心的感受。从景区的质量角度，要求是"可进入、可停留、可欣赏、可享受、可回味"。提出可欣赏而不是可观赏，因为观赏只是看，欣赏必须有精神参与；可享受达到了一个比较高的境界，目前只是可感受，很多东西不可享受，甚至我们很少从享受这个角度来研究客人的体验。只有方方面面设计到位了，才让客人真正可享受。最后是可回味。达到可回味是达到最高的境界。

第二，创新需要创意，创意需要追求差异，差异产生特色，特色产生吸引力，吸引力提升竞争力。做旅游景区的规划设计，这几句话是根本，这里不只是差异和特色的问题，还涉及到指导性的原则，即最终还是要以人为本。道理很简单，有什么体验，有什么需求，就怎么做。很多东西从专家的眼光来说觉得很好，但是对旅游者来说觉得并不好，专家比较集中在资源、特色，可是旅游者更多的眼光是集中在体验上。所以，到一个地方，哪怕资源一般，如果真能形成一个全身心的良好体验，这个地方就是好地方。除了追求特殊体验，比如追求探险，不要求环境舒适，一般来说，必须在情景规划和体验设计这方面下大的工夫，很多东西就可以到位了。不管资源条件如何，从产品上做成精品，而精品主要是体验。精品做出来，在市场上的吸引力自然有了，竞争力自然有了，分析下一步可能产生的变化，可能产生的风险，基本上也可以把握了，进一步研究投资回报也在其中了。

第六章 旅游项目运营

第一节 景区十困

全国景区面临的困难具有普遍性,可谓"使命似海,问题如山"。

从使命上看,主要有五个层面。一是稳定价格,景区涨价社会影响很大;二是提升质量,每个景区,包括 5A 景区质量都有进一步提升的空间;三是拉动形象,景区不仅要拉动自身的形象,实际上还要拉动地方形象、创造地方品牌;四是扩大市场,每个景区客源的增长,不但对其有意义,对其它地方也具有客源分流的意义;五是带动发展,景区发展能够带动地方发展,近年来,一个景区成功的带动效应,不仅限于一个乡、一个县,而且能够带动更大尺度的地方发展。

从问题上看,首先是困惑,然后是困难。

景区普遍面临的困惑有三个方面。一是定位不准,即"是什么"的问题。比如云台山不就是一个山吗,是一个山水型景区,但如果这么定位就窄了;二是战略不清,即"为什么"的问题,现在大家都在思考到底怎样满足方方面面日益严格、提高的要求;三是思路不明,即"怎么办"的问题,具体采取哪些发展措施。

景区普遍面临的困难有很多种。一种是阶段性困难。阶段性困难随着发展有些就会过去,有些眼前觉得特别难的事,过几年就觉得不难了;二是条件性困难。即因为条件还不足所造成的困难,随着条件慢慢成熟,这些困难也就会过去;三是发展性困难。主要体现为很多发展掣肘因素,比如缺钱、缺好项目、缺好包装,面对这种困难要抱着"机会带来机会,条件创造条件"的态度,滚动发展。

景区发展困境天生、难处天成——生出来就困难,发展过程中更难,这是中国景区的一个独特之处。从定义来看,景区的概念是以自身旅游资源为主体形成的具有相应吸引力的区域,且以观光旅游为主体。这个定义本身就隐含了困难。从景区类型来看,有自然型、人文型、社会型、复合型(资源类型),有大型、中型、小型(规模类型),有 A 级景区和国家级、省级景区(等级类型),有国家级风景名胜区、国家级文保单位、国家级水利风景区、国家地质公园、国家森林公园、国家矿山公园（部门管理类型）等等。这些类型的划分也埋下了困难。

一、困难一：双重性质

（一）困难

一方面，旅游景区首先是旅游产品，其次需要经营，第三需要对应市场；另一方面，旅游景区又具有公益性、公共性、和谐性的要求。因此，景区具有双重性质，这是天然的困难。

如果作为一个制造业企业，作为一个商业企业，哪怕作为一个酒店或旅行社都不会有这种要求，但是对多数景区来说，基本上都是双重性质、双重要求，这就构造了一个非常大的困难。使我们很难像一个纯粹的企业这样来经营，又很难像一个纯粹的事业单位这样来运作。原来很多景区都是事业单位，现在很多仍然是事业单位企业化管理，所以市场化的好处沾了点边，可是对行政性的压力体会更深。

（二）对策

第一，价格形成机制。按理来说，既然作为一个企业，就应由市场供求关系来决定价格，这些年这方面还算是有所松动，即使有社会舆论，还有调整余地。但是景区价格的管理机制是强化公益性和和谐性，所以这就涉及到一个态度问题，既然我们认这个账，我们就得认这个事。

第二，补偿机制。补偿机制就是政府提供公共服务，一是一些基础设施，包括环保等等；二是形象宣传；三是社区协调，这方面各地政府付出了很大的努力，光靠景区自身是做不到的。但这是行政性的补偿机制，更重要的是市场性的补偿机制，需要通过多个方面的努力，使双重性的矛盾能够有所缓和，有所协调。2005年，杭州提出的"241"工程，即外来的客人如果在杭州能多停留24小时，杭州一年的旅游收入可以增加100亿。"241"工程需要具体落实，一是西湖周边的景点取消门票，一年减收6000万，这就需要一个补偿机制，随着门票的取消，原来出租设施的租金也提高了。因为客人来的多了，租金提高了，所以运营商得到了好处。客人一看免票，积极性就高了。虽然门票减收了6000万，但是由于设施租金的提高，一年增收了10亿，这就是一个市场化的补偿机制。景区的双重性质有矛盾，但是有一个行政补偿机制，有一个市场补偿机制，关键在于这两个机制的运作，如果运作到位了，这个矛盾就可以得到缓和。而且企业有企业的社会责任，也应该有责任承担一些这样的东西，所以就意味着要百分之百地当作一个企业来运作是不可能的。

第三，和谐共建。政府、开发商、景区、社区、游客，方方面面各得其所，各得其利，这个矛盾就可以得到比较好的缓和，但是在现实中经常碰到的是一些小的冲突。多年以来，无论是在工业企业，还是在房地产开发中，群体性的事件越来越多，冲突越来越厉害，因为大家感觉实际上在剥夺他们。可是在旅游开发方面，这么多年基本上没有发生过群体性事件，因为老百姓很清楚，搞旅游会带来利益，这基本上是一个共识，这个共识是在实践中产生的，经过三十年的发展，这对景区来说是比较有利的一面。

二、困难二：多头管理

（一）困难

现在景区的宏观管理格局是"九龙治水水更大，抽刀断水水更流"。景区到底归谁管说不清楚，这样一个多头管理格局也造成了现在景区很大的困难。客观来说，这就是部门割据和地方割据矛盾交织的结果。1999年我国开始推行景区的A级标准，十年时间，现在没有争议了，大家都觉得这事不错。可是开始推行的时候，很多人是持反对意见的，但是大家看到标准后，都觉得不错，既推动了景区发展，又能够在市场上树品牌。第一批4A景区评定的时候，得到了地方政府和景区的普遍欢迎，明明是一个好事，为什么还会有这么大的争议呢，实际上就是部门割据。现在来看，这个事情还没有扯清楚，这不仅是在A级标准上，凡是涉及到景区宏观管理，矛盾马上就开始产生了。

（二）对策

第一，部门管理职能化。现在部门的职能化管理一定意义上变成了占山为王，景区经常碰到这种情况。比如一座山，800米以上归谁管，800米以下归谁管，到山根底下又归谁管，作为一个景区这样很难经营。严格地说，部门的管理就是职能化管理，比如城建部门，是规划管理，文物部门是文物保护管理，宗教部门是宗教管理，旅游部门是质量管理责任。但很多老部门、大部门、强部门习惯于自己如何如何，所以就形成了"九龙治水水更大"，这样就需要强化职能管理的格局。

第二，综合管理属地化。说到底还是靠地方的综合管理，如果没有地方的综合管理，景区的日常运营很难运营下去，也很难做得下来。如果宏观管理本身没有矛盾，也不是困难，但是在现实中就变成了一个困难，所以这个问题说到底还有待于整个国家行政管理体制的改革。如有些人提出来，应该在国务院设立一个遗产管理局，所有的遗产单位直属国务院管理，依据是美国的国家公园都是联邦直属。美国可以，我们行吗？美国3亿人口，中国13亿人口，美国的国家公园里几乎没有居民，我们哪个地方没有老百姓？如果按照这样的格局，首先要把遗产范围之内所有的老百姓请出去，上千万移民，怎么可能做到？三峡工程百万移民，一直到现在问题还没解决。但是，如果确实能够达到部门管理职能化、综合管理属地化,这个困难就好解决,严格地说,都不成为一种困难,但这是干扰日常运作比较大的事情。

三、困难三：保护开发

（一）困难

保护与开发的矛盾也是扯不清的矛盾,这个问题两面事、两面理,实际上这里是部门利益、专家形式。现在有些专家口口声声谈保护,实际上背后有部门利益,也有个人利益,有的专家就是把保护当成他个人最大的利益,所有的事情都反对,所有的意见都激烈,这样来凸显自己的形象。这种形象的学术含量在哪里呢？所以这里同样也需要谋求一个共同点,尤其要避免先入为主、移花接木这样的误区。有一个观点,说景区就知道追求利益,所以要防备。但我们要问一句,追求利益错了吗？市场经济就是利益经济,国家不追求利益中国没有今天,企业不追求利益没有企业发展,要求企业不追求利益,那叫荒唐。景区是双重性质的,而且旅游和环境是天然耦合关系,卖的就是文化,卖的就是环境,怎么可能把卖的东西破坏了再去卖,那不是太荒唐了吗？现在的问题不在于这种争论,而在于实际的做法,从本质上来说,大家对环境文化是非常注重的,但是在具体的操作方式,包括在一些思路和理念上确有问题。比如山路要拓多宽,现在想对应观光旅游,路越宽越好,干线公路可以这么考虑,可是支线公路、景区路怎么能这么考虑？在实际的具体操作中,可能有些事有误区,有不当的一面。

（二）对策

要形成一个保护的动力机制,这也是旅游工作者的责任,在这一点上不能拘泥于专家的眼光,局限于专业的领域,要用无形开发有形,用有形承载无形,这样就可以把这个困难比较好地缓解下来。总体来说,特色是旅游之魂,文化是旅游之基,环境是旅游之根,质量是旅游之本。因此,旅游工作者要比文化工作者更重视文化的挖掘,要比城建工作者更重视城市特色的营造,要比环境工作者更重视环境的绿化与美化,要比文物工作者更重视文物的保护,加强旅游目的地的环境保护和文化多样性建设势必成为旅游发展的重中之重。

这个问题会长期争论下去,因为有些东西直接涉及到发展,直接涉及到利益。如1998年桂林旅游要上市,一开始的盘子里涉及到四个景点,在桂林论证了一次不成功,又到北京来论证,搞金融、搞证券的专家都赞成,搞环保、搞文化的都反对,而且说凡是上市就有腐败,真是想不到1998年还能听到1978年的语言。国家旅游局的态度是积极支持,有关部门的态度是坚决反对,因为证监会没有态度,最后没办法,把这四个景点从上市的盘子里抠下来。大概到现在为止十几年了,由于不能进入资本市场,影响景区发展,减少了大约1000亿的发展资金。所以这里不是简单的学术争论的问题，涉及到实践，也涉及到发展，这个问题到现在也没有解决，实际上涉及到一些部门利益问题。所以，现在很多事情想做大，做不出来，就是这个问题。这个问题短期解决不了，但是在这些方面至少不能给人家"口舌"，尤其是在一些技术层面上，必须要关注，把细节做到位，因为任何一个细节都可以放大。

四、困难四：单一模式

（一）困难

现在的景区单一经营模式是普遍的，而且单一景区，单一主题，单一观光，单一市场，单一门票，景区上来就问门票收入多少，很少问综合收入多少，大家好像没有综合收入的概念，这就意味着这种单一模式严重束缚了发展。

（二）对策

第一，景区建设的商业模式：卖什么。一是卖理念，载体是规划，有一个好的规划，理念就拔出来了。二是卖门票，这是长期的主体收入。三是卖名气，根本是创品牌。四是卖土地，这是卖升值空间，一般的景区面积都比较大，几平方公里都不算什么，大则上百平方公里，所以很自然，随着发展，土地就在升值，就有一个升值空间的问题。五是卖项目，尤其是一些大的景区也有二次招商，也有一些项目的承包转租这一类的事情，卖项目卖的是溢价空间。六是卖综合，要形成一个产业链，不止是现在这点东西。七是卖股份，多方式资本运作，不见得只有上市这一条路，采取其它的方式同样可以解决问题，而且形成多方式的资本运作，同时还涉及到体制转变的问题，就可以把现有的一些桎梏、一些困难打破。

第二，景区经营的商业模式：做什么。品牌、环境、知识、文化、娱乐、商品、体验，这七个都是做给旅游者的，成长空间、商业机会，是做给其它的商家的，这就是一个 B2C 的概念，也是一个 B2B 的概念，如果说建设和经营方面，有这样一个思路，就可以摆脱现在的单一模式。

第三，开发模式和经营模式的统一。衔接产业环，延长产业链，扩大产业面，形成产业群。这里需要解释的是衔接产业环，一个大的景区，市场是多层面的，产品也应该是多层面的，这样就需要研究各个产业环节之间的衔接。比如一个好的度假山庄，就要有相应配套的娱乐，相应配套的文化，包括相应配套的交通条件，这些东西都配在一起了，这个产业链条就完整了。现在大体上追求的还是人数加门票，所以这些问题不容易想到，但是从深化发展的角度来说，要构造一个完整的统一模式，就必然是这样一个过程，包括产业链、产业面和产业群。这些东西现在不做，将来会有危机。客人接待多少算是到头了？总不能没完没了，这么多年以来大景区的经营有一个规律性现象，比如山岳型景区，100 万人是一个坎，200万人是一个坎，到200万人以上，大体上就算到了极限，故宫一年接待800万人，这是不能比的，但是其它的一般来说都有这样的极限，人越多、品质越低，这是毫无疑问的。比如在黄金周时期，要求服务质量就不对，黄金周时期的要求是安全，我们不可能按照高峰期的需求来配置资源，任何一个企业都不能这么做，任何一个地方也不能这么做。所以这就需要把产业体系完整化，在开发的时候就考虑到，开发和经营形成一个统一的模式，这样才可能形成一个深度经营、深度发展的结果。

五、困难五：产品单薄

（一）困难

工业企业有产品周期论，实际上工业企业的产品周期产生的原因主要是技术更新换代，使原来的老产品被淘汰掉，这是很自然的，工业的周期性是非常强的。国际上有的专家把这个理论套到旅游上，提出旅游产品周期论，我不太赞成这一观点。因为景区基本没有这样的技术制约，而且有独特性所形成的相对垄断性，峨眉山再过一万年还是峨眉山，故宫再过一万年还是故宫。另一方面，消费者是一代一代成长的，只有老市场，没有老产品。所以简单套用，说产品老化，看起来是个困难，实际上不是老，而是薄，核心问题是现在的产品单薄，就是单一的观光产品。景区首先讲风景，实际上风景、风光、风情、风物、风貌，五个"风"连在一起。在追寻风情的时候，就不是简单的视角感受了，追求风物的时候，也同样是这样，风貌是综合，如果只把眼光放在风景、风光上，显然是不行的。我国有很多机构做国家风景名胜区的规划，他们都在强调保护，但是这儿怎么发展提都不提，这样的规划有什么指导意义？所以核心是要从市场出发，把单薄这个弱点克服掉。

客人要增长阅历，这是传统的要求，从观光的角度，看的越多越好。而现在是体验一个过程，要求越来越深化，所以这里应该是眼、耳、鼻、舌、身、心、神的全面体验。原来讲风景、讲风光，强调的是视觉感受，视觉感受必然是第一位的，现在一定是全面把握，包括5A景区在内，有很多都是薄弱的，都缺乏这种意识。所以进一步就需要体验设计，景区的视觉设计都很注重，但听觉设计、嗅觉设计、触觉设计、运动觉的设计等，这一系列的问题都忽略了。只有这些设计到位了，才是真正一流的景区。现在的状况是景观不错，方便度、舒适度都很差。到发达国家去看，景观没好到哪儿去，但是方便和舒适。由此，就自然形成了综合的感觉，这种感觉就是享受的，就是幸福的。这可以说是现在市场的一个根本性变化，这个变化不在于产品老化，而是在于产品的设施，以及内容的单薄。

人文类旅游产品现在很有说头，很少看头，很没玩头，而自然类的产品很少说头，很少看头，同样很没玩头，所以就要在这个基础上研究有没有搞头。自然类的产品同质化很强，这就需要在同质中追求异质，挖掘自身的特色，与文化相结合，异质化的产品一般来说都是文化类的产品，但是在异质中要防止同质。比如四大佛山，五台山壮阔、峨眉山幽深、九华山朴素、普陀山雅致，各有各的特点，这是古人给我们造出来的东西，我们现在比古人差太多了，古人有很大的耐心，一个山几百年才培育出来，我们现在恨不得几十天就把它干完，因为我们处在工业化发展中期，什么事都急，但未必有好效果。

另外就是未必花钱的就是好事，现在糟蹋钱的事太多了，而且有一个规律，越是落后的地方，糟蹋钱糟蹋得越凶。实际上这里还是一个根本，就是发展思路、发展观念的问题，从上到下都存在这个问题。

(二) 对策

第一，环境大产品。弥补自然环境，提升人文环境，整治市容环境，强化休闲环境，优化交通环境，协调景观环境，严格保护环境，建设发展环境。下一步的竞争力就在此，在这个问题上普遍而言都比较薄弱，大家现在对自然环境比较注重了，但是人文环境如何呢？比如一个地方老百姓对外来者不友好，这就是一种恶劣的人文环境。再比如现在观光环境不错了，休闲环境如何？大家来了就是急匆匆，看完了就走，甚至看都不看，来了就拍照片，拍完照片就走，一问这个地方怎么样，还得看照片，这种行为方式早就过去了。所以要构造环境大产品来丰富运营模式。

第二，适度硬开发，强化软开发。这是现在一个新的转折点，尤其是对于5A景区来说，上5A的过程大把的投资已经花下去了，拿了5A牌，但是现在如果还是单一的运营模式，显然不行。所以就需要软开发，软开发是全面整合资源，尤其是要把一些文化性的东西挖掘出来，软开发不需要资金的大投入，但是需要文化的大投入，需要智慧的大投入。一定意义上，景区都面临着转型问题，从单一的观光模式转向复合型的发展模式。

六、困难六：需求转化

(一) 困难

客人的五种诉求是新、异、美、知、乐。新就是新鲜、新奇；异是差异、奇异，没有差异性就没有吸引力，要能达到奇异，就算达到一个比较高的点了；美是美观、美好，美观是一个视觉感受，美好是一个心理感受；知是感知、知识，一般来说旅游者不追求系统的知识，在感知的过程中零七八碎地接受了一些东西，觉得挺好；最终是乐，就是娱乐、欢乐，客人是从感受到感知的一个变化。好奇心，求知欲，审美感，爱美之心，健康之愿，天伦之乐，这些也都是普遍性的诉求，在不同时期会有不同的表现方式，在不同时期会形成不同的潮流。

现在是新需求产生，新需求转换，新需求分流。休闲、度假、商务、特种旅游，这些新的需求都在产生，这些新的需求本身也在转化，所以景区就产生了一个感觉，这些东西对我们会产生一个分流。这是新现象，但实际上这种转化不是分流的概念，这是一个伪问题。如果没有新需求出来，这里可能也差不多了。很简单，观光性需求基本是一次性需求，来看一次就行了。但是另一方面消费者在不断成长，总有没到这儿来过的人，所以一般来说，用新产品巩固老市场，用老产品开发新市场，因为老产品都是比较成熟的产品，在市场上的影响也比较大，所以要用老产品开发新市场，但是老市场是回头客，所以必须用新产品来巩固老市场。如果还局限于单一模式，分流就是必然。所以深入研究，就是作为一个景区自身怎么出新的东西，如果始终是这么一个模式，这么多年就这么打下来了，那恐怕就很难。

（二）对策

总体来看，需要一个综合性的认识，资源是复合型的资源，比如一个山是自然山、历史山、文化山、生态山、物产山、宗教山、军事山，资源本身就是复合型的资源。严格地说特别单一的资源不太多，现在能做到 5A 的一般都是复合型资源，只不过在这个复合型资源里，现在是单一化利用。所以复合型资源需要综合性利用，以观光为主体，然后休闲、度假、娱乐、运动、体验，自然而然就都做起来了。

其次是研究空间的扩大，一般而言，自然空间的扩大是有限的，所以这里不仅是自然空间，更重要的是生活空间，客人来了体验了一种异质生活，生活空间扩大了，再进一步是精神空间的扩大，如果达到了精神空间扩大，基本上就算做到位了。现在我们只追求自然空间，只追求景区的概念，而且景区还要扩充，一个景区变成十个景区，十个景区里有上百个景点，有人到上百个景点吗？这种单纯的自然空间扩大没有意义，这样的扩大一定意义上等于是自己和自己竞争，左手和右手打架。再进一步是培育生活型的产品，差异的环境，悠闲的心态，有品质的生活，这是一种非常高层面的追求，这就需要在产品上做出来，在项目上落下来，构造一些新的东西。

七、困难七：营销负重

（一）困难

现在景区的营销观念很强了，但是变成了营销的竞赛，变成了花钱的竞赛。一方面是现在确实观念提升了，客观来说有三类项目，一类叫建设性项目，一类叫活动性项目，一类叫市场性项目，这三类项目应该同等看待。一般的观念是，花钱修马路、盖房子可以，搞活动、搞市场大家总觉得这事不行，简单地说这就是土财主的观念。但是现在另一种情况产生了，中央电视台四分之一的广告收入都是旅游收入，现在一个景区一年花上千万的促销费，这已经不是少数了，上千万的促销费基本上是前些年一个省的促销费的概念，这么花钱什么时候是个头？性价比如何？绩效如何？现在都没有评估，这方面的钱也有冤枉钱。

严格地说，旅游宣传促销是三类信息，第一类是品牌性信息，在初期的时候注重品牌性信息，这是必然的，品牌性信息是让大家在海量的信息里知道你，解决的是客人到哪儿去的问题。第二类是服务性信息，服务性信息解决客人怎么去的问题，但我们往往在这个环节上薄弱了。服务性信息的跟进，现在在一定程度上比品牌性信息还要重要，因为这些5A景区，从品牌来说，现在基本上问题都不大了，当然，要想冲出亚洲走向世界，那是另外一回事，可是服务性信息的跟进现在变成了最薄弱的环节。方式很多，客人可以在网上查，但是确有一个要让客人更加方便的问题。第三类信息叫做后续性信息，卖东西现在都有后续服务，景区销售也应该有后续服务，后续服务做到位了，客人口口相传，这个作用更大。品牌性、服务性、后续性三类信息也要同等重视，现在品牌性信息有点过度，后边的信息都薄弱。

传统文化现代解读，传统资源现代产品，传统产品现代市场，传统不和现代结合，就意味着瞎忙，上来就说这儿有多好的资源，光说那些东西没用，能不能打动顾客的心，这是核心。要想打动顾客的心，就必须和现代需求，包括现代意识相结合，所以就有怎么现代解读的问题，这个问题也是普遍性的。

（二）对策

敢吹，会吹，经得起吹，注重形象宣传和产品促销的结合以及运营商和渠道商的结合。最终是从目的地营销到客源地建设。现在一般出去促销，就是一个产品说明会、一个新闻发布会，媒体在报纸上登一个豆腐块，旅行社在报纸上写上一句话，起多大作用？可是我们现在主要精力都放在这上面，消费者能接到的信息是三手、四手的信息，中间信息的折损非常之大，所以就需要研究一系列创新的方式，转化过来，形成客源地建设。比如峨眉山的直销店，就是一个很好的方式。再比如可以在北京、上海、广州开三个餐馆，这个餐馆就是景区的餐馆，相当于设三个办事处，因为开餐馆成本低，而且可以自己养活自己，饭口上卖当地的特色菜，饭店里所有的装修都是景区的图片，过了饭口是卖旅游，卖景区。一般的餐馆一天就是两个利用时段，可是作为一个主题餐馆，作为一个景区餐馆，可以全天利用，该卖餐的时候卖餐，卖餐也是在卖景区，大家看了一些图片就聊起来了，然后就说去一趟，马上旅游工作人员就组团，这就是一个客源地建设的方式。再比如直接到社区去营销，那个效果恐怕比弄几个豆腐块的效果要好得多。

所以这里确有有限的营销经费怎么才能花在刀口上的问题。电视上更多的是做品牌性信息，很重要的是做给当地的官员看，但是我们追求的是最终效果，所以这些问题都需要研究。

八、困难八：后起追赶

（一）困难

这些年来各地对旅游的重视程度大为提高，比如河南提出旅游立省，这是在工业化中期谋求后工业化时期的发展模式，是寻求产业结构的提升，产业结构的优化。但是全国现在普遍形成一个现象，有点资源就开发，思路就是建个景区，弄个门就开始收费，配套建两个酒店，弄两个旅行社，认为旅游就搞起来了，这是上世纪80年代的模式。可是这个模式现在挡不住，所以就形成了大批景区在不断产生，80年代的模式在不断复制，这对我们构成了严重的挑战，而且在运营方式上现在花样百出，新景区各有各的路数。比如农民、小开发商开发景区，给旅行社回扣等诸如此类的什么招都有。

进一步产生了一个现象，就是产能过剩。其它行业都有产能过剩，这个行业也有，只不过产能过剩这个话从旅游局来说不好说，旅游局要积极鼓励各地的积极性，推动发展。但是客观而言，今后这两年过去以后，产能过剩的局面必然发生，之后就会形成逆淘汰效应，所谓逆淘汰效应就是劣币驱逐良币。比如北京有一个典型，水关长城，就是农民弄的，北京的一日游，一车一车都跑水关长城去了，那里离八达岭长城就三公里，这也是长城，不知道蒙了多少外地的游客，一日五游变成北京非常严重的一个问题，而且这个问题不好解决，因为农民已经形成了利益共同体，和各个运营商连在一起了，要是这个车到这儿不停，农民敢上去打你，这就是典型的劣币驱逐良币的现象。更重要的是使一流的景区发挥不了效能，这就是更恶劣的后果。现在大家的感受还不清楚，一方面这批景区有领袖作用，另外一方面，人家也会借助领袖作用，李鬼胜过了李逵，这个情况也会发生。

（二）对策

第一，政府难以控制新景区，开发商自己投资，自己承担责任，农民自己集资，自己也要承担责任，政府有引导的问题，但是没有控制的问题。可是后起追赶的现象不但会产生，而且会越来越严重，尤其是大景区，几十平方公里，上百平方公里，他们守着一个角就弄起来了。很简单，他们的成本低，而且有各种各样的招数来拉客人，来拉旅行社，我们就做不到。所以这里要按照后工业化的视角，挖掘前工业化的资源，形成超工业化的产品，对应变化中的市场，这是一个总体思路。基本上现在这种团队式的观光旅游，尤其是景区这样的对应，还是工业化方式，但是现在的市场需求已经开始后工业化的需求了，这种需求在中国，尤其在几个主要的客源产出地都已经形成了，这个时候还用工业化方式来对应，显然不行，所以就需要进行调整。

第二，淡化景区，淡化开发，是新要求。强化景区自然强化景观，把视觉作为第一要求甚至是唯一要求。而在新的市场需求之下，要求是全方位的，是综合感受，是眼耳鼻舌身心神的全面体验。另一方面，一流的观光资源已经全面开发，再强调景区则会不断加大开发力度，多花钱，办不好事。因此，应当转化为历史文化体验区、休闲游憩区、生态旅游区、旅游度假区、专项旅游区、特色娱乐区等定位。比如一个景区主体是观光，同时又有这么一堆产品，它产生的效果是，客人来了，看完了还可以住，住完了还挺舒服，晚上还可以玩，这一系列的东西起来了，吸引力就能上去。现在一定意义上我们在赶着客人跑，消费是需要时间的，没有时间怎么消费？所以就需要淡化，淡化的过程实际上就是一个转化的过程。大体上全国而言，一流的观光资源在80年代都进入市场了，二流的观光资源在90年代都进入市场了，现在进入市场的这些景区都是三流的，甚至是末流的，照样也可以起来，所以一是总体思路的转换，二是在具体配置上的转换，这些东西转换过来了，也是一个自保之策。

第三，聚集，可以用抓工业的方式抓旅游，但绝不能用抓工业的思路抓旅游。大景区严格地说都应该成为旅游产业聚集区，项目聚集，产业集群。不只是依托传统旅游资源，而是通过资本与创新的驱动，构造新的生活方式，满足梦幻生活体验。异质化资源可以分散，同质化资源追求聚集，店多成市。这样一个聚集方式就把方方面面的资源挖掘出来了，而且这样在二次招商的时候，相应来说比较容易，操作性也比较强一点。所以采用这一个思路、两个方式，可能能够对应未来后起追赶的困难。

九、困难九：机制挑战

（一）困难

全国现在有70%的景区是国有的，有的叫做企业，有的还是事业单位企业化管理，有的甚至就是事业单位，所以政企不分、政事不分是一个目前比较普遍的现象。这种情况在早期的时候非常有效，面对老百姓的时候，政府这一面就出来了，对开发商的时候，企业这一面就出来了，两面玲珑都可以对应。但是中期已经形成了比较僵化的格局，这种僵化格局一定意义上就造成了很大的困难。其中一是缺乏激励，二是缺乏活力。景区是一个团队运作，这个团队运作要靠什么东西来激励，我们这一代人可以靠一种事业心，可以靠一种创业的成就感，可是长期维持靠什么，就必须要有一个好机制，这种好机制现在普遍缺乏。有一些效益特别好,虽然机制不灵活,但是可以多发点钱,这对大家也是个激励,比如故宫,国家文物局1998年机构改革,人员分流的时候,大家争着抢着去故宫,因为故宫的效益实在好。

(二)对策

第一,资产组织多元化。不见得非要谋求上市,但是通过增资扩股这样的方式,至少可以把政企不分、政事不分的格局改变一下,改造成现代企业制度,这是公司化模式。另一个比较好的方式就是管委会和景区公司同时运行的格局,黄山就是这样一个格局,这是一个非常成功的格局,虽然也有不同意见。搞运营的集中力量按照公司化方式运营,搞管理的政府这套也能行使到位,然后双方能有一个比较好的配合的格局。

第二,运行机制多样化。尤其是大景区,可以是混合所有制。这一块可能就是私有的,这一块是国有的,这一块是股份的。比如要搞商品一条街,就是个体户进来了,餐饮一条街老百姓进来了,形成运行机制多样化的格局,只不过这需要比较细致的制度设计,我们现在基本上是摸着石头过河,走一步算一步。

第三,形成比较完善的法人治理结构。不能只凭觉悟、只凭精神做事,这是不可持续的。从长期来看,机制的挑战是一个比较大的问题,而且涉及到后起追赶的机制灵活,在机制上可能就胜你一筹。

十、困难十:人才接续

(一)困难

这一代人的使命就是创业,这也是这一代人的宿命,创业的过程有很强的成就感,也有创业的事业心。现在,80年代创业的这一代人很多都退休了,大家就感觉积累了这么丰富的经验就退了,有点可惜。另外就涉及到人才梯队、人才团队的培育问题,但是按照现在僵化的机制,优秀的人进不来。一个行业有一个行业的门槛问题,其中也有职业门槛,职业门槛包括薪酬门槛。搞金融的人素质都很高,因为挣钱多,所以高素质的人都过去了,搞旅行社的都是乱七八糟的一堆人,因为门槛太低了。景区应该是什么样的人才门槛呢?应该是什么样的薪酬制度呢?

现在这一代人,不需要我们这些东西,我们这些东西是不可持续的。一般来说,大的激励是信仰,中等的激励是成就感,小的激励、日常的激励就是钱。可是现在做不到,这就涉及到整个行业有一个后续乏人的问题,人不缺,能干的人缺,真正的人才缺。要形成一个梯队,又形成一个团队,老、中、青三代格局很清楚。但是现在能不能做到,一是要有一个好的环境,二是要有一个好的机制,我们一般都说要有一种职业精神,然后进一步才是敬业、精业。现在敬业都可以达到,至少在现在这个层面上达到了,精业未必,可是起码的职业应该做到。

多年以来,我们的宣传方式就是号召大家学雷锋,不断推出各种英雄模范,实际上英雄模范是一个高线,但长远来看,用道德诉求来维持一个社会,来维持一个机构,这是不可能的。底线就是职业感,现在一个人有点职业精神,我们都觉得这个人很棒了,这说明大家普遍都不职业,更不用说敬业和精业了。可是看媒体宣传都是顶到天上的人,这种反差太大了。但是在现实中,员工要有基本的职业精神,运作团队要有敬业精神,有一些人要达到精业,必须靠觉悟、环境和机制,这样就需要一系列制度设计,才可能保住人才的接续,人才的接续保住了,才真正保住了后劲。

(二)对策

总体来说,这里涉及到有形资产和无形资产的统一性。首先是创品牌,包括资源品牌、产品品牌和市场品牌;其次是重营销,包括资金预留、人才预留和方式预留;三是强管理,使团队达到专业化和职业化。

以上这十个问题像一筐螃蟹,单独解决哪一个问题都有难度,想提出一个螃蟹来,就会把这一筐螃蟹都提出来了,这是整个国家改革面临的状况。其次,像一筐土豆,各是各的,谁和谁都不搭界。所以就需要综合解决方案,全面推进。

最后要强调的是执行力,要解决这么多的困难,一步一步的核心是执行力。第一是执行的路径,这个路径就是观念,选一个什么样的路径,路选对了,很多事情就简单了,路选不对,可能越来越复杂;第二是执行的方法;第三是执行的团队;第四是执行的精神。这些 5A 景区,在创建的过程中,团队和精神都是一流的,没有这么一个过程,也拿不了这个牌子。可是在下一步的过程之中,需要下更多的功夫来研究,这可能是更具根本性的,很多事情不是蛮干能干得出来的。用胡锦涛总书记在纪念改革开放三十周年大会上的讲话,不动摇,不懈怠,不折腾,不动摇是改革开放的方针不动摇,不懈怠是直接针对现在的工作作风、工作态度、工作精神。和平日久,懈怠是自然的。反对用运动的方式,可是运动方式有时候就起这个作用,比如,设一个什么事,立个目标,倒计时,所有的潜力都调动起来了,如果没有这个目标,没有倒计时的方式,不知道什么时候能干成。总体来说,解决这些困难需要靠这种精神,靠这种执行力。

第二节　老景区走出新路子

一、老与新

（一）老景区

老景区的主要表现为老资源、老产品与老品牌三个特征。第一，老资源的独特性较强，这是支撑老景区维持至今的主要动力。第二，老景区已经形成稳定的产品，在市场上有比较稳定的模式，同时也形成了一些保守的发展观念。第三，固化的品牌，品牌的固化具有双刃剑的效应，既形成了品牌，也束缚了创新。比如华山之险既吸引了很多人，也使很多游客望而却步。对老景区而言，发展的优势和劣势并存，运营起到了关键性作用。

（二）新路子

所谓新路子，第一是新需求，市场在不断地发生变化，需求也在不断地发生变化，所以需要研究新需求、对应新需求。第二，树立新观念，摆脱以往得过且过的发展心态。第三，要勇于构造新模式，一定意义上新模式会是一种革命与颠覆。新模式的构建有以下八点：

一是市场导向。景区的市场观念需要强化，如果一旦成为国家风景名胜区而否认市场研究的必要性，则不可能获得更大的发展。

二是竞争分析。在全国旅游蓬勃发展的态势下，尤其需要研究竞争对手来判断产品的市场与竞争力。忽视周边竞争态势是很多项目失败的关键因素。

三是总体定位。景区的总体定位成为发展中最关键的问题，传统景区多以视觉为第一要求，而忽视了现在市场的眼、耳、鼻、舌、身、心、神综合性的深度要求。如果只用单纯景区来定位，实际上可能会造成投入大产出少的结果。

四是时空配置。包括时间的组合、空间的组合、时间和空间共同的组合。华山首先应该是四季山，一年365天，春夏秋冬天如何游览。其次是四时山，即一天24小时怎么利用，比如游客可以下午登山，晚上看华山夜景，次日早晨看日出，这就能打出四时山的概念。时空配置首先是时间的配置，其次才是空间的配置，尤其要强化时间的配置。

五是项目落地。主要研究老项目怎么保持，新项目怎么开发，并且这些项目要如何落到地上。

六是产业聚集。这是现在所有景区都欠缺的一环，只关注景区内的点如何打造，而忽视内在的联系是否构造成产业，是否培育成新型优势产业。

七是核心价值。这与总体定位、市场营销是紧密联系在一起的，一个景区的核心价值有的属于文化类，突出一个古字；有的属于宗教类，突出一个信字；有的属于自然类，突出一个奇字，但是更多的景区是综合型的，这时候要研究核心价值应该是什么。

八是和谐发展。景区与社区的交融，与社会方向的一致。

（三）中国景区概况

上世纪 80 年代，一流的观光资源首先进入市场，比如故宫、长城、兵马俑、桂林、黄山等，这是最老的一批景区，迄今仍然属于市场上的核心景区的地位，并且其中囊括了中国旅游的代表作。90 年代，二流资源开始进入市场，因为整个市场需求培育起来了，尤其是国内旅游市场需求起来了。

新世纪之后，伴随三流资源进入市场，旅游产品逐渐形成了复合发展的主导性格局，整个旅游市场上的产品鳞次栉比，旅游产品受旅游资源的先天基础的影响也日益弱化，出现旅游资源的档次与旅游产品的档次不对接的局面。现在，一流资源也可能是二流、三流产品，二流、三流资源也可能打造为一流产品，比如河南的云台山就属于以二流资源培育出一流产品的典型。

国家旅游局提出四年实现中国旅游业的转型升级。其中，转型就是模式转变，即横向扩张，意指超越小旅游的概念，主要从单一观光走向休闲度假的多元发展模式。升级则为建设精品，谋求纵向的提升。

二、关于资源

（一）资源观

资源是景区的基础，现在搞旅游开发的思路一般是，资源盘查，开发较易开发的资源，然后建个门收门票，形成一个景区，围绕着景区配套酒店、旅行社、车队等设施，这种模式还停留在上个世纪 80 年代。资源是开发的基础，所以首先要树立正确的资源观。

传统旅游资源有两大类，一类是自然旅游资源，一类是人文旅游资源。实际上，这两类资源都是观光性的资源。有些地方观光性的旅游资源不是一流的，但是其它资源可能是第一流的。最典型的是广东，广东的观光旅游未进入全国前列，但是其休闲度假旅游则排在前列，即休闲度假的旅游资源非常丰富。所以，从旅游发展的角度来说，资源不完全是观光旅游资源的概念。

结合国际的旅游发展经验以及中国旅游业的发展过程，可以很清楚的看出，旅游发展不完全是靠这两类资源，所以要专门树立一个新的资源概念，就是社会旅游资源、产业旅游资源（工业旅游、农业旅游）。北京的 798，原本为旧厂房，在艺术家的推动下成为了北京的名片与核心吸引物之一。比如农家乐，除了依托农村的环境之外，另外一方面是农民的生活与农业。如果按照传统的旅游资源概念，这些地方都不具备旅游发展的资源基础。但是恰恰是这些东西现在搞得最好。

从做旅游的角度来说，没有不可用的资源，关键是如何利用。旅游资源无限制，旅游产业无边界，旅游行为无框架。旅游发展三十多年，旅游界存在一个始终困惑的问题，旅游产业怎么把边界划清楚，实际上旅游根本就是一个不可能划清楚边界的产业。就产业发展而言，什么都可以和旅游结合，没有必要划清边界。同样，旅游的行为也是如此，不是非得参加一个旅行团才叫旅游行为，只要是一个人的流动，就是旅游行为。

（二）景区观

从景区的角度来说，要构造"有景皆参与、无处不体验"的新概念核心是将传统与现代结合，包括传统文化现代解读、传统资源现代产品、传统产品现代市场，唯其如此老景区才能走出新路子。很多地方具有厚重的文化，但是旅游形象从根本上改变，要避重就轻、避实就虚。

所谓避重就轻，就是不要把厚重、沉重这样的词挂在嘴上，旅游是件快乐的事情，是个愉悦的过程。古人的生活，尤其是唐朝人的生活，处于历史上生活的高端，何其阳光，何其快乐，何其朝气蓬勃，而不是当今大多数历史文化景区呈现的厚重的状态。所以要避重就轻，要追求轻松。同样，我们一向习惯于历史导向、文化导向，以及文献导向、考据导向，但是旅游可以无中生有，有中生好，好中生优，优中生特。做文化旅游需要一定依据，但是不等同于历史学家的严格考据。比如到伦敦大家都要去看一看所谓的福尔摩斯故居，而这就是完全构造出来的东西。

所谓避实就虚，比如黄帝是一个部落集团，黄帝的足迹遍及中原，所以哪儿都有黄帝，这两年河南炒作黄帝很厉害，河南的黄帝和陕西的黄帝在市场上就要竞争。炎帝也是，全国一共有八个炎帝陵。但这都只是虚的说法，史籍中并没有严格的记载，在这种情况下，完全没有必要追求这种实，好玩就行。

所以，这里的核心就是传统和现代的结合，这种结合如果不到位，将来的发展也会受局限。比如华山这两年做了一些新的解读，这些新的解读在市场上都有一个可以落实的点，这就意味着在挖掘一块市场资源。这种新的解读不是虚的，而是和市场结合在一起的，所以就是实的。现在很多老景区局限在传统里，而忽视市场如何变化，这种局限越来越严重，这就意味着这条路有可能越走越窄。所以一定要有一个广阔的资源观，对于这个广阔的资源观要有一套新的解读方式，只有这样才能在市场来谋求新的定位。

三、关于产品

（一）综合性产品

产品就是要投放到市场上去，而不是有什么卖什么，后者叫物品，不完全是产品，物品未必能卖得出去，产品才能真正卖得出去，卖出去才叫做商品。这就是马克思"完成市场经济的惊险的一跳，从物品到产品到商品"。在市场经济中，景区就是商品，但是这个商品是综合性的。对于一个景区的理解和把握应该是综合性的把握。所谓综合性包括四个层面：

第一个层面，复合型资源。老景区一般都是大景区，具备复合型的资源，比如自然、历史、文化、宗教、生态、物产（军事、运动）等等。以华山为例，现在华山提炼出了财富山、爱情山、英雄山等新的发展理念，其实还可以再加一个智慧山，因为华山是道教胜地，道教体现的是中国古人的智慧，并且这种智慧一直延续到今天。尽管现在的社会财富已经积累了一些，但更缺的是智慧，所以华山的解读应该是财富山、爱情山、英雄山、智慧山。这样可以把道教胜地淡化一些，全国的道教山一共144座，道教这个牌可以打，但从智慧角度来打，可能会更好一些。这也意味着任何一个地方都可以作为复合型的资源来认识。

第二个层面，综合性利用。观光是主体功能，也是第一功能，休闲、度假、娱乐、运动、体验这一系列的利用方式都应该展开，现在景区基本上局限在观光功能上，一个功能对应一个景区。

第三个层面，空间扩大。自然空间一般来说是有限的，但是自然空间的利用却存在很多问题，经常是很大的一个区域，但核心景区只有一点点。节假日游客集中在核心景区扎堆，平时又门可罗雀。所以，首先是自然空间的扩大问题，华山150多平方公里，核心景区不到1平方公里，这是非常大的反差，第一次来的客人一定要看五峰，第二次来的客人未必就非得看五峰。要走新路子，首先要研究自然空间利用的扩大，泰山180多平方公里，黄山154平方公里，都有一个自然空间扩大的问题。自然空间的扩大实际上是生活空间的扩大，旅游者现在已不再追求疲劳之旅，不再要求看的越多越好，而是已经转化了，希望更深层次的生活体验，所以进一步是生活空间的扩大，生活空间的扩大实际上给景区提供了一系列的商业模式。最后是精神空间的扩大，不仅仅看、玩，也要有各种各样的体验，实际上最终的诉求是精神诉求。

第四个层面，创造生活型产品：差异的环境、休闲的心态、有品质的生活。多数旅游者希望寻求一种差异化的环境，能够从容、高品质地享受这些东西。尽管现在大量的投资都花在景区建设上，可是对游客是否方便是否舒适均考虑不足。景区A级标准的核心是以人为本，一切从游客的需要出发。现在，景区已经有了一个大的提高，原本只关注景观建设，现在思路开阔了很多。

（二）少开发，多利用

之所以这样说，是因为旅游发展永远有阶段性的局限，十年以后，可能会发现现在的认识是错误的，再过二十年，可能觉得现在的想法是可笑的，这就是阶段性的局限。如果片面强调开发，就意味着要进行大规模的建设，但大规模建设的可行性往往难以判断，如果在没有准确的可行性判断之时就急于进行开发建设，就很可能失误。所以，在规划和发展中，应注意谋定而后动。在总体思路上，就是少开发，多利用。很多资源，尤其是文化性资源，可以先行充分利用，整合起来就成为产品。坚持这个原则，至少可少犯错误，实际上也为下一步预留了发展的余地。

全国的景区中，有一个较典型的是山西的绵山，投资商构想将从绵山一日游延长到绵山十一日游，因此搞了很多建筑，缺乏商业模式。到现在为止，已经投资了10个亿，还在研究空地上可建设什么项目，整个山都被建筑给压住了，所以有些时候要做点减法。这和很多规划师、设计师的思路也都有关系，搞一幢房子，形成一个建筑，首先是功能，如果没有功能就没有必要搞建设。总体来说，少开发、多利用，尤其是一些非物质文化遗产，充分利用起来，也是好产品。

（三）环境大产品

现在老景区更弱的是环境问题，不仅在于景区内部的环境，也在于景区周边的环境，比如很多古村周边一塌糊涂。包括大家盛赞的丽江大研古城，内部感觉很好，但是大研古城外面全都是新房子，这会把之前形成的良好感觉压下去。所以，环境大产品是很薄弱的环节，这需要政府出来做工作。环境大产品涉及到弥补自然环境，提升人文环境，整治市容环境，强化休闲环境，优化交通环境，协调景观环境，完善经营环境，严格保护环境。

尤其是交通问题，景区的路应该是文化路、生态路、交通路、景观路四位一体。如果在景区里还研究路多宽，反而起到了负面的作用。九寨沟是第一个采取"外来的车停在下面，用景区的车上山"这种模式的。实际上这涉及到两个要点，一是安全，二是生态。

（四）定位转化

淡化景区，淡化开发，是新要求。强化景区自然就强化景观，把视觉作为第一要求甚至是唯一要求。在新的市场需求之下，更强调全方位的综合感受，是眼耳鼻舌身心神的全面体验。另一方面，一流的观光资源已经全面开发，再强调景区的观光功能会不断加大开发力度，多花钱但办不好事。因此，应当将定位转为历史文化体验区、休闲游憩区、生态旅游区、旅游度假区、专项旅游区、特色娱乐区等定位。

（五）新统筹

一方面是农村，应当用景观的概念看待农村；用综合的理念经营农业，通过旅游提高土地利用率，提升农产品的附加值；用人才的观点发动农民，使农民也成为文化传承者，工艺美术师。另一方面是城市，要用抓旅游的理念抓城市，突出人本化和差异性；用抓饭店的理念抓景区，突出精品化和细致化；用抓生活的理念抓休闲，突出舒适性和体验性。

现在景区有一个误区，就是景区城市化，比如庐山，庐山历史上陆陆续续形成了一个城镇，但是多数景区不具备这种条件。所以，一方面，要反对景区城市化。但是，另外一方面，要倡导城市景区化，比如有些城市会有一个中心小城镇，这个中心小城镇就应该景区化。

（六）创造新格局

1. 原则

特色是旅游之魂，文化是旅游之基，环境是旅游之根，质量是旅游之本。旅游工作者要比文化工作者更重视文化的挖掘，要比城建工作者更重视城市特色的营造，要比环境工作者更重视环境的绿化与美化，要比文物工作者更重视文物的保护。所以，诸如"搞旅游就是破坏环境，就是破坏文化"等观点，这违背常识，因为旅游卖的就是环境，卖的就是文化，怎么能把卖的东西破坏了再拿出去卖呢？但这种似是而非的观念对发展影响很大，需要研究一些新思路，创造一些新格局。加强旅游目的地的环境保护和文化多样性建设，势必成为发展的重中之重。一方面，大建设的时期千万不能大破坏；另一方面，不能拘泥于专家的眼光，局限于专业的领域，要用无形开发有形，用有形承载无形。

2. 城市

现在的城市发展已形成了一个趋势，拆了老的建新的，建了新的想老的，想了老的仿老的，赝品充斥全中国，而且现在这个格局还在持续。与其去制造赝品，还不如创造新品，创造精品。所以应该提倡一个理念，要创造未来的文化遗产，今天的精品就是明天的文物，就是后天的遗产，自然遗产是老天爷留下来的，文化遗产是老祖宗留下来的，现在要研究当代人能给后人留下什么。但是很遗憾，我们现在建设的多数都是垃圾建筑，从功能上还有意义，可是从文化上实在太差了。

3. 景区

这些情况投射到景区领域，也形成一系列的问题，要创造新格局，但是老的东西要留下来。首先是新老分离，要想把老的东西保护好，首先是分开，要保护一个古村，就在视线所不能及的地方建一个新村，这样老村才可能保护下来，想掺在一起谈保护，基本是不可能的。其次是新老分明，老的就是老的，新的就是新的,可是我们习惯于修旧如旧,修旧如旧破坏了很多文化。现代的观念就是新老分离、新老分明。比如一根柱子,下半截是老的,上半截还需要用,可以把它接起来,上面新的就要显出新来,下边旧的就要显出旧来,而现在是笼笼统统弄在一起,这本身就是赝品。

四、关于发展模式

(一)开发模式与经营模式的统一

第一,衔接产业环,完善和整合。一个产品,尤其是一个子产品出来,要有相应的配套,现在的景区一般都是对大众市场的,所以整个服务体系也是对应大众市场的。但是景区里开拓其它的产品,比如要开拓一个高端产品,就需要有系列的配套,包括高档的饭店、完善的交通,这样整个产业环才是完善的,才可能真正从高端产品里分得一杯羹。

第二,延长产业链,向上下游发展。

第三,扩大产业面,追求横向发展。从单一的观光模式里跳出来,比如休闲度假、特种旅游等。很多景区做特种旅游是非常有条件的,华山西峰八百米高,适合徒手攀岩,可打造为一个国际性攀岩基地,白天可以是最野蛮、最原始的攀岩活动,晚上一定是最高的生活要求,这就需要配套。

第四,形成产业群。首先是满足旅游者的直接需求,同时要满足衍生需求,在这个过程中也会形成一系列的中间需求,这样一个产业群就构造起来了。基本的发展方向是,一个大的景区,尤其是老景区,应该培育成一个旅游产业聚集区,这个聚集是资本聚集、创新聚集、智慧聚集,是资本和创新的双推动。

(二)有形资产与无形资产的统一

成功的经验证明,在初创时期,必须重视有形资产与无形资产的统一性。

一是创品牌,包括资源品牌、产品品牌、市场品牌。如果一开始就不断强化观光功能而非文化品牌,很大程度上就局限住了。华山为什么做新的解读,就是要打破原来的这种障碍。如果一开始能够在核心品牌的基础上构造复合型的品牌,实际上就意味着给将来的发展留下了余地。

二是重营销,这样就必须有资金预留、人才预留、方式预留。对于老景区来说,不是预留,必须是开创。比如辽宁的一个玉石开发商,投资 4.5 亿,在宁波建设了一个天下玉苑,甚至把北京的祈年殿都原样建在那里了,但开园后没有人来,导致现金流断裂。后来把天下玉苑改成江南玉佛寺,香客来了,现金流恢复了,就可以拿着恢复的现金流去做市场。这就说明一个景区在这些方面到底应该怎么办,对于老景区来说,就是要有资金储备,要有人才储备,要有方式的储备,没有这一整套东西是不行的。

三是强管理，形成团队，达到专业化，进一步职业化，职业化人才的底线是守业，基础是敬业，最终是精业。现在在有形资产和无形资产统一的问题上，尤其是在人才方面严重不足，像华山、黄山、张家界、九寨沟等大景区，山水很漂亮，但是工作条件很艰苦，而且现在70%的景区还是事业单位体制，人员工资有限制，靠精神是不能长远维持的，所以就形成一流的人才进不来，也不愿意进来的局面。而老景区体制的优越性没有，政策的优越性有限，恐怕就需要靠总体模式的创新。

（三）复合型发展：怎么做

第一，多类型资源，首先是认识。

第二，多功能产品。

第三，多层面市场。同时考虑大众市场与中高端市场，大众市场保证基础，中高端市场才能保证利润。

第四，多联动方式。不仅是景区本身，也包括和周边以及城市等多方面的联动。

第五，多付费顾客。顾客的付费方式是多种多样的，如果景区借助自身的品牌、优势、土地资源，培育出一个旅游小城镇，很自然就变成了一个会议中心，会议中心就可面向公费顾客，这在中国是一个非常重要的市场。财政的钱、企业的钱、院校的钱、科研单位的钱、老百姓的钱，需要针对不同付费的顾客，针对不同付费的方式来研究。

第六，终极目的地。终极目的地意味着大家可以留得下来，在这里可以多停留时间，可以多花钱，过境地就是路过一下而已。

五、发展导向

（一）直接目标

从质量等级来说，可以把旅游区（点）质量等级标准概括为五级十个字：1A级卫生，2A级方便，3A级舒适，4A级完善，5A级文化。这里没有提到资源，因为资源是隐含在内的。卫生、方便、舒适、完善、文化这十个字逐级递进、逐级包容，永无止境，说到底就是以人为本。

从观赏度方面来说，则可以概括为五看：想看、可看、好看、耐看、反复看。想看是品牌宣传的结果，可看是游客最基本的感受，好看是去了之后要兴奋，耐看真是要坐那儿好好琢磨，反复看是没看过瘾。所以，注重目的地的第一印象区，形成文化冲击；完善最后印象区，形成文化回味。许多景区很关注山门，花几百万修个山门，基本上大家都看不到，因为现在汽车是主要交通方式，一个山门一闪就过去了。所以，第一印象区是停车区，以及从停车区走到大门，第一印象区要形成文化冲击。完善最后印象区，就是游客要离开了，回头再看一看，形成文化回味。

（二）深度要求

第一，文化度。不论是自然景区，还是文化景区，文化都是第一位的，没有相应的文化度，就不能形成相应的差异性。

第二，方便度。之所以景区等级标准里对厕所、标识看的那么重，就是为了方便度。

第三，舒适度。

第四，满意度。

第五，幸福感。幸福感是最高的一种要求，比如看着很过瘾，玩的也很过瘾，回去一说这个地方值得去，口口相传，或者值得再去，这就是一种幸福感。

（三）核心竞争力

核心竞争力主要由产品差异度、品牌知名度、顾客忠诚度、市场美誉度四个要素组成。所谓顾客的忠诚度，一方面表现是回头客，如果休闲度假、特种旅游的东西多了，客人常来的余地就大了，如果是单一观光，基本上都是一次性的客人。另一方面自己虽然不去了，但是逢人就说好，聊起来就说这个地方好，这就是顾客的忠诚度。

最终归纳到五个力，一是视觉震撼力，景区不能不研究景观，这种景观就要研究视觉震撼力，就是要有点好东西、大东西才行。二是历史穿透力，不能只是让历史告诉未来，唯独没有现在，应该说历史穿透到今天，今天来怎么看历史。三是文化吸引力，文化多元化，各种各样的文化有不同的吸引力。四是生活浸润力，就是在这儿生活，耳濡目染，润物细无声的感受。五是快乐激荡力，到这儿来觉得很快乐，对游客是一种激荡。如果这几个方面能够达到，这个景区就真正做好了。

第三节　旅游产业聚集区的发展

2005年，国家旅游局领导提出"扩大产业规模，提升产业素质，发挥产业功能"的总体要求，2008年，又提出旅游业"转型升级"的发展战略。全国各地对此也高度重视，大干快上的局面开始产生。但是，如果局限于传统的思路，有可能违背国家旅游局的初衷，又一次形成"村村点火，户户冒烟"的局面。为此，在新时期需要形成新思路，创造工作新抓手，形成新的发展点。为此，总结国际国内发展经验，提出旅游产业聚集区的发展问题。旅游产业聚集区源于产业集群的概念，在国内外学术研究中尚未得到足够重视，但在实践中已经开始探索。

任何一个产业的发展都需要规模经济。一般而言，是指单个企业的经济规模。从区域角度而言，是各类专业经济区，最普遍的是工业开发区。在旅游领域中，表现形式有所不同，比如饭店产业的规模经济有两种表现方式：一是特大型的独立饭店，现在全国规模最大的北京世纪金源拥有2200间客房；或由饭店构建的综合体，如北京国贸，已经建设一期二期三期工程，饭店、公寓、写字楼、会展中心组合在一起，总资产超过300亿，已经超出饭店的概念，而成为一个综合服务体，甚至是小城镇的概念。二是饭店群。俗话说"店多成市"。曾经有一个误区，认为饭店聚在一起相互竞争对自身的发展不利，可是多年的实践证明，孤零零的一个饭店，这家饭店永远做不好。如北京的香格里拉饭店，刚建设起来时是北京西部最好的一家饭店，可一直以来几乎没有什么生意。这几年周围一批饭店都起来了，香格里拉饭店的领袖地位也体现出来。如此就需要研究旅游产业的聚集问题。中国旅游产业发展的下一步，聚集是新概念，是新方向，也是新趋势。

一、概念的提出

产业聚集区是由与某一产业领域相关的相互之间具有密切联系的企业及其他相应机构组成的有机整体。实施休闲旅游业的产业聚集发展战略，即将休闲旅游业相关企业、供应商、关联产业和专业协会等机构加以整合，形成产业链、产业群和产业面。休闲旅游产业聚集区的核心是产业要素，是聚集在一定地域空间的核心吸引物、休闲旅游供应商和服务商，及相关企业和部门，为了共同的目标，建立起紧密的联系，协同协作，提高综合竞争力。休闲旅游产业聚集区不是从地理角度来定义的，更多关注特定市场和活动的经济联系。聚集可以跨越地理和行政界线，通过价值链上所有参与者协同努力，形成"一揽子休闲旅游产品和服务"。通过聚合，向消费者提供高质量的休闲旅游体验，提高运行效率和综合效益，增强整个目的地的竞争力。

产业聚集的主要理论基础主要有两个：

一是钻石模型。迈克·波特的钻石模型认为，决定一个产业集群形成的各类要素中，要素条件、需求状况、支持及相关产业、企业的战略结构与竞争这四个方面构成产业集群形成的四个关键要素，要素条件与需求条件直接决定了一个地区能否培育一个较好的产业群，另两个因素则决定了该产业能否形成竞争优势。因此，一个地区能否形成与培育出产业集群，取决于该地区的要素条件与需求条件，而产业集群能否发展则取决于四个因素能否互动，以及加上机遇和政府两个变数能否形成一个互相促进、自我强化的钻石模型。

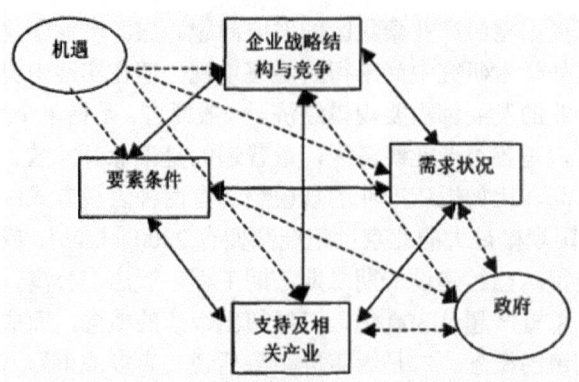

图 6-1　产业聚集的钻石模型

二是 GEM 模型。英国学者（Tim Padmore & Hervey Gibson，1998）对钻石模型进行了改进，提出了一种基于区域范围的分析产业集群竞争力的模型——GEM 模型。GEM 模型确定了影响企业集群竞争力的 6 大因素，包括"资源"、"设施"、"供应商和相关辅助产业"、"企业的结构，战略和竞争"、"本地市场"、"外部市场"，并用一个蛛网图表示。6 个因素被分为 3 对：①"因素对 I"——基础（Groundings）包括"资源"和"设施"；②"因素对 II"——企业（Enterprises）包括"供应商与相关辅助行业"和"企业的结构、战略和竞争"；③"因素对 III"——市场（Market）包括"本地市场"和"外部市场"。GEM 模型是这 3 个"因素对"名称第一个字母的缩写。根据 GEM 模型研究的结果，两两因素间可以互补，这种互补作用在"集群量化过程"中可以得到体现。

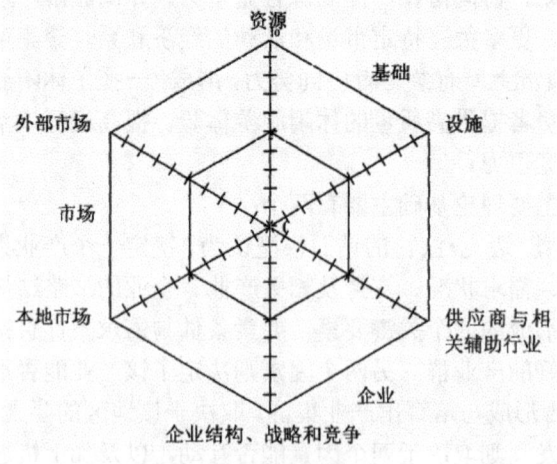

图 6-2　GEM 模型

产业聚集是现代经济发展的必然趋势，也是休闲旅游经济的重要力量。应加快促进休闲旅游要素向优势区域聚集，培育一批有综合竞争力的休闲旅游产业集群，实现资源共享、设施共用、信息互通、功能互补，放大聚集效应，推动休闲旅游产业的集约式发展。

（一）消费新动向

这些年来市场发生了重大的变化，其中一个变化就是旅游从单一观光向复合型发展。实际上，总体的发展应该是一个复合型的发展，不应只强调休闲，只不过休闲度假逐渐变成新的趋势。

从消费的角度来说，首先是点对点的消费增加。原来从观光的角度来说，长假期出去旅游可能七天游览五个城市，游客觉得很有收获。现在较远距离的异地度假，也会在一地呆五六天，形成点对点的消费。小假期点对点的消费态势更明显。

其次，点对点的消费构造了新的市场态势，即市场面对面，表现为直接面对市场、市场面与市场层次。比如，天津对应北京，在进行具体的市场细分时，每一个项目都要细分，但是总体来说可能对应北京的上层中层下层，于是构造出消费点对点、市场面对面态势。这个态势很大程度上改变了原来的一些经营方式，也改变了一些经营理念。

第三，现在有相当一批消费者追求的是"深体验、近距离、短时间"。"深近短"这三个字是十年到十五年以前日本市场的特点，这些特点现在大体上在中国市场上开始反映出来。以前那种追求点多线长游览的现象越来越少。可能这一个地方游客要反复去，因为追求更深的体验。近距离研究的不仅是空间的距离，还有时间上的距离。严格地说，现在的距离概念，主要是时间概念，当交通大幅度改善，各种条件具备，越来越方便，就意味着近距离的范围实际上也在扩大。天津对北京的距离有时候看是有利的，有时候是不利的。原来说离北京很近，一条高速路，一个半小时就抵达，现在一个半小时到上海是很轻松的事。所以当条件不断变化时，很多认识也必须变化，距离概念上的长短也是如此。

第四，要防止一种倾向掩盖另一种倾向。吸引客人到目的地呆一个礼拜，甚至呆半个月，在观光主导的时代只有商务旅游能产生这样的情况。当整个消费市场出现变化，尤其是不同于原来那种追求点多线长的特征时，较长时间在目的地停留的现象会增加，但也会与短期观光永远并存。因为消费者在一代一代的成长，中国这么大的人口基数，总有人没出去玩过，第一次玩还是会追求点多线长，但同时也总会有新的消费趋势发生。

第五，在需求变化中，最早讲海滨度假的"3S"，即"海水（sea）、沙滩（sand）、阳光（sun）"，后来增加了一个"3N"，即追求"自然（nature）、还乡（nostalgia）、解脱（nirvana）"，2008年清明第一次放假，一个很重要的市场动向是大家纷纷回老家扫墓，形成了普遍的现象，这实际上是传统的还乡行为在新形势下的一种表现。追求解脱是要摆脱城市里的日常压迫，摆脱城市节奏过快，城市生活紧张，乃至水泥森林高楼峡谷对人的压迫，所以才要逃避。再进一步，深化到追求"3Y"，即"森林浴、草花浴、温泉浴"，引发国内温泉大盛。说到底，现在的旅游已经不是简单满足基本需要，而是需要构造新的生活方式，满足梦幻生活的体验，这是一个根本性的追求。如果说在激烈的市场竞争面前只能达到一般的满足，企业、目的地的竞争力就不足，但若能达到深层次的满足，能构造一种新的生活方式，让大家有异质的生活体验，竞争力就会显著提高。

（二）供给新趋势

对应需求的新动向，供给要素也会相应发生变化。

1. 总体布局从分散到集中。行业内各种大项目的发展，一个显著特点就是布局开始集中，而在传统观光旅游之下，布局一定是分散的，因为必须围绕观光资源开发旅游产品，由此形成有什么资源就开发什么资源，逐渐构成一个分散布局的局面。现在传统观光资源的依托性已经大大下降，自然而然会形成集中性布局的趋势。

2. 投资从小到大。现在旅游项目的投资量已经越来越大，虽然和通货膨胀有一定的关系，但是总体来说已经上了一个数量级。这四五年，投资单个旅游项目的资金从几亿元增加到几十亿元，进一步，会有百亿元以上的项目；投资商也逐渐转变成了投资家，是典型的资本家，即资本的运营家。

3. 商业模式创新。多年以来旅游发展，都是做旅游的人再做旅游，80年代初的时候就有一个政策，叫做以旅游养旅游，在实践中，这是一个误导。一个行业只靠自己这种滚动性的发展，发展不起来，至少发展的速度很慢，所以必须有大投资，即要从资本的集聚到资本的集中。近几年，外行业资本大规模进入，也带来了一系列的商业模式创新，另外把资源全面整合起来了，所以自然就会带来整个行业的升级换代。一个重要的现象，旅游行业三十年升级换代的步伐太慢。制造业三十年升级换代是非常清晰的，才有了海尔这样的国际化企业；商业三十年的升级换代，才产生了国美电器这一类大企业。而旅游业三十年，升级换代何在呢？旅行社行业基本上就没有进行升级换代，根本原因在于缺乏商业模式的创新。

（三）发展新条件

随着工业化的发展，整个产业结构都随之转型，产业体系要优化，所以现代服务业的发展变成各地关注的重中之重。由此，旅游的地位就突出了，如何发展旅游现在变成各级政府关注的一个题目。大体上形成了一个共识，不能按照传统的模式发展旅游，需要探索新模式。这是一个新的动态，政府的新思路，就是新要求。第二，经济条件，有钱。第三，新假日制度，有闲。第四，消费者变化，有经验。第五，市场竞争。所谓市场竞争有选择，就是伴随旅游的供给体系的扩大消费者的选择余地增多。

以上三个方面，要求新的发展模式，引发旅游产业聚集区的概念，包括推进方式。

二、关于旅游产业聚集区

（一）解析

工业产业聚集的主要方式就是经济开发区、高新科技产业开发区等等。在工业的产业聚集里形成了规模聚集、业态聚集、链条聚集和集约聚集几个方面。所谓业态聚集，一种情况是同一业态的高度密集，另一种情况是围绕着核心业态，形成产业链，这样就构成一个链条性的聚集。最终目的是要构造集约化经营，这是改革开放以来工业产业聚集的一般情况。旅游可以在一定意义上借鉴这样的做法，但是从本质上看，旅游产业聚集区和工业产业聚集区是不同的，所以绝不能照抄照搬。

旅游产业聚集区的描述性定义是，依托相应资源，以旅游设施聚集为主体，形成的规模型区域。主要特征有三点：一是大旅游的概念，这个概念不仅超出了观光旅游，也超出了传统所说的行、游、住、食、购、娱六要素，要有一个更大的概念。第二，只有在大旅游的概念之下，才可能构造出大产业，所以这里边需要项目的聚合，需要集中一批项目，同样这也会形成一个集约经营的格局。三是从产业的角度来说，旅游经营效益始终不理想，旺丁不旺财。由于分散性经营，造成了集约化程度低，造成了效益水平低。多年以来，描述旅游企业，常常用一个词"小散弱差"。所以旅游产业聚集区最终要构造集中区域。

与工业产业聚集区相比较，旅游产业聚集区首先是要素聚集，不仅是行游住食购娱等服务要素，或者是经营要素，还包括产业发展要素，资本聚集、土地聚集、人才聚集、管理聚集等运营要素。只有要素聚集的格局，才可能创造出更大的效益。第二，功能聚集，在这样一个聚集区里，游客所需要的各类的东西都有，功能非常聚集，甚至游客想不出来的事都能创造出来，满足游客的需要，基础层次是满足异质化生活的需要。最高层次是满足梦幻生活的需要。第三，品牌聚集，在这样的聚集区里，应该聚集各种品牌，不光是服务品牌，也包括很多商业的品牌店，构造一个品牌集群。第四，需求聚集，就是把各种各样的需求都聚集到一起来，需求聚集不仅是生活性的需求，也包括生产性的需求聚集。旅游是为生活服务的，也是为生产服务的。原来总是说旅游就是为生活服务的，在国务院的文件里，也把旅游列到了生活服务类，其实商务酒店就是为生产服务的，所以这种需求聚集可以说把各类的需求都聚集到一起。最后一个叫做娱乐聚集，娱乐聚集是旅游产业聚集区的一个非常重要的因素，发展不足，这与国内的环境、文化传统有关。但是，未来的发展必然会构造出这样的聚集模式。

（二）发展脉络

各地旅游发展首先是发展景区，以资源为依托，这是从三十年前开始至今的一个主体脉络。问题在于，到了今天，还能以这个作为主体脉络吗？另一方面，基本上一流的观光资源都已经开发殆尽，依托资源开发的思路显然遇到了障碍。

第二，在景区基础上发展的旅游区，在资源基础上扩充，比如有些度假区、历史文化区已经产生了，所以要淡化景区，淡化开发，打造历史文化体验区、娱乐区等。

第三，旅游经济综合体。这就是以服务设施为主体，构造新的旅游吸引物。实际上，服务设施本身也是旅游吸引物，而不只是传统的旅游资源才是旅游吸引物。

再进一步发展，就是旅游产业聚集区，资金密集、智力密集、人才密集，全面创新。这样的旅游产业聚集区，范围大，设施全，市场品牌突出，应该按照这样一个目标来研究、构造与发展。

（三）旅游产业聚集区的模式

首先看国际模式。第一个是拉斯维加斯，拉斯维加斯从资源来看，条件欠缺，按照传统的旅游发展模式，根本没什么可发展，相当于戈壁滩，但是它平地起家，逐步形成了规模。拉斯维加斯大体上花了五十年时间发展起来，最近十五年以来，完成了从一个赌城到一个娱乐城的转型。现在说拉斯维加斯是赌城已经不适合实际情况了，因为它的核心是娱乐城。原来小孩是不宜去拉斯维加斯的，现在不同了，大人带着孩子去，孩子玩孩子的，大人玩大人的，大家都玩得不亦乐乎，玩得欢天喜地，这个转型是值得借鉴的。拉斯维加斯就是一个全世界最集中最典型的旅游产业聚集区。

第二个是迪拜。迪拜集中了中东的石油财富，旅游产业聚集区的建设是构造极致，创造品牌，集中豪华，体验梦幻。消费者能够想到的或想不到的应有尽有，甚至全世界一批顶级的富翁，到了迪拜也觉得如梦如幻，所以作为一个旅游吸引物，变成了最时尚、最新潮的一个旅游吸引物。本来迪拜的梦幻就是石油富翁实现自己的愿望，后来发现这是一个新模式，所以迪拜的一期工程结束后，二期工程马上开始，接着还要搞三期。一期是以阿拉伯塔为主体，二期是在海上造一个棕榈岛，三期是要造一个太阳岛，远远超出了最初的预期。这也反映出这样的项目构造的旅游产业聚集区是对应现代市场需要的。

第三个是巴黎。巴黎的模式是都市型模式，是以文化体验为核心的产业聚集区。巴黎的博物馆分布在大街小巷，达到三百多个，任何一个地方都能感受到浓郁的文化气息。文化体验的聚集通过城市得到了集中，也得到了全面的展现。一方面，这个城市对传统文化极其认真，极其尊重，另一方面，城市不断创新。当时在城市规划时为了保护巴黎古城，提出减少城区的人口的措施，为了减少七万人，做了十五年的工作。近年来巴黎市政府还不断推陈出新，比如夏天的度假时期，政府就在赛纳河两岸铺上沙子，放上棕榈树，摆上沙滩椅，使赛纳河成为一个虚拟的海滩，以满足无法外出旅行的市民的需求。这就是城市创新，实际上体现的还是文化的聚集。

从国内来看，也有了一批模式，但是这些模式规模还不够，只能说有雏形。

第一个是九寨沟。其特点是好中生优，围绕景区聚集。聚集方式是沟内游，沟外住。九寨沟一年的收入大概是五个亿，沟外构建了一个宾馆小城镇，一年收入达 27 亿。九寨天堂建成之后，借助九寨沟的品牌，形成创新，提高供给，也创造了需求。九寨天堂总投资 25 亿，作为森林中的一个酒店，一个模拟古城，再加上几个配套的酒店，整个一个大项目，构造了新的吸引力，自然就构造了一个新格局。

第二个是华侨城，华侨城的特点是围绕市场聚集，这也是无中生有的典型。这两年，东部华侨城引起行业关注，在 $9km^2$ 土地上，投资 23 亿，已经开业，再加上原来的四个主题公园，如果按照市场重置价格来说，至少需要 300 亿，所以构造成为一个旅游产业聚集区。从市场的角度来说，也非常成功。

第三个是海泉湾，是港中旅集团投资，一期工程投资 22 亿，填海造田 $5\ km^2$，现在二期三期也在筹备之中，并创建了一种模式，青岛海泉湾、西安海泉湾都在仿效。海泉湾的模式是围绕着一系列的新兴需求，创造新型产业和服务，以温泉作为招牌，构造成一个综合体，形成了一个聚集区。

第四个是东莞，东莞模式是围绕着制造业聚集，以制造业的发展，聚集酒店业的发展，实际上东莞旅游业的发展模式就是商务加休闲。当然，受金融危机的影响，东莞的制造业受到了巨大的冲击。东莞的酒店业现象也成为世界旅游业中的东莞现象，为什么能够聚集？主要原因在于民营企业家对市场的深刻认识远超过政府。

第五个模式是上海，它是围绕大都市的聚集。上海从 1995 年开始，明确了发展都市旅游的思路，已经见到了显著的成效。

因此，无论是从国际还是从国内来看，各种模式都在证明，新时代产生新趋势，孕育新需要，需要新项目，建设新产品，更需要新认识。

三、培育旅游产业聚集区的意义

（一）转型升级

传统的观光模式以观光资源为主，依托性强，分散布局，规模较小，有什么就做什么，这是旅游发展散弱差根本性的原因。转型升级的模式是以市场需求为主，创新性强，集中布局，规模较大，是市场需要什么就做什么，这两者是本质性的区别。所以，培育旅游产业聚集区对于全国旅游发展的转型升级来说，是下一步的一个突破口，也是一个主要抓手。

（二）从建设旅游强国的需要出发

建设旅游强国，强地方、强企业、强文化、强市场，缺一不可。培育大型旅游企业集团，乃至发展中国旅游业的跨国集团，路径是清楚的，但是强企业这个目标还没有达到。相形之下，强地方需要探索新的路径，各地都在探索。实际上旅游产业聚集区模式，在实践中已经产生，但还需要进一步推动。

旅游企业的发展布局是网络化，这样布局的旅游企业，从国家的意义来看规模很大，可是从地方的意义来说，规模有限。网络化布局从企业的角度来说，可以对应市场。但是从地方来说，看不到大企业的大作用。反过来说，地方重视工业的发展，除了工业化发展阶段的大背景之外，很重要的是一个大企业对地方的作用立竿见影。一个大的制造业企业，当年的 GDP 增长，财政收入增长当年见效。而旅游则起不到这样立竿见影的作用。这就需要研究旅游产业布局的集中化，对地方发展来说，形成重头。所以，强地方，探索新的路径，旅游产业聚集区是一个重要方向。

（三）树立市场品牌

观光产品对于地方的品牌产生了很大的作用，但是这种品牌相应来说比较单薄。进一步，不仅要培育旅游产品的品牌，更要培育整个目的地的品牌，下一步是培育旅游产业聚集区的品牌。新产品形成新品牌，可能会起到更大的作用，就像海泉湾模式，到珠海去，目标不是珠海，而是海泉湾。相当于到海南去，目标就是亚龙湾，这就是消费点对点，市场面对面。所以这样一系列新品牌的形成对于各地具有一种特殊的意义。

（四）总体定位

旅游产业聚集区的提出和发展，是一个中观层面的创新。从宏观层面来说，是一个区域发展的概念。从微观的层面来看，是企业发展的概念。旅游产业聚集区基本上是一个中观性的聚集，实际上原来在发展的过程中恰恰对这个环节考虑不足，研究不够，形成一个薄弱环节。比如中国人说美国旅游，首先是若干大城市，这就是区域概念。之后，第一个选择是拉斯维加斯，第二是夏威夷，夏威夷也是一个产业聚集区的概念。然后再说分散的观光型景点，比如看看自由钟，看看黄石公园。能够体现一个地方集中性的品牌，恐怕就是产业聚集的吸引力。所以，旅游产业聚集区会成为区域的发展重点，成为旅游产业新的增长极。由于聚集区的形成，会使旅游的地位突显，作用也集中体现。

四、建设原则

（一）大

旅游产业聚集区需要大构想，形成大项目，创造大文化，也需要资金的大投入。没有相应的规模，就谈不上旅游产业聚集区，所以首先是大。而且这种构想要有创新，如果还是说这里有温泉，搞一堆温泉度假村，也谈不上创新。有温泉只是有资源，有温泉度假村叫做有产品，有了温泉主题文化才真正有品牌。

（二）特

建设旅游产业聚集区，资金固然重要，是基础，但是更重要的是创新，创新主体，文化驱动。这就构成一体两翼的发展方式，一体是创新，一翼是资本，一翼是市场，一定意义上资源都不是很重要的。所以一是需要特异的思路，需要有些超出常人的东西，真正需要一些创意。二是发展方式、操作方式的创新。三是独特的商业模式。四是特种项目。

（三）长

旅游产业聚集区形成要素聚集，产业链一定要长，才可能对地方的发展产生更大的作用。产业链长包括一是衔接产业环，产业环要完整，产业要整合，包括一系列环节之间的衔接。二是延伸产业链，不仅是旅游自身，也要向上下游延伸。比如自驾车游，应该提一个这样的口号：装满自驾车的后备箱。意思是说，要装满后备箱，只靠旅游工艺品纪念品是不行的，传统的旅游商品的概念对应不了。旅游购物的概念包括：工业品，副土特产品，工艺品纪念品，礼品，这四个概念加在一起，才可能达到一个目标，装满自驾车的后备箱，所以就需要产业链的延长。三是扩大产业面，促进横向发展，形成最佳的商业模式。四是针对游客的直接需求、中间需求、衍生需求构建产业环、产业链、产业面、产业群。

（四）圆

圆就是循环经济。从旅游产业聚集区的角度来看，一是在环境保护方面，要努力做到一个循环经济的发展。二需要体系性的文化，一个产业聚集区要有其核心价值，这种核心价值就是构造体系性文化。三是产业体系，形成低碳发展的格局。需要重点在区域格局上培育。

五、发展方式

（一）总体思路

一是跳出当地看当地，跳出旅游说旅游，跳出项目论项目。

二是按照后工业化的视角，挖掘前工业化资源，形成超工业化的产品，对应变化中的市场。

三是敬畏自然，珍视资源，善待文化，尊重前人。

（二）分析要点

市场导向，竞争分析，总体定位，空间配置，项目落地，产业落实，核心价值，和谐发展。

（三）全面整合

全面整合需要研究一系列转换问题。

第一个转化是玩，中国人最不会玩，会玩的是美国人，全世界好玩的东西都是从美国先出来的，他们是工作很拼命，玩也很拼命。中国人的玩基本上是内敛性的，而不是开放性的，所以这里边要把玩作为一个重要的转换，一个旅游产业聚集区好还是不好，强调的一个要素就是娱乐，而且是一个越来越重要的因素。

第二是研究两个转换，资源优势转化为产品优势，区位优势转换为市场优势。如果这个转换完不成，前两个优势就是虚的。比如对天津而言，开发北京市场一大优势是区位优势，可是怎么转换成市场优势，现在主体的转换过程还没有完成，同城效应之后会有所改善。但在多年的实际生活中，是天津组织客人到北京去玩，包括邮轮到港，浩浩荡荡拉到北京，看完又上了邮轮走了，在天津过一下，只是"涮洋肉"，天津还吃不到肉，只是喝点汤。所以就需要研究转换，旅游产业聚集区无需多加强调自然优势，也不需要更多的强调区位优势，但是必须培育产品优势，培育市场优势。

第三，具体操作需要强化五个重点，差异度，文化度，舒适度，方便度，幸福感。

第四，要开拓一系列新的领域。一是复合型的资源，对资源的认识应该是复合型的概念，自然、历史、文化、生态、物产，及各类社会旅游资源。二是综合型的利用，观光、休闲、度假、娱乐、运动、体验。三是进一步研究空间的扩大，首先是自然空间的扩大，是对自然空间充分利用，比如有一片水，原来对水的认识局限于水是看的，但最重要的水是玩的。比如湖泊，是历史湖、文化湖、自然湖、物产湖、生态湖、运动湖、娱乐湖，应该是一系列的功能，但是水源水库另当别论，所以这里存在一个自然空间的扩大与深化问题。其次是要由自然空间转成生活空间，旅游产业聚集区和传统观光景区的本质区别就是一个生活空间，生活空间内容是很丰富的，所以很自然，一般来说旅游产业聚集区都需要相应的房地产项目，但是房地产项目不是主体，构造一个生活空间的感觉。最后要创造一个精神空间，由此构成一个生活型的产品，差异环境，悠闲心态，品质生活，这是一个开拓的领域问题。

第五，创造新兴的产业体系，用新型的方式创造。一是生态产业：环境、物产、体验；二是气候产业：避寒、避暑、避污、避噪；三是环境产业：美丽、美好、新兴。四是湖泊产业：生活形态，多样发展。五是温泉产业：康体、康疗、康乐。六是娱乐产业，需要研究娱乐活动和娱乐项目。七是体育产业：特种、运动、专业、训练，高尔夫发展。八是文化产业：差异、特色。九是会展产业：会议、专业展。十是创意产业，形成创意中心，通过国际推动。十一是农林渔业，虽然是传统产业，但在旅游产业聚集区里的农林渔业应该是文化型、增值型和休闲型。十二是活动产业。如果旅游发展，除了原来的发展模式之外，还能构造出十二个产业来，就是一个产业体系。这样的产业体系如果能够在一个旅游产业聚集区里全面体现出来，这绝不是小事，它具有非常广阔的前景。

六、推进建设

（一）选点布局

本质上要求需求导向，市场驱动。具体在选点布局的时候，需要考虑两个方面，第一是非工业方式，不能开发一个区域，马上就选择工业开发区这种方式。第二是非基本农田，基本农田最好不要用，占用基本农田政策上很难突破，而且完全没有必要突破。比如安徽的一个温泉开发项目，坐落于山坳里的小盆地，盆地里遍布油菜花，周围有这一圈山，开发商选择在山腰上建温泉度假村，看着山坳里的油菜花，形成一个大地艺术的概念，这样既保护了基本农田，同时构造出了自己的特色。所以这里边要学习工业开发区的成功经验，但是绝不能完全按照这种模式走，应该形成山、水、园、林、泉、文的综合配置。土地资源是很重要的，在一般的产业里所看到的好地，在旅游产业聚集区看，未必是好地；一般觉得接受不了的土地，在旅游开发来说可能就是好地。香港的富人都住在山上，白领才住在现在追求的所谓好地。现在内地这个趋势也在产生，自然环境越好，有山又有水的地方，原来认为比较偏的地方，现在都是好地方。所以通过这样的选点布局及相关配置，形成核心，形成特色。

（二）招商选资

因为现行的旅游项目往往是长线投资，长远回报，所以需要和投资商形成共识。现在普遍心态急躁，期望短期收回投资。能够有战略性眼光的投资商，一般都是大投资商，所以资本就需要选择一些大投资商。在这个过程之中，最重要的是需要研究和设计商业模式，每一个项目都有不同的商业模式，形成了非常复杂的交叉组合关系，归纳下来，大概是 32 种商业模式，32 种商业模式必有若干种对应一个旅游产业聚集区。所以商业模式的创新是旅游产业聚集区招商选资，乃至长远发展的关键。

（三）土地升值

土地升值，也是基础性的商业模式。没有大资本的拉动，土地升值有限，小打小闹，很难拉动这样的项目。大投资进去，边建设边升值，甚至有可能使长线项目成为短线项目，土地升值是根本性的回报。但是没有大资金的拉动，没有大政策的支持，土地升值也做不起来。

（四）重点培育

从各地政府，包括各级旅游局来说，都需要研究来确定建设重点。之后，就需要集中资金，集中发展，就是一定要形成相应的规模，没有足够的规模就不是一个聚集区。

（五）政策组合

现在旅游本身并没有多少政策，但是就地方政府来说，可以形成组合性的政策支持。可以把财政政策、金融政策、生态政策、环保政策、土地政策，包括一些贫困地区的扶贫政策，组合到一起，就可以集中支持一个项目。这样做下来，重点相应来说比较容易形成，有了政策组合支撑的前提，在招商选资方面也会有相应的吸引力。由此，就会构造一系列新的品牌，发展到一定程度，旅游产业聚集区的品牌甚至会超过地方品牌，下一步有可能会形成这样一个格局。比如拉斯维加斯，因聚集区本身的品牌太大而成为世界性的品牌。由此，就需要形成市场的突破，现在已经初见雏形。有相当一批投资商把眼光转向旅游，这就需要形成市场的大突破，也需要从政府，各个部门研究政策组合来支持。

第四节　培育旅游要素市场

在全球化背景下，中国正在转向资源、资本、资讯和智慧等要素综合配套、全面发展的形态。在这个大前提下，旅游的发展也不再仅仅依赖于单一的资金要素，而是依靠各个旅游要素的整合发展与旅游要素市场的健全和完善。面对全球化背景下中国旅游的新变化，应调整思路，从旅游要素全面配套、全面协调、共同提升这个角度来研究旅游的发展，以旅游要素市场的培育来促进中国旅游的发展。

所谓要素市场，就是各类经济要素的市场组合与市场交易，构成总体发展格局。要素市场基本上由资源、资金、土地、人才、技术管理、信息和企业产权等组成，对于旅游而言，文化要素也成为重要的组成部分。市场的发育要依靠要素市场的支撑。任何一个产业都需要这些要素，而这些要素的投入强度如何，彼此之间的组合关系如何，又构成了一个国家根本性的竞争力。

中国制造能力强，被称为"世界工厂"，商品市场和国际上大体接轨，而且已经培育了比较强的竞争力，但是要素能力弱，在要素市场上还有非常大的差距。因此需要进一步研究要素市场与商品市场的互动。商品市场是结果，要素市场是原因，或者说要素市场是基础，商品市场是要素市场基础上的表现。要素市场越完善，则商品竞争力越强，反之商品竞争力强就必然要求要素市场更完善。

一、突破资源市场

现阶段，我国旅游资源具备了市场化的特性，但是缺乏规范化和法制化。造成这种现状的原因有三个障碍：观念障碍、政策障碍和操作障碍。第一是观念障碍，比如很多人不认为旅游资源可以交易，这种观念就阻碍了交易的形成，没有交易，资源市场便无从谈起。第二是政策障碍，一个比较完善的市场需要法律法规的保障，但是现在不仅缺乏法律法规的保障，甚至政策的保障也极不健全。第三是操作障碍，现在对于如何促进旅游要素的交易、如何激发旅游要素市场的活力，各地有各地的方式，但基本上都是"摸着石头过河"，为此，去年建设部专门下了一个文件，允许贵州率先进行所有权和经营权分离的实验。

旅游资源不同于其他要素，它具有不可流动的特点，在物理空间上不能流动。这就降低了其所有权的流动性，但其经营权是可以流动的。所以一定意义上经营权的流动构成了旅游资源要素的流动，而旅游资源要素的流动进一步构成旅游资源要素的市场。所以说，所有权和经营权的分离是研究的重点。

现阶段，除了像北京这样个别自身投资实力较强的地区外，各地普遍开展了所有权和经营权分离的尝试，建立了经营权市场。这其中有的地方不是因为缺少资本，而是希望通过这种方式引入一个新的机制。比如浙江的各级政府通过这种方式把一套民营企业的运营机制拿过来，来促进旅游市场的发展。

资源要素市场是旅游要素市场中首当其冲的市场，也是阻力最大的市场。健全这个市场是下一步发展的重要课题和重要任务。这个市场既然在地方已经普遍化且不能强制干预，所以在中央层面上应该放宽政策，逐步调整。

二、培育文化市场

文化市场是文化要素的引入。旅游追根究底是在生产文化、经营文化、销售文化，旅游者是在购买文化、消费文化、享受文化。所以，文化和旅游是不可分的。

近年来，文化要素在旅游中的作用越来越大，文化旅游产品的作用也越来越大：

（一）创造大量利润

以"印象刘三姐"为例，一张门票180元，没看过的游客到了桂林基本都要去看，收入颇丰。正因如此，有公司提出来想收购这台节目，却遭到拒绝。这样的文化旅游产品如果作为一个单体产品来计算的话，投入产出率是非常高的。

（二）扩大影响

提高知名度。杨丽萍的"云南映像"不仅在全国巡回演出，还举行了全世界巡回演出，而且构造了一个模式——现在云南但凡有一点规模的餐馆里都有这种模仿性的节目出现，已经形成了一个"印象云南"现象。这样的文化旅游产品极大地提高了云南的知名度和云南文化的影响力。

现在各地都在研究，各个城市都想有一台自己这样的节目，有这么一台歌舞才代表一个城市的形象，也才能体现城市旅游的吸引力。随着文化性要素在旅游市场里日益重要，生产销售文化旅游产品成为旅游市场的重要发展方向。进而可以围绕着文化要素的整合、文化要素的提升和作用的扩大，构造出一个旅游文化要素市场。

文化要素这个市场的培育至关重要，因为只有通过这个市场，始终存在于市场中的文化才具有升值的可能。而培育这个市场的关键在于尊重市场规律，开拓市场空间。

三、发展资金市场

发展资金市场可以从以下四个方面着手：

（一）转变观念

2006年，中国旅游投资洽谈会提出一个口号"从招商引资到招商选资"，这个口号是一个转变、一个进步。原来认为"拣到碗里就是菜"，只要有人来投资，也不管投资的目的是什么，也不管是不是真的有投资行为。现在不同了，现在提的是"招商选资"。具体操作上可以通过"从海选到重点"的方式来挑选投资商，还在组织旅游投资商俱乐部，通过俱乐部日常性的活动来使项目单位和投资商更好地对接。

（二）引进多种投资方式

投资不仅是投资商的直接投资，也包括银行的间接投资，还包括其它一些投资方式。

现在一个薄弱环节在于缺少旅游投资担保公司。很多好的旅游项目到银行去贷款，因为不能提供担保手续而被拒绝。而政府担保又违背程序，以至于形成了银行大量的钱闲着不能用，而好项目却没有钱用的尴尬局面。如果说能有旅游投资担保公司在中间形成杠杆和桥梁，这个问题就能比较顺利地解决。也可以建立旅游投资基金，把手里散着的钱集中起来专门来做旅游投资。这两个例子说明旅游的资金市场应该是多方式的，多方式进一步形成制度化，这样的资金市场才比较稳定。但是现在基本上是一条腿走路，就是指望投资商直接投资。

（三）加强信息沟通

实际上好项目缺乏资金，而投资商又找不着好项目，这是要素市场上严重的信息不对称造成的。之所以不对称是因为投资商要找好项目的成本太高。投资商如果对旅游感兴趣，就需要到全国各地考察项目。有多少投资商会花这么大的精力来考察？且不论金钱成本，就是时间成本也搭不起，所以就造成了信息的严重不对称。

国家旅游局连续两年组织投资洽谈会，实际上是要解决信息沟通的问题，能够形成初步的信息流动，投资商可以先找一些项目，也容易确定重点。

（四）从引资到引智再到引制

在一定意义上，引资的前提条件是引智，如果没有这个前提，就要在引资过程的同时把智力引入，最终要培育一个好的制度。规范健全的制度是资金市场健康发展的重要保障。

四、创新土地市场

现在土地市场的特点是复合型开发模式的普遍推广，具体是景区开发、房地产开发以及其它文化开发和产品开发联动的模式。

复合型开发模式要讲求合理、避免过度。比如景区城市化这个问题，就意味着在景区里边房地产开发过分，这种过分的开发将影响到景区未来的发展。景区为了申报世界自然文化遗产，首要措施基本就是一个字——拆。张家界政府下决心将核心景区内已经投资五个亿的房地产项目全都拆除；承德避暑山庄为了把围墙露出来，花了一个亿把周边的民居全拆了；都江堰为了申报世界文化遗产花了八个亿。如果一开始这个度能够把握的比较好，就不必走这样的弯路。

复合型开发模式的核心在于土地的集约型利用。其中有很多技巧，要调整思路，尊重市场规律，加强与市场的衔接。比如一座山，山门紧靠山边，既不利于保护，也不利于利用。如果山门出来十公里，就意味着有十公里的土地面积可以利用。所以要把山门挪出来，在这个距离中可以进行成片的房地产开发，比如建一片休闲社区，这样就创造了利润空间，且成本也不高。思路调整之后，发展空间顿然开阔。再比如一个地方利用一片大好的农田建一个旅游经济开发区，其实"旅游经济开发区"这个词本身就不对，旅游不需要像工业开发区一样平一片地建一片厂房。就算建成了，也总有推倒重来的一天。所以在利用土地的过程中一定要讲集约化，要调整思路，尊重市场规律，加强与市场的衔接。

另外，这两年实施土地新政，其主要内容包括严格保护基本农田，进一步控制地价房价等等。土地新政实施的越到位，土地要素的升值空间就越大。所以要发挥旅游优势，利用各种其它工业性项目或商业性项目不好用的土地，这样的土地成本低，而且利用之后土地就会升值。通过一个一个环节，一个一个项目逐步形成旅游土地要素市场。

五、壮大人才市场

旅游人才市场的首要特点是规模大。现今全国有旅游院校1336所，在校学生57万人，培训总量267万。这个规模在全世界也是独一无二的，旅游教育培训已具有了大众化的特点。

人才市场的第二个特点是流动性高。在旅游发展的诸要素中，人才要素的市场化的程度最高，过高的市场化程度使人才的流动性大大增强。酒店员工的流动率最高的时候曾达到60%。

第三个特点是专业对应差，也是这个市场最大的问题。旅游是一个领域，但不是专业，囊括了饭店管理、旅行社管理、景区规划设计等专业，需要强化专业间的对应。

院校的专业设置和实业界之间的差距导致了现在的这种情况：一方面毕业生求职难，专业对应不到位。另一方面市场有人才需求却没有人才供给，类似咖啡厅管理，酒吧经营等专业。这里边都需要管理，需要市场营销，需要产品的研发。现在人才市场的市场化、流动普遍化都没有问题，最大的问题是专业对应的问题，很大程度上要靠市场来选择，但是更重要的是还需要构造一个市场平台，形成市场的双向选择。

六、开拓技术市场

技术市场也是知本市场，是中国旅游现在差距最大的领域，发展技术市场要从以下几点入手。

（一）扩展数字化领域

数字化技术在旅游业中的应用提高了旅游运营的质量和效率，为旅游业注入了新的活力。比如上海博物馆，租一个耳机，输入展品的编号，就可以收听到有关展品的内容。另一方面，如果不发展数字技术，不与国际水平接轨，就意味着在全球化的发展过程中会处于边缘状态,将被全球化发展态势所抛弃。

现今国内旅行社的经营、景区经营基本上还都是传统方式。而且景区普遍不接受新技术。比如景区电子贴身服务系统的新技术,这个半导体大小的电子设备存储了整个景区的数字化信息,游客随身携带便能随时为游客提供地图、语音介绍等服务。厂商推广的营销方式对景区来说没有任何损失,但是许多景区还是不接受。这是扩展数字化的领域过程中的一大阻力。

要向多个方向扩展数字化。在我国,数字化技术在酒店应用的比较普遍,甚至一定意义上酒店管理经营已经离不开数字化技术。再进一步还需要开拓其他一系列的数字化的领域,比如数字技术在旅游汽车上的应用。比如德国,汽车上都安装有开车时间的电子记录,车开到两个小时必须休息15分钟,如果违背就要受重罚,这无疑大大提高了长途大巴的安全系数。

(二)发展装备工业

随着户外运动的兴起,国内对户外装备用品的需求较高。但是,国产的用具几乎没有,比如造雪设备、雪具、雪服、高尔夫球等基本上都是进口的。未来,这个领域应该大力发展。

(三)发展技术市场

现在一种情况是有技术无市场,还有一种叫做有市场无技术,只能进口。当然也有少量既有市场又有技术,比如一些国产的饭店管理软件,很多高端酒店都用,在中低端市场反映也不错。核心还是技术市场的培育,这就需要旅游部门与制造部门和技术部门进行沟通和合作,需求与供给的对接,这才是市场的本意。

(四)加强规划设计能力

现在中国旅游规划设计的总体水平不弱于外国,甚至有一些领域我们比国外做的超前。可是在一些项目上存在差距,主要原因在于国外在项目方面积累了很丰富的经验,而中国专家对此没有感受过,眼界够但体验不够。所以往往只看到了皮毛,只看到了表象,在表象方面非常下功夫,可是在功能和结构方面,因为没有体验就落后于外国。所以要在这方面加强,既要开阔眼界,又要积累经验。

七、拓展管理市场

旅游管理市场尤其是饭店管理市场现在已经达到了一个比较好的状况。

主要特点表现为:管理要素越来越突出,管理领域正在逐步扩大,管理要素的市场化发展水平提高。现在全国酒店的15%由专业化的管理公司管理,而且有些饭店管理公司的管理领域逐步扩大,涉及社区、公寓,甚至高速公路的服务区。全国大大小小3000家饭店,共有200多个管理公司,管理饭店的市场化基本形成了。

随着进一步发展，管理要素市场还会更加完善，进而景区本身的专业化管理公司也会逐步培育。景区管理的专业化的挑战比酒店这个市场还要高。因为管理景区更多地意味着管理一个社会而非企业。

八、优化信息市场

很多市场障碍实际上是由于信息不对称造成的。所以在新的时代需要培育一套新的机制，来解决旅游发展要素市场中严重的信息不对称问题。

核心问题是"从噪音到智慧"。我们处在一个信息的海量状态下，每个人对信息都有一个筛选的过程。第一个层次叫噪音，经过整理的噪音形成数据，经过提炼的数据形成信息，信息的升华是知识，知识的进一步升华就是智慧，这五个层次要一步一步地过。

解决这个信息不对称问题就要体现信息的价值。很多情况下，我们没有意识到很多信息有价值，这是多年来国内轻视软实力的培育、轻视文化、轻视知识造成的结果。比如国家旅游局提供的是一个基础数据，是经过整理的，不是噪音，这些基础数据是企业最需要的东西，比如全国旅行社、饭店、景区、旅游集团的经营情况等等，但是这个基础数据用的人很少。所以在旅游信息这个要素市场上需要培育一个好的机制，需要市场运作，让旅游经营者意识到信息的价值，并最终培育一个旅游信息的要素市场。如果这个要素市场培育出来了，前边七个要素市场的很多问题都可以解决了。

九、工作推进

（一）尊重市场规律

市场第一叫做有"市"，第二叫做有"场"。民间做东西往往是有"市"无"场"，政府做东西往往叫有"场"无"市"，只有达到又有"场"又有"市"，这才叫真正的市场。要素市场不需要更多的"场"，但是这个"市"一定要形成。很多政府动不动就要治理"脏、乱、差"，但"脏"、"乱"、"差"三个字不能等同视之——"脏"和"差"都不允许，但可容忍一定程度的"乱"。因为没有"乱"就没有人气，没有"乱"就没有市场。如果把脏乱差全整治了，"场"到是形成了，而"市"却没有了。北京的秀水街，改建之前何其火爆，改建后大楼盖起来了人气却没有了。因为在停业改建的过程中客户就直接同浙江、义乌这样的商品产地做生意去了，而且流失的客户再也不会回来。说到底，就是政府不尊重市场规律，重"场"轻"市"造成的。

（二）开拓市场空间

要素市场和商品市场不同，它对于"场"的要求不强。比如投资洽谈会主要是给旅游经营者联系关系，真正能谈成生意的可能性微乎其微。所以投资洽谈会的评判标准不是在会场上签了多少协议，而是会后组成了多少次商业谈判，有多少人到现场去考察。

虽然对"场"的要求不强，也不一定要建一个大的实体，但是需要开拓市场的空间。在义乌的小商品市场，一个小小的 3×3 的摊位出让，200 万还未必能买得到。因为 200 万买的不只是这么一个小的空间，而是整个网络化的市场空间，是无数的信息资源和网络资源，是生意越做越大的前提条件。

有"市"又有"场"，进入这个市场后才能进行交易，并且随着交易的一步步深入，网络越来越大，从而形成更多的交易行为——这样的市场空间才是文化要素市场的所在、旅游要素市场的所在。

第五节　旅游电子商务与智能化

一、旅游电子商务的本质

（一）商务的本质

《易经·系辞·上》中提到"日中为市，致天下之民，聚天下之货，各得其所，交易而退"，这可以说是全世界关于商务最早的描述，是一段经典的描述市场的话。由此可见，商务的本质就是交易，涉及到交易的时间、交易的场所、交易的方式、交易的成本、交易的信息等基本问题。如果从场所的角度来看，在人类商务的发展过程中，首先是集市交易，在家门口、村口就可以进行的交易，其次是商埠交易，之后是城市，最后是天下和世界，这是一个自然的发展过程。随着内容的丰富和范围的扩大，交易的方式越来越多样化，渠道越来越多元化，最终交易成了一种专业化的行为，但是万变不离其宗。

（二）电子商务

首先是突破。网络改变了世界，也改变了每一个人的生活，我们每天在生活中都会体会到网络的作用。由于网络的发展，自然而然产生了电子商务。在复杂的交易过程之中，电子商务的本质是直接度，减少了中间环节，提高了效率，降低了成本。电子商务的发展确实形成了几个大的突破。

第一，突破了场所的概念。电子商务的范围无远弗届，任何一个地方都可以开展，只要互联网开通。第二，突破了时间的概念。随时进行交易，在互联网的背景之下，传统交易中的场所和时间基本上都被突破。第三，降低了交易成本。

形成了长尾市场，正是因为互联网有了这么大的直接度和方便度，交易成本大幅度地下降，原来一些不能构成市场的现在也构成市场了，因为它的边际成本几乎为零，这就意味着哪怕一个人都可以变成市场。第四，极大丰富了内容。所以形成了一种中介全面把握的格局，这些年我们一直强调渠道为王，就是因为中介的作用越来越大。内容越来越丰富，作为一个独立的供应商，无法对应整个市场，甚至作为一批供应商，都无法对应，大家只有在互联网这个平台上，通过电子商务这种方式，才可以把浩如烟海的商品和服务聚集到一起。

同时，电子商务也产生了新的问题。第一，海量信息，用户无从选择。只要一上网，感觉不知不觉地半天就过去了，想想什么也没干，什么收获也没有，这就是由于海量的信息给我们造成的一种困惑。第二，网上交易，信誉如何保障。这两个问题正在突破，比如支付宝的产生，通过第三方的信誉保障，应该说已经取得了非常突出的成效。在电子商务这个领域内，总体而言，中国并不落后，基本上和国外同时起步，同时由于面对这么大的一个市场，创造和发展不亚于国际水平。

（三）旅游电子商务

自电子商务进入中国以来，旅游领域迅速成为运用电子商务的先锋和重点，主要出于四个方面的原因。

第一，信息海量性。海量的信息让我们不得不依托网络，尤其在旅游电子商务的发展上面，依托网络可以直接获益。

第二，人员流动性。人员的流动性对于互联网的需要应该说比其他的方面更加强烈，因为流动本身就产生了需求，流动过程又产生了需求。

第三，需求综合性。旅游的需求综合性基本上可以对应生活的方方面面，可以对应我们全部的消费领域，所以又进一步强化了这种信息的海量。

第四，市场成长性。大家都看好了这个市场，这不仅是因为互联网市场在这方面要形成一个重要的应用领域，而且旅游市场本身的成长性也被大家所看好。

但是，这个过程也是一个起伏跌宕的过程。网络开放是一个国家根本性的开放，很多外国人原来认为中国就是一个专制国家、警察国家，从网络开放以后对中国的印象彻底改变了。全国的旅游网站，多的时候几千家，少的时候几百家，可谓是"冷来冷得冰凌上卧，热来热得蒸笼上坐"——这是一个新兴领域、新兴产业必然经历的一个过程。

网络对旅游发展来说最重要的作用是提高了旅游的技术含量，科技一路领先，一切纷至沓来，但是不管玩出多少花样，本质上仍然没有变化，只不过旅游领域更丰富。旅游电子商务的本质是交易与服务，旅游服务本身作为一种产品也可以纳入交易的范围。

总体来说，现在形成了三大类旅游网站：

第一类，门户式。除了新浪、搜狐这些大的门户网站设有旅游频道，多数的门户网站是国家旅游局及各省市旅游局的网站。这些网站基本上是"不死不活"，对于网络这样一个新兴事物，靠行政体制是无法对应的，效果不理想。

第二类，渠道性。现在发展的越来越猛，因为渠道本身就提供了一种商业模式，创造了一种商业模式，提供了更多的服务。

第三类，搜索式。比如大众点评网、饭统网诸如此类的，凡是有事就可以搜索，搜索是一种客观需求，但却是互联网创造出来的，这种需求成为第一需求，旅游恰恰是一种信息的海量性，不能不借助搜索。

三大类旅游网站也创造了不同的商业模式：

第一类，财政。比如门户性的网站，更多的是借助财政资源，反正财政拿钱，有大锅饭可吃，大家也用不着积极地在市场上拼搏，只要保证每天网站上有领导的形象和活动就行了。严格地说，财政还是纳税人的钱，但是我们现在没有纳税人的概念，也无从提要求。

第二类，预定。以携程、芒果网等为代表的提供预定服务的网站，现在看起来已经开创了比较成熟的商业模式。

第三类，广告。这也是多数网站寄希望的一点，直到现在，大家还在讨论这个概念。我们听了无数的这种故事，也听了无数的脚本和构想，多数的判断都是必死无疑，因为严格地说，没有新的内容，也没有新的方式，也没有新的手段，所以只想靠一些新概念来打天下，是打不下来的。

第四类，团购式的网站也开始在旅游领域产生，提供了一种新的商业模式。

二、旅游电子商务的发展方向

商务、电子商务、旅游电子商务是一层一层递进的关系。方便本身又带来了不方便，解决方案本身也需要解决方案。但是万变不离其宗，把握根本，认准方向，可以少走弯路、加快发展。旅游电子商务的发展方向是：旅联网。

旅联网是以互联网为基础，以物联网为参照，以人员流动的整体需求为指向，形成的新型解决方案。互联网解决的是信息沟通的问题，在互联网上形成电子商务，解决的是大批量、多品种的交易问题。物联网是一个新的东西，现在已经形成，只不过还没有大规模的应用，借助互联网，通过视频识别等技术的集成，使物可以联系到一起，实现物品的互通。物都可以联到一起，人就不能联吗？旅联网是一个人员的流动和需求的连接，人在流动的过程中，需求是在不断变化的，这个时候借助互联网的手段，再加上一些新的技术集成，一定会形成一个旅联网的概念。所以，旅联网的根本是变动，是流动中的人，变化中的需求，要对应这样的需求，只有现代技术才能做到，而且应该说这种需求是普遍的、非常强烈的。如果旅游互联网能够走到旅联网这个方向，能够在这个平台上发展，这恐怕是一种根本性的突破。

从需求来看：

一是团队旅客。第一，组织性需求。对于团队旅客来说，大家在一起不要走散了是最基本的需求。第二，安全性需求。尤其是出国游客，人生地不熟，语言也不通，碰到什么事情，两眼一抹黑，很自然就有一种安全性的需求。第三，支付性需求。不能带了一笔钱出去，又带了一笔钱回来，钱怎么花也是一种需求。第四，个性化需求。团队性的需求在中国下一步仍然是大量的、普遍性的需求，但是即使从旅行社的组织来说，也有个性化的需求。我们现在是一个团队一个小旗子，每人一个帽子，胸口贴一个团徽，这就是一种标识，这可以说是一种初级的旅联网，但是反映了广大游客的需求。我们可以做一种假设，游客参加了团之后，每个人发一个徽章，相应的信息都在这个徽章里，遇到什么事情都可以通过这个徽章解决，这对客人是何等的方便。当然，这种场景是一种很低层次的场景，经过了几次游客就会有经验了，但是个人的经验永远是有限的，再丰富的经验，也无法对应旅游市场海量的信息，更不用说要在海量信息里选择一个最好的性价比的方式。

二是散客。散客的消费概念是即兴、即时、即起，快要下班了，同事们提出晚上一起吃饭，这就是即兴。吃完饭去哪里，这又是即兴。这种即兴对应的就是即时，行为都是即时的，而且说动就动，这就是散客的特点。这个特点对信息的需求量更大，我们日常中都会体会，比如吃个饭，先上网搜一搜，又想干什么，再去搜一搜。　　三是切客。切客是一类最新的客人，指热衷于即时记录生活轨迹的都市潮人，利用移动互联网终端记录地理位置，身边新闻，借此与他人分享。特点是及时、实时、贴身。他们是移动互联网时代的潮流引领者，让互联网应用从虚拟走向现实，影响并改变每个人的生活。正是因为现代技术的发展，才产生了这样的行为，这样的行为进一步刺激了大量的需求，这就是一种贴身服务。

无论是团队还是个人，散客还是切客，都反映了一种现代需求的生机，这种需求的生机和我们产品的组织、供给是互动的，需要研究如何来跟上这种需求，甚至可以引导这种需求，创造新的需求。

从发展来看：

一是三网合一的技术支撑。虽然现在中国还没有达到，但这个方向是必然的，这样一个技术支撑就构造了一个强大的技术平台，而且这个技术平台门槛并不高，一般人都可以利用。

二是物联运作的经验吸收。物品都可以构造物联网，我们从中可以吸取到很多的经验和教训。应该说旅联网的构造比物联网还要高一个层次，物也是流动，但是没有感情，没有即兴、即时、即起的需求，这就意味着对我们的挑战会更高。

三是旅游服务的个性发展。随着下一步旅游市场的成熟，尤其是消费者的成熟，个性化的要求会越来越多，这种个性化的要求就打破了原来工业化的模式，后工业化发展的格局恰恰是在旅联网的基础上才可能真正达到生机。

四是未来旅游的全面突破。这件事还需要很复杂的研究和实践，但这是一个方向，这必然是一个全面的突破。这种全面的突破实际上对各个旅游网站来说，也是一种挑战，我们能不能跟上？能提供什么样的服务？通过什么样的服务把消费者凝聚到一起？互联网日新月异，谁走在前面，天下就是谁的。

同样，在商务模式上也需要构造新的模式，简单地说就是"N模式"。电子商务最开始提出的是B2B的模式，后来又提出了B2C的模式，好像网站只有这两种格局，只有这两种模式。但是实际上大部分门户网站都是B2G，G是政府，再进一步需要B2K，K是资本。同样，我们也不是一个简单的B，这样的一个模式归纳起来就是N2N，在旅联网的格局下，一定会形成一个N2N的模式。所以，我们不能局限在这几种简单的商业模式，需要发散性的模式，这边是N，那边也是N，形成各种各样的排列组合，其中必有一个最适应自己的组合。

总体而言，旅联网是智能化的集大成，必然是旅游电子商务的发展方向，因为符合商务的本质。如果大家认同是一个方向，那么我们就需要研究为此做点什么。按照目前的格局，提起来是一筐螃蟹，相互纠缠在一起，放下去是一筐土豆，互不干涉，这种格局恐怕需要调整，旅联网的发展就必然要求旅游互联网企业的联动。我相信通过这样的一个发展过程，中国的旅游互联网、旅游电子商务会上一个新的台阶，也会谋取一个新的方向，甚至会在全世界创造一种新的模式。

三、智能化：中国旅游业应对危机的金钥匙

在席卷全球的金融和实体经济危机中，中国旅游业的传统发展模式，走到了必须突破、也有条件突破的历史时刻。站在这一重大的中长期战略决胜点上，智能化发展，为创新、革新、更新中的中国旅游业提供了光明的前景。智能化是中国旅游业应对当前危机和开启未来发展大门的一把"金钥匙"。

（一）智能化的定义与特征

智能化的传说可以追溯到古埃及，随着1941年以来电子计算机的发展，智能化的概念正式登上历史舞台；"智能化"的定义和特征在学术界没有严格的定论，主要可以做以下界定。

1. 智能化的概念

智能化是通过人类智能和人工智能的手段，面向某一对象进行系统化处理的

过程。"智能化"既离不开人类自身智慧与能力的参与,又模拟、延伸和扩展了人类的智能,使对象的运行接近、达到甚至超过人类所表现出的智能行为(John McCarthy, 1956),自动制定决策、采取行动,从而提高对象运行的效率和品质。

智能化是通过形成"智慧",从而产出"能力"的过程,这一过程伴随着一系列的信息传递、数据存储、语言表达、行为发生以及感觉认知和逻辑思维;智能化对象通过对客观事物进行合理分析,判断及有目的的行动,获得有效处理周围环境事务的综合能力。

在理论上,"智能化"是计算机、信息论、控制论、自动化、仿生学、生物学、心理学、数理逻辑、语言学、医学和哲学等多门学科交织而成的科学。

在实际中,"智能化"是改变人类传统的生活工作方式、减少人工成本、提升价值品质的重要趋势,为各个行业开辟了巨大的消费市场、提供了良好的发展契机,能够带动整个现代国民经济体系健康、高水平地运行。

2. 智能化的特征

智能化是广义人类信息化的一部分,具有鲜明的信息特征,智能化是整合性的信息创造。人类信息化中的信息分为五个层次,智能居于最高层次。

第一个层次是信息资源。信息资源是海量性的,原始信息资源中的大部分都是噪音,没有价值;第二个层次是信息数据。信息数据是分类性的,经过整理的信息数据具有初步的价值;第三个层次是信息分析。信息分析是系统性的,通过理性处理的信息分析可以与市场需求对应;第四个层次是信息归纳。信息归纳是知识性的,升华后的信息归纳就是"新知识";第五个层次是信息整合。信息整合是智慧性的,创造形成的、全面的信息整合是具有颠覆性、创造性的"新智慧",也就是:智能或智能化。

(二)智能化是信息化的最高形态

广义人类信息化分为三个阶段形态,智能化属于信息化的最高形态。

表6-1 广义人类信息化的阶段形态表

阶段	形态	属性	作用	途径	解决	生成	备注
第一	信息化	基础	互相沟通	技术	信息对称问题	知识和噪音	狭义的信息化
第二	数字化	手段	覆盖整合	技术	职能功效问题	知识	广义的信息化
第三	智能化	目标	思维活动	技术与人工的结合	全面方案问题	智慧	

第一个阶段形态是信息化。信息化(狭义的信息化)是广义人类信息化发展

的基础。信息化起互相沟通的作用，主要通过技术途径，解决经济发展中信息对称的问题。信息化可能生成具有价值的信息，也可能生成没有价值或具有负价值的信息：知识和噪音。

第二个阶段形态是数字化。数字化是广义人类信息化发展的手段，数字化起覆盖整合的作用，主要通过技术途径，解决经济发展中职能功效的问题。数字化可以通过提高运作效率，降低运作成本，生成具有价值的信息：知识。

第三个阶段形态是智能化。智能化是广义人类信息化发展的目标，智能化起思维活动的作用，主要通过技术途径和人工途径的结合，解决经济发展中全面方案的问题。智能化可以通过包括知识在内的资源的有效配置与合理运行，获取知识并运用知识求解问题的能力，协调各个发展要素之间的关系，生成最优的信息和资源使用结构，大幅度提高运营效能，创造信息的核心竞争力：智慧。

（三）智能化是三要素的有机整合

作为人类信息化最高层次和最高形态的智能化，也需要最高级别的配套要素，智能化需要三大要素的有机整合，缺一不可。

第一要素：智能设备。智能设备也称智能硬件，电脑、服务器、大型计算机、互联网等硬件已经基本普及，新技术的不断产生，使用户，尤其是无数个人用户越来越不必购买价格昂贵的硬件，而只须租用、间接付费甚至免费运用智能设备进行价值创造。谷歌的硬件可供数以亿计的全球用户免费使用，而且这种免费的范畴甚至扩展到新兴的网格和云计算平台等高性能设备的使用上来。智能设备将无数分散的小型用户集中起来，产生巨大的规模效益。事实上，智能设备水平几乎全球同步，中国与美国的差距并不大，并且这一方面的差距还在继续缩小。

第二要素：智能技术。智能设备也称智能软件，与智能设备不同，智能技术水平的国际差异是比较大的，并且这一差异是结构性的。事实上，中国目前并无有针对性的智能化全面技术解决方案。智能技术效益的发挥需要大幅度推广，从智能化单体向智能化产业和智能化地区进行推广配置。

第三要素：智能头脑。智能头脑也称智能人力，是能动的、最重要的中心要素。智能化无论发展到何种程度，都不可能替代人类头脑的智能本身。人类头脑中的意识形态，包括心理学上的诸如意识（consciousness）、自我（self）、思维（mind）无意识的思维（unconscious mind）等，都与智能头脑紧密关联。相对于智能设备和智能技术而言，创造智能头脑是最难的，在这方面并无明显的国别差距。

四、历史转折构成中国旅游业智能化发展的战略背景

提出中国旅游业的"智能化"发展，与当前席卷全球的金融和实体经济危机密不可分。大凡重大的经济危机时期，都是人类历史发生同样重大转折的阶段。

从历史的视角进行审视，可以看到中国旅游业智能化发展战略的历史背景和必然性。

（一）"智慧主动"是化解经济危机之本

马克思主义认为，经济危机的根本原因或直接原因都源于新技术的产生或孕育。事实上，当前全球金融和实体经济危机的真正根源，离不开在上世纪末膨胀起来的高科技（互联网 IT 技术）经济泡沫的破灭。

翻开世界经济史可以发现，每当人类面临与新的技术密切关联的经济危机的时候，总有两种解决方式：一是"技术主动"，二是"智慧主动"。其中，"智慧主动"是化解经济危机之本；开创"智能化"发展，是中国旅游业对"智慧主动"方式的运用。

表 6-2　人类解决经济危机的历史方式对照表

方式	本质	过程	结果	举例
技术主动	新技术驱使人类的冲动行为	战争与革命	对抗	从"二战"到"冷战"
智慧主动	新智慧掌控技术的理性运用	创造与维新	化解	从"信息化"到"智能化"

（二）"技术主动"的对抗方式

"技术主动"是指在解决人类与新型技术之间的紧张关系的问题时，技术本身居于主动、主导地位，人类居于被动、屈从地位的方式。

观察历史上的经济危机，人类在技术面前，有时会付出众多的生命、放弃文化的尊严、倒退发展的进程、破坏传统的延续、迷失历史的走向，经历战争与革命的过程，最终达成对抗中的新的平衡，其本质是新技术驱使人类的冲动行为。

例如："二战"以及随后的"冷战"，虽然催生了社会主义阵营，最终解决了上世纪 30 年代的世界经济危机，但却极大地增加了人类进入现代社会的历史成本。面对当前的全球金融和实体经济危机，美国某智库机构甚至仍然延续落后思维，提出通过战争来解决危机的方案，即通过在世界范围内打赢一至两场战争，付出一定数量人类生命的代价，获得综合经济利益，解决当前经济困境。

（三）"智慧主动"的化解方式

"智慧主动"是指在解决人类与新型技术之间的紧张关系的问题时，人类智慧居于主动、主导地位，技术居于被动、屈从地位的方式。

在历史上的经济危机时期，人类也往往能运用智慧，发挥主观能动性，整合、盘活、调动、掌握新型技术与固有社会之间的某种创造和维新性的组合，化解经济危机，其本质是新智慧掌控技术的理性运用。

例如："智能化"作为"广义人类信息化"的最高阶段形态，不仅仅是对高新技术的应用，而且是通过人类的智慧，将人工智能与人类智能整合起来，形成全面解决方案，对各行各业，尤其是在最不希望产生对抗、最不希望发生战争与革命的中国，会有很大的帮助。这种帮助不仅体现在手段举措上，更是体现在规则制度上，从而可以替代战争与革命对新秩序的确立作用："智能化"的实施，客观上导入了一套新的游戏规则，哪个行业、哪个领域、哪个主体不尊重这套游戏规则，就会在中长期难免被淘汰出局的命运，而如果积极主动地制定和适应这套游戏规则，就会获得行业、领域、主体的巨大发展机遇。

五、"疏导冲击"是应对旅游危机之路

中国古代的大禹，以"疏胜于堵"的方法，成功治理了肆虐的水患。旅游经济虽然不脆弱，但却十分敏感，频繁发生的旅游经济危机，也需要用疏导的方法进行处置。

回顾中国旅游业三十年发展进程中经历的三次重大危机，可以发现，"疏导冲击"是应对旅游危机的必由之路——开创"智能化"的发展前景，正是对当前危机根本冲击因素的有力疏导。

表 6-3 中国旅游业三次重大危机比较表

开始年份	冲击因素	冲击烈度	影响因素	经济特征	供求关系	复苏轨迹	解决方式
1989	政治冲击	极猛烈	很少、单一	计划特征	供不应求	V型	疏导政治冲击：开放化
1998	投资冲击	很猛烈	较多、复杂	转型特征	供求宽松	U型	疏导投资冲击：升级化
2008	泡沫冲击	较猛烈	多种、共同	市场特征	供过于求	L型	疏导泡沫冲击：智能化

（一）1989 年开始的旅游危机——疏导政治冲击：开放化

1. 危机回顾

1989 年开始的旅游经济危机，缘于非常猛烈的政治冲击，对旅游经济的影响因素单一。

同时，这一过程是在当时仍旧呈现很强计划特征的国民经济环境下发生的，中国旅游行业整体供不应求。

因此，旅游业迅速下滑，而危机度过之后又迅速恢复，呈现 V 字型的复苏轨迹。

2. 解决经验

1989年开始的旅游经济危机的解决方式：中国扩大开放，通过"开放化"，自动性疏导了这场危机的唯一冲击因素——政治冲击。

（二）1998年开始的旅游危机——疏导投资冲击：升级化

1. 危机回顾

1998年开始的旅游经济危机，中国并非受冲击最猛烈的地域，危机对旅游经济的影响因素比较众多、非常复杂。

同时，这一过程是在当时转型期、国民经济从计划特征主导向市场特征主导转轨的环境下发生的，中国旅游行业整体供求关系发生微妙变化，正在比较宽松的轨道上进行结构性转型。

因此，形成旅游业从1998年持续到2005年长达超过七年、一波三折的全行业影响：开始阶段与1996年的旅游形势下滑、1997年的亚洲金融危机连接在一起；中间阶段危机明显，以酒店业为例——中国酒店业1998年全行业亏损32亿、1999年全行业亏损54亿、2000年全行业亏损27亿；最后阶段又与2003年的SARS危机连接起来，直到2005年才整体恢复。呈现U字型的复苏轨迹。

2. 解决经验

1998年开始的旅游经济危机的解决方式：中国旅游业在跨世纪的进程中大力进行休闲度假、商务旅游、特种旅游、生态旅游、都市旅游等建设升级，相对于传统的简单观光接待而言，构成了旅游投资的升级，通过"升级化"，客观上疏导了这场危机的主要冲击因素——投资冲击。

（三）2008年开始的旅游危机——疏导泡沫冲击：智能化

1. 危机分析

2008年开始的旅游经济危机，缘于由国际金融与实体经济危机引发的泡沫冲击，其根源在于美国的高科技泡沫和金融泡沫。对于世界而言，这场危机极为猛烈；但对于中国而言，短期来看，其猛烈程度并不比1989年或1998年开始的旅游经济危机更为严重。但是，这一次的泡沫冲击，伴随着国内经济结构性和周期性调整、地震等自然灾害、国内外分裂势力和敌对势力破坏等多种因素的共同影响，情况更加复杂，影响也必将更加长久。

同时，这一过程是在当前中国社会主义市场经济体制已经确立的国民经济环境下发生的，"供过于求"已经成为中国整体旅游行业的最大问题。从总量上看，产能过剩的局面在各地普遍存在，甚至积重难返。从结构上看，旅游住宿等投资型子行业所受影响相对更大，旅游景区等资源型子行业所受影响相对稍小；都市旅游所受影响相对更大，乡村旅游所受影响相对稍小；奥运效应中的北京旅游业所受影响相对更大，而世博效应中的上海旅游业所受影响相对稍小。

因此，预计这场危机预期影响的阶段会长达十五年左右，旅游业下滑迅速，而恢复将非常缓慢，呈现 L 字型的复苏轨迹。

2. 解决方式

对 2008 年开始的旅游经济危机的分析，以及对 1989 年、1998 年开始的两场旅游经济危机的回顾，作为这场危机解决方式，智能化在应对危机中起关键的作用。

首先，这场危机的主要冲击因素是美国的高科技泡沫和金融泡沫，实际上，中国的股市泡沫、房地产泡沫等国内经济泡沫也是不容忽视的因素。而在国际国内泡沫经济的冲击下，中国旅游业和其他产业一起面临危机带来的严峻形势。

与 1989 年、1998 年开始的两场旅游经济危机的解决方式一样，这场危机的根本解决方式依然是"疏导冲击"。

信息化和数字化，由于海量信息中的噪音、信息知识的局限、数字功效的不完备等问题，必然会催生泡沫，首先是高科技泡沫，进而关联到金融泡沫、房地产泡沫等，当泡沫膨胀到破灭之时，危机也就不可避免。

然而，广义人类信息化的进程是不可阻挡和不容动摇的。与信息化（狭义）和数字化不同，智能化的阶段形态，通过技术途径与人工途径的结合，既能突破传统增长模式的局限，又能极大地杜绝泡沫的形成，将为危机提供出一套全面解决方案，并将有力地促进危机过后经济的跨越式发展。

中国旅游业，要在以智能化解决当前危机的会战中，运用智慧、采取主动，率先实现旅游领域的智能化发展,将智能化的优越性和旅游业的关联度结合起来，有效地疏导好这场危机的根本冲击因素——泡沫冲击。

六、当前形势孕育中国旅游业智能化发展的战略机遇

当前危机形势，可谓"危中见机"。一方面，如果没有重大的发展转型，这场危机很难度过；另一方面，追溯到古代非洲的智能化梦想之花，以及源于上世纪欧美科学发展的智能化技术之叶，当今阶段，在中国旅游业领域，终于获得了扎根、生长、结果的战略机遇。

（一）当前危机发展：深入式加剧

当前全球金融和实体经济危机发展的形势并不乐观。如果仅仅观察经济增长，中国乃至全球的经济势头普遍有所恢复或出现恢复的迹象，但实际形势恰恰相反，全球金融和实体经济危机正在"深入式加剧"。

目前经济增长势头有所恢复或出现恢复的迹象，是由于各国政府普遍采取了积极救市、干预经济运行的果断危机处置方式，这种方式在以往的世界性经济危机中并不常见。这场由金融引发的世界性经济危机，对各国政府的普遍救市反应

敏感，政府的经济干预措施大多发挥了作用，然而，政府干预对国民经济的短期作用主要表现在抑制危机蔓延上，对危机中的市场经济主体——企业，无法产生实质性的帮助，金融危机正在"深入式加剧"，已经植入实体经济系统中，很多重要行业的著名企业都面临破产或遭受破产的威胁。

按照一般的经济规律，广义经济危机延伸的完整过程是：金融危机——经济危机——安全危机——社会危机——文化危机。人为的经济干预手段是一把"双刃剑"，在抑制危机蔓延的同时，也加速了危机的"深入式加剧"，即从金融和经济领域，深入到安全、社会、文化领域。

当前的国内外局面证实了危机的"深入式加剧"确实正在发生：

国内方面，目前中国就业形势急剧恶化，群体心理危机时有爆发，农民工返乡数量高达 2000 万人，虽然大型企业、垄断企业、国有企业仍然支撑着 GDP 的增长，但社会稳定已经面临威胁，治安事件、群体性事件发生机率大幅上升，更加严峻的是，各地对这样的安全危机和社会危机普遍缺失有效的机制保障，仅仅加强传统的防御手段，隐患此起彼伏。

国际方面，目前国际恐怖主义活动迅速蔓延，已经在包括中国在内的很多国家和地区，直接或间接地造成了严重事件。

"深入式加剧"的危机发展形势，为中国旅游业服务、融入国家和地区发展大局的任务提出了新的挑战。中国旅游业有必要通过"智能化"发展，在危机中和危机后的形势中，除了实现旅游行业自身的跨越式发展之外，更能有效地为工业化、城镇化、国际化和新农村建设等方面，以及经济、社会、文化、生态等领域，做出更加有效、更加明显、更加突出、更加实际的贡献。

（二）当前增长模式：根本性改变

当前这场仍在蔓延、深入和加剧的全球金融和实体经济危机，对世界经济的影响前所未有。危机冲击和涉及的范围，从局部到全球、从发达国家到发展中国家、从金融领域到实体经济，各个国家和地区、各行业的现有经济增长模式，普遍遭到了重度冲击。

遥望这场危机过后的远景，经济的复苏只会表现在经济指标和经济形势上，而经济增长模式一定会发生根本性的改变，在这个意义上，世界经济无可能、也无必要恢复危机发生前的形势。

可以预测，这场危机过后的世界经济增长方式不可能继续延续"美国消费世界+世界收购美国"的"穷帮富"的不合理模式了，少数发达国家将不可能再将大量制造出来的"经济增长泡沫"转移到全世界去。

世界经济增长方式的根本性变化，促使中国旅游业也必须主动转变以"规模增长，效益不足"、"产能扩大，技术不足"、"开放推进，改革不足"、"市场拓展，要素不足"、"升级进行,换代不足"为特征的传统旅游发展模式,寻求一条新的增长道路:"智能化"的增长方式,成为战略选择。

(三)当前旅游主动:智能化革命

2009年,中国旅游全行业危中见机,在"抓机遇"的思想指导下,揭开了历史性发展转折的序幕。宏观上,抓住旅游产业地位提高的战略机遇,努力实现旅游发展上台阶的目标;微观上,抓住旅游行业结构性调整的战略机遇,力争为长远发展奠定崭新基础。

在当前各级党政领导关注的工作中,旅游业具有越发重要的地位。在当前全球金融和实体经济危机中,农业、工业、三产中的其他各个产业分支普遍受到严重抑制,因此,旅游业"融入大局、构造大局"的作用更加凸显,形成了"旅游主动"的局面;旅游业的主动转变,将为国家和地区的发展起到"雪中送炭"的作用,盘活整个经济体系。

在当前的危机形势下,促进现代实体经济突破,可以依靠"三大命脉革命":金融革命、能源革命、智能革命。

表6-4 美国现代实体经济"三大命脉革命"对照表

命脉革命	提出手段	经济突破	中国借鉴
金融革命	政府干预金融市场	果断措施:政府调整社会资产流动性	中国目前无须发动
能源革命	政府升级国家电网,避免石油战争	国家大事:初期投资4000亿美元,总体投资数万亿美元,最终形成20万亿美元产值,创造五百万个就业机会的产业增量	中国目前无力发动
智能革命	通过智能革命谋求应对经济危机	长远之策:形成经济结构、社会结构的根本性转型	中国目前应该发动

美国的经济学家们,深谙解决实体经济危机需要"功夫在诗外"的智慧,因此对于美国实体经济本身并不十分关注,而是向现代实体经济背后的"三大命脉"(金融、能源、智能)寻求出路,这一思路有效地影响了奥巴马政府的策略。

美国新一届政府为应对金融和实体经济危机,同时发动了现代实体经济"三大命脉革命"。

第一是金融革命。美国政府采取果断措施,干预金融市场,调整社会资产流动性,进行金融"救市"。这在一贯奉行自由市场经济的美国,堪称历史性革命。美国,这个"货币战争"中的超级赢家,正在进行自我拯救,甚至自我救赎。

第二是能源革命。美国政府一改原先以石油战争、能源霸权为特征的不智之举，取而代之的是大规模改造、升级国家电网，提高能源效率。整个计划初期投资4000亿美元，总体投资数万亿美元，最终形成20万亿美元产值，创造五百万个就业机会的产业增量。能源革命是美国当前最重要的国家大事之一；同时，在美国历史上，以建设手段替代战争手段解决能源问题的"能源革命"，也必将具有里程碑式的意义。

第三是智能革命。美国的高科技泡沫虽然已经破灭，但信息化（狭义）数字化的泡沫经济演进已经形成了较强的路径依赖，因此，美国政府独辟蹊径，将智能革命与能源革命合二为一，在能源革命的全过程之中，以强化智能化为最突出的特征，将美国的国家电网整体改造为智能电网，在拉动当前经济的同时，把握未来发展的先机和制高点。

应该说，现代实体经济"三大命脉革命"为解决当前危机指出了方向。

"三大命脉革命"中："金融革命"与目前中国实际关系较小，无须发动；"能源革命"与目前中国国力水平不相适应，无力发动；以中国目前的发展基础，应该集中力量，发动一场"智能革命"。围绕智能化发展，形成对危机的全面解决方案，以此促进整个国家经济增长方式、产业结构体系，以及社会综合结构的根本性转型，是应该实施的果断措施和长期战略。

中国旅游业与智能化存在很高的关联度，应该主动、率先发动一场旅游智能革命，占据未来国内外发展大局中的前瞻性、战略性制高点。

七、中国旅游业智能化发展的战略导向

智能化是中国旅游业应对当前危机的"金钥匙"。智能化发展的战略导向，决定了开启未来大门的前景。

以下将中国旅游业智能化发展的战略导向概括为"六大导向，综合创新"。其中，"综合"强调组合各个关联因素，提供全面解决方案；"创新"强调通过各项领域的创造和革新，拉动新的经济发展。

（一）目标新导向

实现中国旅游业智能化发展的新目标，需要明确四个导向。

1. 效能提升

中国旅游业智能化发展，必须以效能提升为目标导向。

综合发挥智能化合理分析和判断旅游发展决策、有效配置旅游业发展要素、生成最优的信息和资源使用结构、减少旅游业人工成本、增加旅游产品价值品质、促进旅游市场消费等功能，大幅度提高旅游业运营效能，大幅度提升旅游企业效益，实现"智慧产出能力"。

通过智能化发展，进一步完成旅游关联产业从粗放到集约、从规模到质量、

从增长到效益的整体转型,将各级政府对旅游业的高度期望、高度重视,转化为实实在在的效能提升。

2. 供求互促

中国旅游业智能化发展,必须以供求互促为目标导向。

中国旅游业智能化发展,既不单纯是"需求拉动供给"的过程,也不单纯是"供给创造需求"的过程,而是"供求互促"的过程。

一方面,互联网等信息技术及其载体的普及、3G手机的推广、卫星定位系统的民用、相关电子信息产品使用等因素,客观上已经催生了客源市场对"智能旅游"的需求或潜在需求。

另一方面,信息技术的成熟、云计算和网格等应用技术的发展,以及当前危机创造出的旅游发展机遇,为更完善地产生旅游智能化供给提供了基础和条件。

紧紧抓住"供求互促"这一关键因素,采取有力措施,同时促进智能旅游供给和智能旅游需求,并引导这两方面互相促进。

3. 国际权益

中国旅游业智能化发展,必须以国际权益为目标导向。

充分运用智能化发展,制定全面解决方案,在世界范围内进行中国旅游生产力的有效配置与合理运行,在国内范围内打造"智能旅游管理系统"和"智能旅游体验系统",大幅度提升中国旅游业的核心国际竞争力。

在此基础上,谋求中国旅游业在国际上的权益,除了目前已经在握的言论话语权和客源影响力之外,更为重要的是:产品定价权、规则制订权、秩序参与权这些实际权益。

4. 旅游强国

中国旅游业智能化发展,必须以旅游强国为目标导向。

按照世界旅游组织的预测,中国将在2015年或2020年成为世界旅游强国。建设旅游强国,既是中国旅游业的大趋势,又是紧迫的发展目标。

全面引入智能化发展体系,通过技术途径与人工途径相结合的方式,调动、盘活中国旅游业领域的一切积极发展因素,实现旅游业在改革开放三十年以来的第一次"智能升级换代",促进旅游业整体向现代服务业转型,开辟智能化旅游强国之路。

(二)政策新导向

配套中国旅游业智能化发展的新政策,主要强调以下两个方面,核心是发挥中国社会主义市场经济的优越性,政府和企业合理分工、形成合力,摆脱中国旅游业"重视在口头上,落实在口号上"、"口气很大,力气很小"的政策缺位局面。

1. 明确政府主导旅游智能革命

政府要在中国旅游业智能化发展中起主导作用，按照旅游智能化自身的特点，在以市场为主配置资源的基础上，充分发挥政府的统一主导作用，协调、组织、要求各地、各有关方面，积极参与到旅游智能化建设进程中来，确保旅游智能化的普及应用，保障智能化发展的"聚集效应"、"规模效应"、"延伸效应"、"放大效应"和"井喷效应"的实现，集中力量，积极发动一场"旅游智能革命"，围绕智能化发展，形成对危机的全面解决方案，以此促进旅游经济增长方式、旅游产业结构体系，以及旅游目的地社会综合结构的根本性转型，占据未来国内外发展大局中的前瞻性、战略性制高点。

政府主导型战略是旅游经济属性的客观体现、中国旅游业发展的成功经验、普及智能化发展的内在要求、应对当前世界金融与实体经济危机的重要措施、建设旅游强国的根本基础，必须在中国旅游业智能化发展过程中予以明确和强调。

中国旅游业的智能化，是关系到举国旅游业全局的、极具决胜意义的发展战略，通过政府的领导和推动，使旅游智能化得到健康、快速和持续的发展，使旅游智能化充分发挥其功能，使全国的旅游资源、产品和产业综合价值得到更好的发掘和运用，使中国旅游在全世界获得更强的竞争优势和影响力，又好又快地建设世界旅游强国。

政府主导的"旅游智能革命"，需要配套相关政策，激发中国旅游业智能化发展的相关技术创新革命、组织规则革命、运营模式革命，乃至观念意识革命等；同时，巩固传统旅游业增长模式的若干过时政策也必须取消或变更——变则通，通则久，"旅游智能革命"将使当前危机真正成为传统发展模式之危，科学发展模式之机。

2. 鼓励企业主推旅游智能先行

政策上，引导企业成为推进中国旅游业智能化发展的主力军，要突出三个层面的"旅游智能先行"。

第一，鼓励旅游企业和涉旅企业主动争取参与到中央应对当前危机的一系列信息化相关政策的落实中，实施"旅游智能先行"。

第二，将"旅游智能先行"作为"国民休闲纲要"、"国家生态旅游示范区"、"国家旅游扶贫试验区"等国家重要旅游政策落实的突破口和工作新抓手，鼓励旅游企业和涉旅企业运用这些政策，开辟发展空间。

第三，引导旅游企业和涉旅企业正确推进旅游智能化，将智能化元素导入到本企业已有业务之中，避免将旅游企业向技术密集型的方向改造，在把握旅游企业劳动密集型、经验密集型、文化密集型本质的同时，以已有业务的"旅游智能先行"策略，促进企业智能化创新。

(三）组织新导向

中国旅游业智能化发展，包含组织形态创新与革命的内容，如果没有组织配套，智能化发展只是技术空谈。

中国旅游业组织形态智能化发展的导向是"一体化配置"。

1. 世界一体化配置

中国旅游业的组织形态，尤其是有实力的旅游企业，要抓住全球金融和实体经济危机低谷的时机，低成本建设、低成本运营、低成本营销、低成本扩张，在全世界配置资源，培育中国的旅游跨国企业集团，提供了历史性的战略机遇。

相较于"金融抄底"、"矿产抄底"等战略资源的跨国收购，中国旅游企业主动出击，进行"旅游抄底"，不会激起敏感反应，反而会因为中资带来的本地就业、本地发展，受到世界各地的欢迎。

中国有实力的旅游企业，可以通过导入智能化，在日益"平坦"的世界网络平台上，一方面彼此连接形成"编队出洋"，另一方面保证品质形成品牌，迅速扩张全世界的经营网络，提高组织形态的集中度，对产业组织加强完善，切实培育一批世界一流、具有国际竞争力的中国旅游大型跨国企业集团。

2. 全国一体化配置

培育全国连通的旅游业智能化组织形态，主要在三个方面，促使中国旅游业通过智能化发展，实现跨区域、跨行业、跨部门的资源共享、优势互补和产品互动。

第一，运用智能化发展的途径和手段，形成专业组织和平台，解决全国旅游业"条块分割、各自为政"的体制缺陷问题；

第二，通过智能化，整合旅游六大业态（食、宿、行、游、购、娱）中超出旅游管理部门权力范围的部分。

第三，在新兴大型旅游智能化组织平台上，促成国内各地方之间更加公平、良性、正向选择的旅游竞争格局。

3. 区域一体化配置

建设区域统一的旅游智能化组织平台，深度整合提升区域，尤其是省域旅游业，为游客切实提供智能化的旅游体验，推进四个工作方向。

第一，广纳入，不拆台。区域统一的旅游智能化组织平台，平等地纳入比以往任何旅游信息平台都多得多的旅游资源、设施、服务的提供者，使更多的旅游商家能够有机会展示和实现价值；整合全区域的旅游资源、设施、服务等产品，突破局部地方保护主义，避免目前常见的"邻近同类旅游业态之间互相拆台"现象，打造客观、公正的机制流程，积极推荐游客需要的旅游产品和消费项目。

第二，正选择，推诚信。运用智能化的技术手段，客观上起到客观公正的推荐作用，自动理顺和清明了区域旅游市场秩序，使好的旅游商家更容易被游客选择，鼓励高质、低价、诚信的旅游商家，惩罚低质、高价、欺诈的旅游商家，形成优胜劣汰的良性发展机制。

第三，外选良，内竞优。旅游智能化发展，为区域旅游的发展提供了外部和内部的竞争机制。外部方面，旅游智能化平台支持向区域外的渠道和客源开放更多的接口，在使外界潜在游客获得更好的游前体验的同时，也能够吸引更多、更有实力的外界渠道争相与该区域旅游目的地合作，形成主动有利的选择外界合作伙伴的机制。内部方面，区域统一的旅游智能化组织平台，在整合区域内旅游业态的同时，与携程、艺龙等现有旅游信息渠道商形成了新的竞争格局，最终有利于区域旅游业的发展。

第四，自动化，流程型。智能化在上述三个方面创新区域旅游组织形态，都基于技术手段所具有的自动化、流程型的优势。在区域统一的旅游智能化组织平台上，所有奖优罚劣、优胜劣汰的过程都由系统根据互动反馈信息动态、自动地发生，几乎完全消除人为因素，有力地保障了公正性。通过普及区域旅游智能化手段，局部地方保护主义、部门本位主义的干扰将被降到最低限度，管理内容公开化、程序化，形成流程型的体制实施机制，最大限度地实现区域旅游发展利益的最大化。

（四）技术新导向

中国未来旅游业的发展，依赖智能化技术的应用与创新，主要从两个角度，挥舞旅游业智能化的技术利器。

1. 应用三大前沿通用技术

信息网格、云计算、3G 三种智能化前沿通用技术，具备"处理大量个性化业务"这一共同点，结合这三种技术的特征，应用于中国旅游业领域。

第一，信息网格技术。信息网格（Information Grid）是一种采用面向服务架构和语义互操作技术。它实现各种信息资源按需共享和协同工作，发挥资源整体效能的技术体系。它在动态变化、由多个机构组成的虚拟组织中，协调资源共享和求解问题。根据美国 Insight 研究公司的报告：目前全球网格计算的市场正在以每年约 70%的复合增长率高速发展，到 2011 年，全球网格计算市场的价值将达到 245 亿美元。

第二，云计算技术。云计算（Cloud Computing）是一种新兴的商业计算模型。它将计算任务分布在大量计算机构成的资源池上，使各种应用系统能够根据需要获取计算力、存储空间和各种软件服务，以相对集中的资源，运行分散的应用。根据美国 Gartner 咨询公司的报告，目前全球云服务收入正在以每年超过 20%的增长率高速发展，到 2013 年，全球云服务收入将达到 1510 亿美元。

第三，3G 技术服务。3G（The 3rd Generation）是指第三代移动通信技术。它将无线通信技术与国际互联网、媒体等技术相结合，比第二代移动通信技术具有更大的系统容量、更好的通信质量，能在全球范围内更好地实现无缝漫游及为用户提供包括话音、数据及多媒体等在内的多种业务。根据中国工业和信息产业部电信研究院的报告：2010 年中国大陆 3G 系统设备、系统软件、手机、芯片的总投资将超过 7762.7 亿元，3G 终端市场销量将达到 8100 万台，销售额将为 565 亿元。

2. 创新三大旅游特征技术

除了应用现有通用技术之外，中国旅游智能化发展还要求为旅游业"量体裁衣"，创新更加符合旅游业特征的技术，主要存在三个方向。

第一，旅游海量信息处理技术。旅游智能化涉及海量信息，要着力创新适用于旅游领域的海量信息挖掘、收集、综合、归纳、分析、转化、提升的技术，最终生成具有市场价值的智能化信息。这个领域，中华行知网基于"目的地指南"系统的"客源通"产品是一个先驱性的探索。

第二，旅游流程全面覆盖技术。旅游是典型的动态过程，要着力创新适用于旅游流程、能够处置旅游流程中偶然因素的动态跟踪技术，最终生成不断变化的智能化应对处理模型。

第三，旅游中心操控配置技术。旅游业关联度高、业态复杂，要着力创新适用于旅游业广大涉及面的智能化配置技术，最终生成在操控中心就能够解决涉及旅游业的"坐商业态"（酒店等）和"行商业态"（旅行社等）各种运行情况的智能化全面技术解决方案。

（五）产业新导向

中国旅游产业体系的智能化发展，必须谋求新型结构，从业态单体智能化扩充到产业配置智能化，主要在四个结点上进行突破，力争在世界旅游产业生产力布局重组之中，占据领先位置。

1. 产品的纵延与横拓

旅游产品智能化发展存在纵向延伸和横向拓展两个维度。

第一，纵向延伸。

旅游产品的纵向延伸主要指旅游消费要素的延伸。

智能化跟踪旅游"六要素"需求链，智能化延伸旅游"六要素"服务链，最终形成智能化配置的"六要素"产业链。

着重打造"购"要素和"娱"要素的智能化产业链：如土特产旅游商品上附加其产地、加工、包装等全过程的智能化体验信息；又如将娱乐延伸到旅游活动结束后，甚至旅游活动开始前。

第二，横向拓展。

旅游产品的横向拓展包括两个层面的拓展。

首先是旅游产品类型配置的横向拓展。满足观光旅游、度假旅游、商务旅游、特种旅游等类型产品各自的智能化改造需求，形成各个产品类型在同一个旅游目的地中的智能化互促，打造智能化的复合型旅游产品模式；

其次是旅游消费要素的横向拓展。通过智能化，加大具体游客具体的食、住、行、游、购、娱每个旅游消费要素环节的附加值，并将各个旅游消费要素环节整合起来，增强各个旅游消费要素之间在时空、主题、体验等方面的联系和配合，最终大大拓展游客的享受。

2. 企业的推广与发展

旅游企业智能化发展存在模式推广和模式发展两个方面，最终目的是解决旅游企业长期惨淡经营的问题，通过智能化发展激发旅游企业作为市场主体的生命力，重点说明三种旅游企业。

第一，智能酒店。

智能酒店是目前比较成熟的旅游智能化局部模式。

模式推广：

推广目前的单体智能酒店的模式（如苏州的雅致精品酒店）。推广核心是"1个前台+1个后台"的模式——前台解决客人需求问题，以智能识别和智能服务为主，包括客户偏好认知、客房电话转呼、信息咨询中心、多功能电器组；后台解决资源配置问题，通过高新科技与现代管理的结合，提高组织运作效能。

模式发展：

智能酒店的模式发展，主要指智能化在连锁酒店中的引入。在国民旅游时代，经济型连锁酒店智能化建设不但对企业本身具有经营效应和品牌效应，而且还能在很大程度上，培育大众客源市场的智能化旅游消费需求。

第二，智能景区。

智能景区模式尚处于起步阶段。

模式推广：

2006—2007年，国家科技部启动国家中长期科技支撑计划，在这个计划的现代服务业共性技术支撑体系与应用示范工程中，有一项数字旅游服务示范工程。在项目落实阶段，科技部只将三分之一的经费拨给国家旅游局，而将三分之二的经费拨给了九寨沟和黄山两大景区（各三分之一）建设数字景区（"智能景区"的前期形态），这表明国家对智能景区建设给予了很大的重视和支持。推广智能景区模式，要继续支持景区信息化、数字化、智能化建设，尤其要培育更多的智能化拳头景区。

模式发展：

目前智能景区模式中，最大的建设成就当数电子导游系统，很多景区都引进了电子导游器，有的与卫星定位系统相结合，为游客提供讲解、引路、预告、提示等服务，普遍技术上很成熟，游客体验上有待进一步配套。发展智能景区模式，要重点在当前的电子导游系统中附载照片或视频留念、餐饮购物指南、随行娱乐游戏等更多的功能。

第三，智能旅行社。

智能旅行社既是中国旅游智能化最有基础的业态，也是最需要大力发展的业态。近年来两种模式主导着旅行社智能化发展进程；

首先是新型渠道商智能化模式。

以携程为代表的在线渠道商已经覆盖了传统组团社的一切职能和传统地接社的相当大比例的职能，携程的成功及其相对垄断地位的确立，是旅行社智能化进程中的里程碑。

模式推广：

主要推广携程模式的四大成功经验：一是市场方面，携程已经通过精细化和个性化的服务、网上和地面的结合、全流程较高的同步运行效率、危机处理服务（如航班晚点或取消电话通知）等方面，培育了较高的客户忠诚度和消费路径依赖；二是业务方面，携程通过技术和品牌，将旅行社传统的委托代办业务进行了集中运营、放大运营和延伸运营，体现了组织模式的调整和运行模式的创新；三是管理方面，携程通过国际化的机制、综合化的运作，形成了良好的服务管理、业务管理、文化管理、人力资源管理等全面的管理优势；四是资本方面，携程抓住机遇，成功进行国际资本运作，在一定程度上奠定了其相对垄断的地位。

模式发展：

以携程为代表的在线渠道商目前面临的根本问题：应该说，携程、E龙等在线渠道商已经成为"信息化的先锋"，但还不是"数字化的先锋"和"智能化的先锋"，作为信息技术的使用者、新型管理的创造者，成功的在线渠道商，还需要进一步通过提高运作效率，降低运作成本，生成具有价值信息，达到数字化先锋的水平，更进一步，需要更好地整合技术途径和人工途径，完善全面解决方案，协调各个管理要素和流程环节之间的关系，生成最优的信息和资源使用结构，大幅度提高运营效能，再次创造新的信息核心竞争力，与此同时，逐步扩大业务范围，逐步衍生业态形式，通过智能化的方式，主动应对新的成本压力和新的市场挑战。

其次是传统旅行社智能化模式。

传统旅行社正在向信息化、数字化、智能化进军。

模式推广：

传统大社已经大力开展在线渠道业务,甚至对携程都构成了新型的竞争合作关系;部分小型旅行社也通过搜索引擎竞价排名、论坛发帖子软广告等形式积极进行信息化营销。信息化营销使潜在游客能够在网上搜索到本企业的信息,它是目前小型旅行社搭景区和旅游目的地发展的便车的最佳手段。

模式发展:

旅行社普遍逐渐感觉到如果不走信息化、数字化、智能化的发展道路,就难以长期维持生存和推进发展。发展智能旅行社模式,要重点配套政府扶持和同业支援手段,将广大旅行社积蓄的智能化发展动力,与切实的技术手段和管理方法的普及结合起来,尤其要通过智能化,帮助旅行社解决"穷庙富和尚"(旅行社老总一定意义上是给导游打工)"拼团交易结算无信用"等经营中的实际问题。

3. 关联的体系与重点

旅游关联产业的智能化发展分为关联体系和关联重点两个层面,突出旅游产业关联配置,通过智能化进一步体现旅游产业关联度高的核心属性。

第一,关联体系。

通过智能化发展,整合旅游产业的六大业态和三大链条:即旅游餐饮业、旅游住宿业、旅游交通业、景区景点业、旅游购物业、旅游娱乐业六大业态,以及上游各类旅游产品的人财物等资源供应商、中游各类旅游产品的经营服务商、下游各类旅游产品的分销渠道商三大链条。

集成由"六大业态"和"三大链条"组成的、复杂的旅游业及关联产业体系,最大限度地理顺各个业态单位和商家之间的配合关系,实现彼此之间的市场互通、资源共享、优势互补和产品互动。通过旅游目的地的智能化提升,实现不断提高旅游目的地现代化管理、现代化经营和现代化服务水平,推动旅游产业向现代服务业的转型升级的目标。

运用智能化的途径和手段,形成旅游企业和业态单位的集成、协作运行的总机制,达到激发乘数效应、激发倍增效应,大大提高旅游业的总效益。

运用智能化的途径和手段,完成"从旅游产业到休闲产业、从经济产业到社会产业,从重要产业到综合产业"的扩容,转换旅游产业属性,丰富旅游产业体系,实现旅游产业发展的经济目标、社会目标、文化目标、环境目标,以及国际化目标,将旅游产业的功能发挥到更大程度。

运用智能化的途径和手段,细化旅游产业的区段划分,支持以"去哪儿"为代表的专业搜索、比价平台等新型旅游产业区段的发育,鼓励阿里巴巴(及阿里妈妈)、淘宝、百谷虎等新型特色 IT 模式在旅游产业智能化领域的关联应用,鼓励 IBM、思科等中间供应商与中国旅游关联产业等合作。

第二,关联重点。

重点促进三类旅游关联产业的智能化发展。

首先是智能交通。

智能交通是一个基于现代电子信息技术面向交通运输的服务系统，近年来发展迅猛。应该说，智能交通目前主要服务对象并不是旅游业，但旅游业显然可以从智能交通中获取重大的发展收益。智能交通依托全自动电子收费（又称为不停车收费）ETC、车载单元 OBU、路侧控制单元 RSU、数据处理单元 PDU 等技术背景，以信息的收集、处理、发布、交换、分析、利用为主线，以公路交通为主要领域，为交通参与者提供多样性的服务。在将来的智能交通系统中，车辆靠自己的智能在道路上自由行驶，公路靠自身的智能将交通流量调整至最佳状态，借助于这个系统，管理人员对道路、车辆的行踪将掌握得一清二楚。智能交通系统中是一种先进的一体化交通综合管理系统，包含车辆控制系统、交通监控系统、运营车辆高度管理系统、旅行信息系统（目前普及较多的是"电子导航仪"）等子系统。

其次是智能地产。

地产是旅游业的重要关联产业，景区、酒店等旅游业态真正的投资回报往往在于地产和物业的增值。大力培育智能公寓、智能别墅、智能商务会所等智能休闲地产，将这些智能地产形式，从"受瞩目的概念"发展到"创效益的经营"。

再次是智能新型旅游关联产业。

以智能化发展为契机，放大旅游相关的资源观，突破传统景区、酒店、旅行社为代表的六要素业态的发展局限；通过智能化的途径和手段，培育一套新型旅游关联优势产业，以旅游为产业纽带，扩大产业面，延长产业链，形成产业群。

优先发展情感农业、生态产业、温泉产业、体育产业、文化产业、创意产业、活动产业、休闲地产、休闲林业、文化农业、会展产业（会议和专业展）农林渔业（文化型、增值型、休闲型）环境产业等符合中国经济比较优势新型旅游关联产业。

在此基础上，以智能化发展为契机，促进产业模式的更新。淘汰部分无法与旅游等其他产业互促、提高附加值的传统农业，结合农业和旅游等服务业，更新孤立发展的传统工业，强化现代服务业，特别是与旅游产业密切关联的市场服务业。

4. 管理的脉络与关键

旅游管理智能化发展是对传统旅游管理手段的转型升级，管理是永恒的主题，任何管理都有脉络和关键，旅游智能管理也不例外。

第一，旅游智能管理的三条脉络。

旅游管理智能化，主要围绕三条脉络，奠定新基础、占据制高点。

一是运用智能化治理行业潜规则。智能管理能使旅游商家的信用和质量评价完全根据游客的反馈信息自动生成，游客投诉还可以通过系统与支付宝的结合进行自动退款和理赔，客观上起到客观公正的推荐作用，从根本上自动理顺和清明旅游市场秩序，避免"抓贼抓脏"式的错误管理定位，依靠形成优胜劣汰的良性发展机制进行新型管理，有效治理行业内的潜规则。

二是运用智能化开创公共管理。智能管理能使旅游管理从行业管理真正向公共管理发生转化，包括智能化的旅行业务管理、智能化的旅游目的地综合管理、智能化的旅游工商管理、智能化的旅游行政管理、智能化的旅游情景体验管理、智能化的旅游社会责任管理、智能化的旅游危机管理等。

三是运用智能化保障人力资源管理。智能管理能使"选良竞优"的人力资源管理愿景在旅游业得以实现，客观上提高了旅游从业者的行业资格门槛。一方面，管理智能化形成的更多的智能化信息接口，能使旅游信息需求者和旅游信息提供者都可以更好地获取、提供、交互、整合、处理旅游信息，可以筛选出更有价值的旅游信息源，从而选择出更优秀的旅游信息提供者；另一方面，管理智能化形成的公平、公正、客观、开放、透明的平台，依托无人为因素的规则，将会极大地节约人力资源管理的制度成本，有利于有能力、守信用的从业者在新的竞争格局中胜出。

第二，旅游智能管理的三个关键。

旅游管理智能化，需要突出三个体现共同需求的关键方面，在动态的竞争中，切实把握中国旅游业的生存权、发展权和优先权。

一是通过智能化保证旅游安全。智能化配置整体旅游安全解决方案，引入新型技术监控设备，与传统人工监管制度相结合，有效保证游客安全。

二是通过智能化控制旅游品质。推广九寨沟、黄山、兵马俑、故宫、乌镇等旅游目的地的旅游质量智能化管理经验，普及配置新型技术手段，分别满足高中低端游客对旅游品质的需求，完成从规模发展到品质发展的跨越，真正培育旅游核心竞争力。

三是通过智能化强调旅游沟通。运用智能化途径和手段，同时提高旅游相关各个利益主体之间沟通的效率和效果。智能化配置"注意力"等沟通资源，尤其针对4000多万人次的年出境游客，智能化完善旅游沟通体系。

（六）市场新导向

中国旅游市场战略的智能化，是应对当前危机，提升竞争力的重要而直接的举措，需要谋求两个层面的突破。

1. 市场定位变换格局

中国旅游市场定位总体格局发生变换，"一体两翼"的市场格局正在形成，这一根本变化并不会因智能化发展而改变，但却构成了智能化发展的市场环境。

"一体两翼"的市场格局，即："以国内旅游为主体，以入境旅游和出境旅游为两翼"的总体市场格局。

改革开放三十年来，中国旅游业培育出"三足鼎立"即"入境旅游、国内旅游、出境旅游三足鼎立"的总体市场格局。然而，在当前危机的国际形势下，入境旅游消费能力的相对下降，尤其是中国旅游业主要客源国的旅游消费能力的大幅度下降，使入境旅游市场的权重相对降低；同时，随着经济社会的发展，中国旅游发展进入大众化阶段，国内旅游占据了旅游市场的主体地位；再者，国内各地旅游业的发展，尤其是国内高端旅游目的地的发展，使出境旅游的吸引力相对降低，也使出境旅游市场的权重相对降低。

中国旅游市场的智能化定位，是运用智能化途径和手段，在"一体两翼"的长期市场格局中，谋求最佳定位体系的过程。

2. 市场营销传递智慧

中国旅游市场的智能化营销，不仅是传递中国旅游信息过程，而且是传递中国旅游智慧的过程。

通过智能化发展，对海量的旅游信息和关联信息进行归纳整理、价值判断、有效配置与合理运用，结合其他技术途径和人工途径，创造出对客源具有触动力和影响力的旅游营销智慧，形成有效的全面营销解决方案；在方案的实施过程中，提供并传递这些旅游营销智慧，智能化协调各个营销要素之间的关系，生成最优的营销模式，大幅度提高营销效能，产生颠覆性的旅游营销效果。

八、得智能者得天下，得智能者得未来

马克思主义认为，决定生产力高低的因素有三个：劳动者、生产资料与劳动对象。生产力与三个因素的关系是：生产力=劳动者+生产资料+劳动对象。邓小平提出"科学技术是第一生产力"后，公式演变为：生产力=（劳动者+生产资料+劳动对象）×科学技术。科学技术的应用发挥着倍乘作用，决定了劳动者、生产资料、劳动对象的先进与落后。

智能化是科学技术和人类智慧的结晶，是"够用"的技术与"大用"的智慧的融合。智能化发展，标志着人类历史进入崭新的时代。智能及智能的本质是古今中外许多哲学家、科学家一直在努力探索和研究的问题，至今仍然没有完全了解，以致智能的发生与物质的本质、宇宙的起源、生命的本质一起被列为自然界四大奥秘。

可以说，智能化是人类走向未来的金钥匙，智能化的发轫和实现，也将引领中国旅游业走向未来。

智能化为中国旅游业的未来提供了一个超出想象的广阔舞台。先行者有幸，

有幸看到第一束光，获取先行者的快意。后来者有幸，有幸找到正确的路，掌握丰盛的回报。这其中充满机遇、竞争、激情，将空前地激发起参与者身上的好奇心、创造力以及对旅游业的更深刻的理解。

智能化对于中国旅游业来说，绝不是一个终结式的答案，但肯定是中国旅游业值得思考的根本命题之一，是一次不能避免的伟大尝试，智能化发展的先锋，必将形成世界一流的核心竞争力，在世界旅游业发展格局中占据前沿位置。

运用"智能化"这把中国旅游业应对危机的金钥匙，把旅游产业建设成智慧的产业，这是我们需要追求的一个最高目标，也是终极目标。

得智能者得天下，得智能者得未来。

第七章 旅游市场营销

第一节 旅游市场营销新认识

一、关于营销

(一) 四个基本问题

1. 谁卖？

纵观世界五百强的企业，有一个共同的特点，基本上都是从营销开始的。五百强的 CEO 在营销方面一定是世界上拔尖的，这是共同的规律。

如果进一步归纳，进行营销的这些人也有一些共同的特点：

第一，自信。如果做营销的人没有自信心，营销就做不好。原因很简单，因为在市场经济条件下，是供大于需的，卖东西是求别人的，总会感觉到矮人一头。而如果人有了自信，就不是在求别人，而是在谋求双赢，甚至在谋求多赢、共赢。

第二，开拓。现在的营销方式很多，到底如何营销，需要开拓。

第三，坚韧。没有坚韧不拔的精神，营销工作就做不了，比如格力电器董事长董明珠，第一个特质就是坚韧，她为了追一笔债追了十年，最后追得人家没有办法，不得不佩服他。

第四，出奇。常规性营销实际上现在已经很难做下去了，所以就要求出奇制胜。关于出奇，每个行业都有所不同，但是很多奇招实际上有共性。

2. 卖什么？

营销通常就是卖产品，但是，现在社会只卖产品已经不够了。卖的内容包括四个方面：

第一，产品。制造业企业的营销强调卖产品，但对于旅游行业企业来说，对于休闲行业企业来说，只卖产品是不够的。

第二，品牌。1994 年，猎头公司把飞利浦中国区的 CEO 挖到了假日集团做

CEO，飞利浦是一个制造业的企业，而假日集团是一个饭店集团，这位 CEO 的主要任务不是来管理饭店而是把假日集团的品牌在中国营销出去，把品牌卖出去。

第三，价值。价值就和营销一样，营销是覆盖一切的，同样价值也覆盖一切，因此，在对应的过程中，就要通过营销来营销价值，这种价值有些说起来是很虚的事情，实际上却是很实的事情。

第四，体验。营销过程本身就是一个体验过程，一系列的营销，最终是营销体验。现代社会，产品已经越来越不重要了，但是体验经济、体验的过程越来越重要。

3. 怎么卖？

现在所有的营销，基本上都存在误区，因为营销的不只是信息，虽然花了很多的钱，但是事情没有达到预期的效果。这就涉及到一个怎么卖的问题，在卖的过程中要注意：一信息，二传递，三有效。

4. 卖得怎么样？

卖的怎么样就需要绩效评估，不同的要求有不同的方式，比如营销产品的绩效评估最简单，卖电视、手机，都可以以数量来评估，但是如果营销品牌，营销价值，营销体验，绩效评估相应来说就有困难，这就需要建立一个正反馈机制。通过正反馈机制，能够激励大家，能够激励市场。总体来说，营销是一门大学问，但是，也不必看得过于复杂。

（二）一个核心问题——营销智慧

智慧是知识经过全面整合而形成的，智慧具有颠覆性。营销不仅是有效传递信息的问题，更重要的是要创造智慧，提供智慧，要把营销打造成智慧营销，打造成智慧产业。营销智慧能派生出无限的可能：文化营销、情感营销、社区营销、环保营销、过程营销、事件营销等等。

二、关于旅游营销

（一）三个误区

中国旅游这三十年，可以说从无营销走到重视营销，但是现在发展到乱营销，据估算中国营销总的费用，各级政府再加上企业，一年大约是一千亿元，这不是个小数目。营销一般来说，就是三大类：媒体营销、渠道营销、活动营销，再细分可以分四五十种，方式非常多。但现在有几个误区：

第一个误区是"两句话、八个字"的模式。现在各地一说就是两句话八个字，实际上这八个字说来说去真正能被记住的有几个？

第二个误区就是过度重视中央电视台的广告。这好像已经变成了一种时髦，中央电视台广告年收入 25%来自旅游，而且水涨船高，有愈演愈烈之势。而且中央电视台对有争议的地方，比如南阳、襄阳等，都不能在中央电视台做广告。比如去年某省政府给省旅游局两个亿的资金，要求一个亿必须要放到中央电视台，是否真的值？所以要有一个好导向，就是对营销方式要有绩效评估，没有绩效评估就很难对采用的营销方式进行成果的客观评价。当然在中央电视台做广告也是一种绩效，但是最终要盯到市场。

第三个误区就是大活动。这不是指旅游活动，旅游活动经过这么多年的锤炼，已经较清楚地知道怎么关注市场，这里指的是各种各样的大活动，比如世博会等。上个世纪的中国经历过一段时间的穷、弱，但是经过三十年改革开放，已经算是百业兴旺、国富民强，可是当下的中国人始终还有一种弱国心态、弱势心理，之所以争办这些大活动，很多原因都在于此，动辄就是百年愿望，实际上老百姓根本就没百年愿望，老百姓的愿望就是过好日子。如果从旅游市场的角度来说，2008年是旅游市场下滑的一年，2009年是平年，2010年是客流结构变化的一年，这三年都没有推动实质性的发展。旅游可以借这些大活动抓一抓，但是有的时候却要躲一躲。所以事件营销不仅有一个抓的问题，还有一个躲的问题，可是现在还是有太多人对这种大活动持有迷信态度。

这三个方面的误区，实际上造成了一系列的困难。

（二）三种语言

现在的营销一般而言，首先是政府语言居多，尤其是在城市形象宣传和旅游营销方面。政府语言基本上都是正确的废话，挑不出任何错误，也不会有争议，但是也记不住。第二类是文人的语言，四、六句说一大堆，说的很全，同样记不住。第三类叫做市场的语言，市场的语言一般来说就是雷人之语，听一遍就能记住。

正确的废话、罗嗦的话都需要说，否则上级不满意，但是追求市场效果需要研究的是应该追求哪一种语言？应该把注意力放在哪儿？从这个角度来说，整个的旅游营销首先目的要明确：到底要干什么？现在很多地方是盲目跟风，目的不明确。第二需要方式的整合，实际上大类是三种，具体方式有几十种，就需要整合。第三就是手段的整合，钱要花在刀刃上，这里更看重的不是政府的营销，而是企业到底在关注什么、企业到底该怎么发展。这样能达到一个好的手段的组合，组合下来，总有一款是行得通的。

三、城市营销与旅游营销

（一）城市营销与旅游营销

城市营销，直接关系到一个地方能不能形成品牌，直接关系到招商引资，所以多年来它逐渐成为各级政府密切关注的问题。旅游是城市的品牌，城市营销与旅游营销等位、等质、等效，需要做到宣传、旅游、文化、体育四位一体，形成部门联合，上下联动，政企联手的营销机制，政府进行形象宣传，企业跟进产品促销。

总体来说，旅游就是城市的品牌，两者之间叫做等位等质等效。等位是指从营销的角度来说，旅游和城市的位置是相等的，实际上做城市营销，也就是在做旅游营销；等质是说两者本质上是相同的；等效是说两者效果上是一样的。所以要把城市营销和旅游营销紧密地结合在一起。

（二）典型案例

城市发展确实涉及到城市营销的问题，现在大家都在琢磨城市品牌，但是一般就是两句话八个字，这种方式本身也不对。可以这么做，一个城市有一个中心品牌，但是真正从旅游营销而言，应该针对不同的市场，包括不同层级，应该有专门的广告语，这样才可能把这个事做到位。而且这里还不光是广告语，还包括各种各样的营销方式构造一个组合，当然因为广告语比较好说，所以大家也比较关注广告语。

1. 营销过程

2005年海南三亚花了1500万元征集城市名片，一百多万人参与，这个方式非常成功。因为这一年的征集过程对海外就是一个营销过程，对市民就是一个发动过程。一百多万条广告语过来了，最后弄出了八个字，叫做"美丽三亚，浪漫天涯"。后来海南三亚向有关专家咨询，问"美丽三亚，浪漫天涯"这句话如何？专家说这是正确的废话。专家赞成这个方式，因为这个方式花钱少、作用大，确实起到这么一个效果。可是这话让人觉得不怎么样，专家将这八个改为"美美三亚，浪浪天涯"，第一个美是说三亚的美丽，第二个美是游客的感受很美好；第一个浪是三亚的浪漫，第二个浪是经历了一次浪漫。真正成功的口号，一定要直抵人心，就是让人感觉这个话是说给游客自己的，而不是本地自说自话，凡是能做到这一点的话，这样的城市名片也好，形象语言也好，或者叫广告语也好，一般来说都成功。

2. 城市名片

2007年的时候，北京做了一个旅游发展战略研究，有关专家提出一个口号是"现在是北京时间"。这句话听着太普通了，我们从小听广播都是，可是要仔细琢磨，这句话太牛了，全国没有一个城市敢说这句话，越琢磨这句话越好，尤其是把它翻译成英文。结果是北京接受了，后来就从这句话构造了"北京时间，奥运时代"，在奥运倒计时一周年的时间，背板上就是这两句话。

类似这样的东西就得走点偏锋，当然偏锋不能走过了，走过了也不行，所以有一些东西还得反复斟酌。比如武当山说了两句话，叫做"问道武当山，养生太极湖",这两句话到现在还在说。可是"问道青城山"已经说了两年了,就有点抄袭的味道,这就不太好。同时,这个概念也是贬低了武当山。武当山是道教的领袖,是一个领袖之山,所以魏小安先生提出"大道出武当,太极遍天下",这两句话。这个话有霸气,有豪气,把道教领袖完全体现出来了。

3. 成名与持续发展

案例1:

甘肃平凉的崆峒山资源丰富,可是名气不大,当地为此咨询魏小安先生。魏小安先生提出几个建议:第一个建议叫做崆峒山出名的建议,第二个叫做崆峒山持续的建议。出名的主意就是在网上炒作一把,就叫"挑战金庸大师"。就是把金庸36本书里凡是说到崆峒派的,说到崆峒山的东西,都提炼出来,都集中到一个小册子,会发现金庸大师对崆峒山始终是边缘化的,那就可以向金庸大师提出一些问题。比如您来过崆峒山吗?您了解崆峒文化吗?您了解崆峒的武术吗?这个活动最大成功之处就是把金庸大师逼到崆峒山来。这样在网上就会炒起来,有一批金庸大师的粉丝就会质疑甚至吵骂,这个时候当地就得组织好你来我往的交锋,同样一把成名。这是一个成名的方式,但是要持续还是得把产品做好,当地对一些东西叫做熟视无睹,感受不到,比如有个店里有《老子八十一化图》共81处画描述老子,是明朝的画,一格一格的,这就相当于佛教的佛本生故事图。该画完整地描述了老子,而且都是老画,该涂金粉的涂金粉,该运矿物面料的运矿物面料。这种资源就要保护好,但是为了发展旅游业同时保护资源就需要多动脑筋。比如在山下建一个大殿,把这个画放大,将实画由一尺放大到两米乘两米,这样就变成一个让人有震撼性的旅游资源了,这样就可持续发展了。

崆峒山确实是有些好的旅游资源,有些好产品。但是有一些好产品要保护,有一些好产品文物价值极高,文化价值极高,历史价值极高,但是审美价值和旅游价值市场价值未必高,这里面不是完全划等号。有一些可以划等号,比如兵马俑,文物价值、历史价值、市场价值、旅游价值都高,有一些东西只是一个方面。比如北京的周口店,1986年中国第一次纳入世界文化遗产,可是到现在为止,最多的一年接待六万人,一般来说一年接待三万多人,去的游客大部分是学这个专业的学生或者是这个专业的专家,其他人都不去,所以像这样的资源,可以作为一个旅游资源提出来,但是真正当作一个旅游产品在市场上就很难推出,所以要对本地的资源首先要有一个客观的判断,明白哪些产品是游客需求就开发那些产品。

案例2:

有些地方对自己认识不足,认识不足就要有新的方式,比如山西长治平顺,它是国定贫困县,但还有一个好处,就是没有煤,如果有煤这个地方早就毁了,就因为没有煤这里更加穷,破坏能力极低从而保护了当地的整体环境。从景观上来讲不亚于黄山,可是到现在为止还有这么好的景观不为人知,实在可惜。为此当地政府向魏小安先生咨询。魏小安先生给他们出了个主意,叫"六六大顺游平顺",平顺将这些景区都整合起来,卖一个县的票,叫中国风景县,不要把自己定位在景区概念里,平顺要作为中国风景县,一张大票六百六十六,六六大顺。这样必然会引起争议,因为游九寨沟才三百块钱,比九寨沟贵了一倍。这样的争议最后就是将长治平顺的名声传播出去。这样在以后的招商中必然会提高门槛,从而会吸引更多的发展资金。但是在这个过程中,需要把自己的好资源真正地挖掘出来。现在往往是有一些好资源认识不到,认识不到就挖掘不出来,反而影响了地方的发展,这是最普遍的情况。

案例3:

辽宁阜新原来是一个煤炭城市,现在煤炭资源枯竭,就有一个大坑,由于这个大坑曾出现在50年代的人民币钞票上,所以当地认为这个大坑是最有吸引力的资源。大坑作为工业遗产可以做,但是把它作为阜新的主体产品肯定不行。其实阜新还有几处更加丰富的旅游资源:第一是当地有一套藏传文化的东西,在加上辽宁周围的山山水水,这样就完全可以做出一个国家级的产品。第二是本地具有丰富的玛瑙。利用玛瑙资源构建一个世界玛瑙集产地,这篇文章可以做到。这样就把大坑这个单独的一点变成一个三足鼎立的格局,阜新的旅游就有可能真正地发展起来。所以这就涉及到如何认识旅游资源的问题。当地往往是好的旅游资源自己没有悟出来,从而产生了跟随一些文化人强化的资源。其实这些文化人强化的很多资源在市场上卖不出去,因此,可以说,但是要转化。所以很多地方就出现很有说头,很少看头,很没玩头的这种想象,因此我们就得研究怎么把说头转化成看头,把看头转化成玩头,这样地方才能真正发展起旅游业。

四、新传媒时代的旅游营销

首先要提出一个问题,在市场的激烈竞争中,近几年各行各业都形成了一个共识,即渠道为王。那么为什么在旅游领域听不到这个概念呢?大略言之,一是供应商比较强势,有垄断因素;二是产业体系不成熟,分工体系没有形成;三是生产者主导的状况仍然存在;四是政府企业不分、企业事业单位不分。因此,几乎没有专门的渠道商,更难以形成渠道为王的共识。但另一方面,则是各地和各企业纷纷加大了营销力度,营销资金大幅度增长,但营销效果并没有同步增长。一些大的问题有待于时日,但渠道和手段问题却是刻不容缓的。传统媒体一是传统的纸质媒体,报纸、杂志等等,也包括发材料,发传单;二是广播;三是户外方式;四是电视,当年电视也是新媒体,现在已经传统。这四种传统媒体现在仍然占据主流位置，而且仍然在发挥重大作用，下一步也会发生重大作用。

（一）基本要素

1. 价格

一般而言，价格是越低越好，渠道是越多越好，但是实际上未必是价格越低越好，有很多东西，如果坚持低价，这是典型的工业化时期的思路，但是，如果能够形成相应的价格竞争而不是削价竞争，很多事情就有所不同。比如LV，大多数女士都会关注LV，LV有一个原则就是限量销售，任何一款产品都是限量生产，任何时候都要排队。实际上对于LV来说，销路如果越扩张，就意味着它品位在下降，所以顶级就要保持顶级。同样，对于旅游产品来说，也是这样，这就取决于我们自己如何定位。

2. 渠道

新传媒渠道越来越丰富，不仅是传统纸质、广播、电视、户外等媒体，也包括短信、视频、网站、博客、播客、拍客、微博、3G等新媒体，形成了传播手段越来越丰富化、立体化、组合化、系统化的跨媒体方式。任何一种渠道都会形成一种模式，只不过现在很多模式还没有完全固化，严格地说，在新媒体时代，如果一种模式固化了，这种模式基本上也该消亡了。所以，营销一定是处在不断变动之中，不断发展之中，意味着要对应传播手段越来越丰富化、立体化、组合化、系统化的发展，如果对应这样的趋势，不管卖什么都可以卖好，不管卖什么都可以卖出去。

（二）新传播发展

第一，媒介创新。媒介不再只是载体，媒介也是内容，人们普遍认为媒介就是一个载体，需要在媒介上做广告就做，实际上不然。从发展的角度来说，媒介的作用越来越大，渠道为王，这种渠道不单是营销渠道，也包括媒介的渠道。

第二，跨界互动。构筑全方面的媒体势能，媒体的作用越来越大，但是同样的道理，随着媒体的发展，媒体多就等于无媒体，多媒体也变成无媒体，那就需要研究如何把媒体势能在全方位的角度上发挥出来。

第三，娱乐元素。一定要让品牌充满活力，这样的娱乐元素对于中国人来说不太适应，因为中国人缺乏娱乐精神。比如江西的宜春，有人说了一句话，叫做"宜春，一座叫春的城市"。后来这句话在网上炒了出去，网民批评这种说法的低俗、恶俗，在这个过程中，最愤怒的就是宜春籍到外地工作的这些人。后来有了一篇文章《宜春为什么叫春》，讲到中国人为什么就不能有一点娱乐精神？青春叫春，激情发情，诗三百篇，一言以蔽之，思无邪。文章里引证了很多古典，这篇文章发出来之后，没人说话了。可是，宜春整个城市一分钱没花，一举成名。行业现在就缺这一点，如果能够让品牌充满活力，强化娱乐元素，很多事情就会做成功。

第四，受众创造。让受众也成为品牌的一部分，我们在宣传的过程中，大家接受，而且大家都参与进来，就构造了这个品牌。

第五，循环扩散。推动信息进入自我扩散，比如好的短信逢年过节就要发给亲戚朋友，往往一个短信在一天之内就能在全国扩散，这就是水平，这就是本事。我们如果做营销能够做到这一步，还需要做别的事情吗？

第六，媒体共振。让媒体成为信息传播的共谋者，比如要和企业合作，要和行业合作，要和社会合作，媒体本身就是出谋划策的，就是操作的，这些东西做到位了，也用不着辛辛苦苦拉广告。总体来说，新传播发展实际上是下一步市场营销的根本。

（三）新品牌塑造

品牌要同时做到政府认同、行业认同、市场认同很难，官员的话语要避免正确的废话；文人的话语要避免面面俱到；市场的话语是雷人之语，看一遍就记住。新的品牌要研究小题大做，偏题正做，虚题实做，远题近做，洋题中做，中题洋做。这六个方面做下来，实际上就是出奇。别人做过的事情用不着再做，那些别人没做过的事情才需要做。但往往是既有的经验局限了想象力，在想象力又严重不足的情况下，还自我感觉良好，还反而认为想象力非常丰富，所以就需要好好研究这六个做。比如欢乐谷，就是洋题中做，但是锦绣中华就是中题洋做，形式和内容不一定必须一致，手段也不一定必须一致，这样往往越能出奇，反而越能达到效果。

（四）新创意推进

近年来，文化创意产业变成了一个时髦的词，但是一般概念中的创意是动漫产业、影视产业，实际上这种说法本身就违背了创意。旅游需要创意，创意推动旅游，市场营销尤其需要创意，只有创意才能推动市场营销，所以市场营销本身也是创意产业。这样，就需要开发的创意，产品的创意，营销的创意，就要贯穿全过程，涉及全方位。创意的前提是无拘无束，是心灵的放飞，是自由之精神。创意的发展，是平台的建设，是制度的保障。这是个人创造力与组织执行力的结合，是社会宽容性与法治的进步。

严格地说，在中国发展文化创意产业，条件并不具备，因为中国缺乏社会的宽容，也缺乏相应的法制，但是可以有很多的创意行为。世博会最大的感触就是创意的突破，突破创意的极限，中国馆把斗拱架起来已经觉得很有创意了，但是和国外的这些创意相比，就会发现中国在文化上还是有一定的差距，就是因为缺乏自由，缺乏心灵的放飞，缺乏无拘无束。

五、旅游事件营销

（一）活动评价

1. 评价

一是创新。旅游事件活动要做到出新，营销是要创新的，事件在一定意义上是对营销的营销，更加需要创新。

二是导向。现在大家比较满足于常规营销，也知道需要这种创意性的营销，可是怎么创不知道。这两个作用应该说会持续地发挥，从这个角度来说，这个活动不应该是一次性的，有关专家的建议是两年举办一次，先要宣传出去，接下来各地就会争着去办。但是关键不在于是哪个地方办，重要的是在于把行业的经验提炼出来。要想这个活动比较成功地进行下去，有几点是要注意的：第一点是缩小目标，使得工作能得以深入；第二点是分出层次，总体两层，一层叫优秀，一层叫大，分出层次，这也是比较好的方式，不仅是在操作上，更重要的是让大家知道这些东西也要有不同的区别，不同的判断；第三点就是有一个晚会活动。

2. 方法

第一就是需要分类运作。不同的案例，比如政府案例、企业案例等，就不仅要分出层次，还要分出类型。类型分出来后，可以很清楚地感觉到，不同主体的运作目标、运作方式有很大的不同，而且如果把企业的类型增加得多一些，实际上对全国旅游行业的引导功能会更强，不过目前总体感觉还是以政府为主体的方式。

第二就是现存的经验需要更加深入。有些看起来是偶然触发的事情，实际则不然，里面有它一定的必然性，把这些经验抠出来，总结下来，对全国的引导性作用会更突出。

第三就是增加成果形式。传统的颁奖仪式、发布会等，对于获奖单位而言是不错的方式，但是也确实需要增加一些其他的成果形式，比如出一本书，或者把各地的经验整理成一个小的片子汇总起来，应该会对行业起更大的推动作用。

第四就是要把自身摆到适当的位置。借助别人营销营销自己，是对的，但是如果篇幅过重，举行一届还可以，下一届还是这样，就会出问题；事情会不太公平。还有一个问题，因为有选送或者申报这么一个环节，有些很好的案例的负责人没意识到，结果错过申报机会，像这样的情况，组织者就得主动做点工作。

（二）关于事件营销

1. 几点感受

事件营销是个有趣的事情，很容易引起大家的关注。从现在来看，有这么几点：

第一就是事件营销成为亮点，这种亮点需要强化引导，一方面是引导事件本身，另外一方面通过事件营销引导发展。

第二就是事件营销也是难点，难点就在于如何强化创意，创意是很好，问题是怎么创。

第三就是事件营销作为引爆点，需要全面跟进，这不是为事件而事件，也不是为营销而营销，最终是要把目的地的信息，效率最高、成本最低地传递给消费者，所以这就需要全面跟进。

2. 关于事件

第一，借助事件，敏感。借助事件考验的是敏感性，各种事件很多，而且任何一个事件从不同的角度都会有不同的抓手，也都会有不同的入口，这就需要有高度的敏感性。

第二，设计事件，超常。设计事件就需要超常性，如果设计一番，什么新鲜的东西都没有，这种事件营销也就没有意义。

第三，事件主题，特色。关于事件的主题就需要研究特色，只有特色出来，才能把目的地里的东西提炼出来。

第四，创造事件，杠杆。创造事件就是四两拨千斤，事件的杠杆作用一定要充分发挥出来，这样就需要创造。不动摇、不懈怠，这样的行事态度没有问题，但是旅游需要折腾，这种折腾就是创造，而且这里有一个度的把握问题，比如争议，既然折腾就不要怕有争议，有些活动规模多大，或者采取什么方式，里面很多东西都需要突破，但是突破又有一个度，所以就要在突破和度之间把握，这是事件营销的一种艺术性的把握，难度很高，可是如果翻来覆去就是温吞水，那还不如不做，这样才可能把杠杆作用发挥出来。

第五，事件时机，有心。时机的把握就需要对方方面面的判断，比如黄怒波冰岛买地这件事，事件本不是很大，但是巧撞在点上了，就引发了世界影响，引发了对中国扩张的担心，把这当作一个标志，可是冰岛方面说的很清楚：一个中国诗人到我们这买一块地，想做度假，很浪漫。实际上如果仔细回想一下，每个案例都有一个时机把握的问题。把握时机要做有心人，也要做综合性判断。

最终就是两个结合：一是事件和市场的结合，如果没有市场的跟进，这个事件也就是一阵风刮一下而已。二是政府与企业的结合，政府进行形象宣传，企业跟进产品营销，事件本身也可以说是一种产品，但是应该把这种一次性的产品转化成一种对产品的推动，就是把形象宣传和产品衔接，紧密地联系在一起，这样的事件营销才能发挥更大的作用。总之，希望能借这个活动更好地引导全国旅游营销的发展，推动全国旅游事业的发展，让大家少花点冤枉钱，营销的性价比更高一点。

六、新品牌塑造

现在追求新品牌，要达到政府认同，行业认同，市场认同，这三个认同都存在，但是一般的基本次序是政府认同第一，行业认同第二，市场认同第三，应该颠倒过来，市场认同第一，行业认同第二，政府认同第三。

新传媒时代就需要一系列的新，这样在旅游营销方面也需要做一个完整的扩张，做一个全面的安排。

第二节 旅游目的地营销新体系

旅游目的地营销体系的规律，可以概括为"三三三"，即"三阶营销体系、三地营销建设、三次营销情景"。

形象地说，"三三三"体系是一个由三个维度构成的旅游目的地营销"魔方"。任何一个旅游目的地，无论市场营销品牌是怎样的状态，都可以复原到以下框架的原则理念上来，理清后，再加以"整合营销"，对各种营销工具和手段进行系统化结合，并根据环境进行即时性的动态修正。

一、逻辑维度：三阶营销体系

"三阶营销"指市场分析定位、营销系统建设、品牌形象提升三个逻辑阶段。

（一）市场分析定位

综合分析旅游目的地供求关系的不同状态排列组合，即现状客源需求（黄海）、潜在客源需求（红海）、流变客源需求（黑海）、新辟客源需求（蓝海），力图尽可能的使市场定位全面，即不但考虑进一步开拓现状的市场需求部分，而且考虑潜在的、可以创新开辟的，以及流变（随潮流不定期出现）的市场需求部分。

表 7-1 旅游目的地供求矩阵

目前供给 \ 目前需求	有	无
有	现状客源需求	流变客源需求
无	潜在客源需求	新辟客源需求

不同市场细分部分，在重点营销的旅游产品、主要营销措施和手段等方面有所不同。主要从以下角度定位市场细分。

1. 出游动机

从出游动机（或产品建设）划分，主要为三大板块：度假市场、观光市场、专项市场。研判旅游市场出游动机："三主"。度假市场是主导旅游市场；观光市场是主体旅游市场；专项市场是主题旅游市场。

2. 地域级别

区分一级、二级、三级地域市场，至少有以下因素决定旅游地域市场定位。

原有观光客源地度假休闲需求的增长和创造。旅游市场的升级是一个"收入激发需求，供给创造需求"的过程。随着经济发展，全国各地对比较高端的度假休闲产品将会形成更大需求。

原有观光客源地半径的扩大。随着旅游目的地的综合提升，尤其是游憩的增加，原有观光客源市场的市场半径将增大。

观光客源地的原地升级。旅游市场的拓展是一个"新产品巩固老市场，老产品开辟新市场"的过程，在观光地升级为度假地的过程中，原有观光客源市场的原地升级是重要的因素。

休闲度假的潮流。度假旅游、体育旅游、文化旅游的大发展符合当先中国休闲化发展的社会普遍趣味，将延伸旅游地域市场半径。

专项旅游地域市场半径的两面性。一方面，专项旅游原则上不限于地域市场半径。专项旅游更多依赖人群和组织定位，随着专项旅游供给的提升，专项旅游的特殊客源可能开自国内任何地方，乃至来自国外。另一方面，不成熟的专项旅游地域市场半径很小，因为需要沟通、考察、踩点等前期活动，不十分成熟的开展专项旅游活动的目的地，地域市场半径很小。

区位交通条件的新改善。区位交通、地理位置方面，全国普遍逐渐改善铁路、公路、水路和航空立体交通体系，凡是客运交通能够到达尤其是直达的城市，都是现实或潜在的地域市场。

周边旅游目的地的竞争合作。周边旅游目的地构成竞争合作关系，在旅游目的地差异性、异质度的基础上，竞合总体态势影响旅游地域市场的重心。

区域经济的走向。所在区域未来的经济走向，将影响旅游地域市场。

地域文化的独特心理效应。独特的地域文化在旅游市场上成为影响旅游兴趣浓厚与否的一个文化心理尺度。

3. 人群特征

结合客源市场地域、市场竞合关系等综合情况，进行旅游人群特征定位。

市场人群特征定位主要受职业情况、收入水平、闲暇时间、出游频率、身体状况、意识形态、文化水平、结伴形式、家庭形态、游憩技能、文化心理、小众属性等多方面因素决定。

市场人群一般按照年龄、职业、偏好（如对酒的偏好人群）等特征定位。

4. 目标组织

旅游市场的目标组织定位主要受以下方面因素的影响。

主要定位的客源地域、客源人群在工作生活中所在的企业等组织出游单位的运行活动中对旅游的诉求。

商务、公务、特种旅游接待发展水平和特征。

通过旅行服务机构（旅行社等）招徕有组织客源的能力（替代关系）。

自身直接吸引企业等组织出游单位的现实途径与困难（如在组织所在地的植根程度、与组织所在地的旅行社的强弱势关系等）。

专项旅游产品满足"小圈子"游客需求的属性。

5. 消费时间

旅游市场的消费时间，理论上分为大尺度时间（游客流在全年中的时间分布：高峰、旺季、平季、淡季）、中尺度时间（游客流以日为单位的时间分布：节假日（含周末）/平日，大小日）、小尺度时间（游客流在一天中的时间分布：早间、上午、下午、晚间、夜间），主要受以下方面因素的影响。

自然生态旅游资源在一年中的形态变化时间。

相关联的人文旅游资源在一年中的呈现时间。

主题旅游产品的时间属性。

国家假日制度与客源地定位人群的闲暇时间、个人假日安排、个性化时间安排（专项旅游人群和组织）和集中出游时间（拥有个人假期的游客在度假时间的自主安排上倾向于避开观光游客高峰期）。

6. 其他角度

旅游市场的其它市场细分分析可以辅助更加准确地进行市场定位和营销、品牌策划。主要有人口分析、经济分析、比率分析（居民出游率和国际旅游者产生率）、价格分析、壁垒分析、认知分析、团散分析、体验分析（满意度、忠诚度、口碑传播度等）、潮流分析、竞合分析（如对区域旅游资源同质度的考量）、特殊分析（如政务旅游、商务旅游）等角度。

（二）营销系统建设

现代营销的核心理念之一是从"市场争夺"转变为"营销建设"，即要把营销对象当作"家园"来建设性地谋求合力共赢，而不是当作"战场"来妄图强行索取。

营销的本质是降低需求方的交易成本，任何交易总会自动流向交易成本低的地方。

旅游活动最本质的特征是发生空间位移，因此，旅游业最大的交易成本是空间交易成本。于是，旅游目的地营销就是要开展目的地营销建设、客源地营销建设、媒介地营销建设，即"三地营销建设"，以降低游客发端客源地、通过媒介地、达到目的地的过程中所发生的交易成本（详见下文"三地营销建设"）。

（三）品牌形象提升

营销的高级形式是品牌。从本质上说，营销是推广价值，品牌是放大价值（实现品牌溢价）。旅游品牌形象提升一般可以分为四个步骤。

1. 品牌衡量

在品牌衡量上，以探索创新与地域实际为原则。旅游目的地品牌具有很强的特殊性，要对旅游目的地的品牌进行评价，需要创造性地应用定量的"溢价"品牌评估方法，并结合其他适合各地实际的定性方法进行综合评估。

2. 品牌观念

在品牌观念上，以拓展空间与明确阶段为原则。旅游目的地品牌建设共有四个层面的空间：

覆盖品牌——跨区域（包括目的地在内）的大旅游线路品牌。

整体品牌——旅游目的地整体的品牌。

要素品牌——食住行游购娱等旅游要素的品牌。

项目品牌——各个旅游要素中具体项目的品牌。

此外，还要明确三个不同的品牌发展阶段：品牌初始期、品牌成熟期、品牌新生期。具体的旅游目的地，需要根据自身的品牌发展阶段，建设覆盖品牌、整体品牌、要素品牌、项目品牌。

3. 品牌发展

在品牌发展上，以引领世界与动态组合为原则。旅游目的地品牌要发展，既要"高上去"，又要"动起来"。"高上去"指任何旅游目的地，总要找到并提出一个引领世界的定位角度；"动起来"指从客源市场时间（如各个季节的品牌）、客源市场地域（如针对不同客源地打不同的品牌）、项目品牌战略（策划各个具体的旅游要素项目品牌）、品牌建设问题（针对问题和不足，"查漏补缺"式地进行品牌发展）等方面，构建多样动态的旅游目的地品牌组合发展导向。

4. 品牌完善

在品牌完善上，以四大举措与细小措施为原则。旅游目的地品牌要不断完善，就要不懈地"抓两头"：大举措和小措施。

四大举措——按照旅游目的地品牌建设四个层面的空间，覆盖品牌层面实施开放融合的举措、整体品牌层面实施形象体验的举措、要素品牌层面实施诉求疏控的举措、项目品牌层面实施绝品配套的举措。

细小措施——要在很多具体细节上不断设计实施巧妙的完善方法和工作措施。

二、空间维度：三地营销建设

"三地营销"指客源地营销、目的地营销、媒介地营销三个组成部分。

现代营销的核心理念之一是从"市场争夺"转变为"营销建设"，即要把营销对象当作"家园"来建设性地谋求合力共赢，而不是当作"战场"来妄图强行索取。旅游目的地营销要开展目的地营销建设、客源地营销建设、媒介地营销建设，即"三地营销建设"，以降低游客发端客源地、通过媒介地、达到目的地的过程中所发生的交易成本。"三地营销"建设应联动推进。

（一）客源地营销建设

客源地指游客的常驻地，是游客的空间来源，也包括深入其中的各类渠道（包括客源地中的组织等）。客源地营销建设，要通过参与建设居民日常工作生活的地域，在客源地建设服务于目的地的营销体系，其核心是确保旅游目的地品牌形象在客源地得以日常、深入、渗透地发挥直接影响，提高营销触动力。

客源地营销建设力争发挥旅游目的地的相关比较优势，通过切实为客源地域的发展和当地人民福祉贡献独到而长久的帮助，赢得客源地市场的关注、青睐和忠诚，形成目的地和客源地积极、牢固、共赢的良好关系。

（二）目的地营销建设

目的地是满足游客体验需求的地区，是游客主体所到、消费所在、体验所生的地区。目的地营销建设，可以从产品经营、人力资源、组织结构、文化建设、服务管理等方面引入营销导向，即以营销作为引导目的地发展一切工作的重要方向，打造营销原动力。

目的地营销建设力争发挥旅游目的地的相关比较优势，通过释放旅游休闲的价值，切实使目的地单位和居民分享利益，赢得目的地的积极支持和努力参与，形成合力发展的目的地营销态势。

（三）媒介地营销建设

媒介地指除了客源地和目的地之外，其他能为旅游目的地营销发挥积极作用的空间、地点或场所。具体而言，主要由媒体、交通、会事、中转地、旅行社五类组成，包括上述类别中单位或相关人员的所在地和活动地。媒介地营销建设，要通过建设与各相关方面良好的合作关系，建立属于目的地的媒介地体系，达到稳定有效地撬动营销工作效果的目的。

媒介地营销建设力争发挥旅游目的地的相关比较优势，与各类媒介载体利益共赢，释放其对旅游营销的各种积极价值。

三、时间维度：三次营销情景

"三次营销"指游前、游中、游后三次营销。旅游产品的实质是情景体验，这就决定了旅游营销的形式也是情景体验。

与旅游产品一样，旅游营销也要进行情景规划与体验设计，或者说，由于现代经济体系中，产品和服务是一体的，加之旅游产品的特殊性，因此，旅游营销本身就是旅游产品的组成部分，也要进行情景规划与体验设计。

具体实施中，要围绕游客体验设计营销情景，进行故事化、戏剧化安排，当营销触角接触到游客或潜在游客时，就要将其引入；旅游的"营销脚本（或剧本）"，在"旅游营销剧本"中，游客扮演角色，在游前、游中、游后都萦绕在旅游情景之中。编排一次营销、二次营销、三次营销三个旅游营销情景，或者说，为游客展开"三幕剧"。

（一）一次营销情景

"一次营销"是指针对没到过旅游目的地的"潜在游客"进行的旅游营销，是客源招徕营销，促成游客对旅游目的地的出游决策，并优化游客先期体验、引导游客旅游预期。"一次营销"包括大部分旅游目的地营销内容。

"一次营销情景"（第一幕剧）要让潜在游客理性了解和虚拟体验到旅游目的地的诱人吸引力，同时，在现实中或在心理上，消除、扭转或弱化阻碍做出前往出游决策的负面因素、负面预期和负面体验，促使潜在游客对旅游目的地产生更多的期盼和好奇，尤其要使游客相信自己在客源地以及交通途中的乏味与沉闷等不良感受，都能从目的地的享乐中获得足够的补偿，缩短客源地与目的地之间的心理距离。

"一次营销情景"要使当游客关注旅游目的地的时候，"旅游大剧"就已经开幕了，在营销意义上，旅游活动就开始了。

"一次营销情景"的重点是将既能促成潜在游客前往旅游目的地出游决策，又能迎合游客某些心理需要的信息和体验及时传递给他们。总之，牢牢抓住潜在游客的心理，引导其关注旅游目的地，并做出出游决策。

（二）二次营销情景

"二次营销"指对已经来到目的地的游客进行再次的营销。

"二次营销情景"（第二幕剧）包括两个方面：一是刺激消费，二是优化体验。其中，刺激消费是主要职能，进行游客消费营销，使游客在来到目的地之后，尽可能多地对各种旅游要素进行消费；同时，用旅游目的地积极、合理的"二次营销"替代不良导游消极、不合理的"强制消费"，促进形成对目的地的优质体验。

1. 全面刺激消费

全面构造刺激旅游消费的情景。

第一，休闲度假。扩张发展旅游住宿设施、旅游娱乐项目、休闲体育运动、文化艺术活动、休闲居住地产五种旅游休闲要素，通过完善要素配置，结合其他旅游营销方式，延长游客停留时间。

第二，情景体验。在游客停留时间保障下，全面进行产品包装（参见下文），合理化旅游产品各个组成部分的发展道路，提升旅游项目和旅游要素项目的品质。

第三，项目促销。动用城市空间、游客咨询、媒体传播等一切目的地信息手段，采取硬广告和软宣传的形式，针对各个具体的旅游项目和旅游要素项目，进行大力促销，突出项目卖点、扩大综合消费。

第四，互为营销。组织协调目的地内容一切涉旅企业和业态，包括各个具体的旅游吸引物、旅游设施、旅游节点等，进行"互相宣传"、"互为营销"，结合旅游行为规律，合理、有机、互促地实施"二次营销"。

第五，软性开发。以刺激旅游消费为目标，有意识地编写故事传说、设置旅游人物、引导消费时间、构造特色主题，发挥软开发在刺激旅游消费中的作用。

2. 重点优化体验

有重点地构造优化游客体验的情景。

第一，时间点。游客刚抵达、将离开、等待中等关键时间点要进行优化体验的情景规划。

第二，空间点。城市、景区、度假区、街道、山形水系等空间的重要节点要进行优化体验的情景规划。

第三，细节点。垃圾筒、卫生间、标示牌、休息处、植物旁等不起眼的细节点要进行优化体验的情景规划。

第四，危机点。伤病、意外、纠纷、不满、困难等游客面临的危机状态点要进行优化体验的情景规划。

第五，项目点。各个旅游项目点和旅游要素项目点要进行优化体验的情景规划。

（三）三次营销情景

"三次营销"指对已经完成旅游活动、回到客源地的游客进行的营销，是旅游业的售后活动（包括售后服务）。

"三次营销情景"（第三幕剧）要使游客强化旅游的积极体验、弱化乃至转化旅游的消极体验。主要发挥以下三个方面的营销作用。

提高重游率。随着休闲度假比重的上升，培育游客忠诚度越来越重要。

优化口碑。当今信息时代，古老的口碑营销不但没有削弱，而且更加焕发了新的生机,以网络营销、网络推手、在线联络为代表的"信息化口碑",发挥着越来越巨大的市场作用,被称为"病毒型"营销。

挟客源以令渠道。旅游营销长期以来依赖渠道(媒介地),以旅行社为代表的渠道商不但影响游客的出游决策,而且能影响旅游目的地在旅游客源地的口碑走向。然而,随着信息化时代、个性化时代的到来,空间距离被大大缩小,空间交易成本呈降低趋势,旅游目的地通过客源地营销建设,尤其是各种会员服务、旅游售后活动、企业等组织出游单位长期公关等三次营销手段,能够越过渠道(媒介地),直接把握旅游营销的主动权,乃至以此号令渠道、影响媒介,取得旅游营销的全胜。

第八章　区域旅游发展

第一节　乡村旅游：新局与新题

国外乡村旅游的普遍化已经有 50 多年了，中国的乡村旅游也有 25 年了，在发展的过程中，既取得了一些成绩也存在一些问题。面对乡村旅游的快速发展，应该在新的起点上及时总结和发现问题，促进乡村旅游更好地发展。

一、乡村旅游的发展

（一）过程

中国乡村旅游的发展，大约经历了三次升级：一是农家乐，基本是对资源的简单利用；二是对资源的综合利用，通过农家乐的发展，进一步挖掘乡村资源，提高乡村资源的利用率；三是对资源的深度开掘，创造了一批新型乡村旅游项目。这三次升级大约经历了 25 年的历程，面对新世纪、新情况、新特点，乡村旅游的发展已经有了一个新的格局，那就是对乡村资源不是简单的利用，而是要创造新的资源。

（二）模式

从模式来看主要有三种：因地制宜、因时制宜和因市制宜。同时，还有三种延伸模式：一是观赏农业、采摘林业；二是休闲渔业、体验牧业；三是手工业、乡村艺术。形成了就地取材，就地取才，就地市场，就地增值的过程，也形成了整个乡村资源全面提升的过程，同时也是乡村旅游品牌逐步创造的过程。

（三）特点与问题

特点：总体规模大，效果显著。目前，中国有四百多个农业旅游示范点。如果以农家乐为单位，大约有四十万至五十万家农家乐。农家乐是一种微型的家庭式旅游企业，这种企业具有网络化、漫点式的发展特征，对乡村的经济、社会等起着重要的作用。

问题：单体规模小、对应市场难、基础设施不足、公共服务少、卫生条件差、产品供应不足、经营单一、同质化强、恶性竞争、质量不高。乡村旅游发展，原来主要的制约条件是交通，现在大交通、小交通基本上都已经解决了，可是卫生条件现在已成为比较普遍的问题。所以，现在考察乡村旅游首先看有没有洗手间，如果没有洗手间，这样的乡村旅游就过不去。

二、转型升级

（一）需求的发散

随着中国经济的快速发展，社会文明程度的提升，现在游客对乡村旅游的需求，已经形成了一个发散的态势。乡村旅游和乡村休闲不同：乡村旅游以景区观光为主要诉求，而乡村休闲以休闲娱乐为主要诉求。简单地说，乡村休闲需求可以概括为六句话：民俗风、山水画、田园诗、文化歌、生活曲、梦幻情。城市人去乡村不是真正追求乡村生活，而是体会乡村意境，所以乡村旅游一定要具有城市生活的基本条件。

过去城市人去乡村旅游是寻求一点异质的生活，但是现在已经不同了，他们现在追求的是一种自然，或者是一种人工的自然，或者是一种比较精巧的自然。比如云南傣族村寨月光下的凤尾竹是何其诗情画意，但是如果卫生环境条件不达标，这样的乡村生活城市人还是不能接受。所以，乡村旅游的前提就是具备城市生活的基本条件，这就意味着乡村旅游如果没有基本的提升就过不去，没有一个大的提升就缺乏竞争力。

（二）模式的选择

从乡村旅游的发展来说，存在一个世界性的现象，就是乡村凋敝的普遍性，城市化越发展，乡村越凋敝。所以，经济发达国家先行一步，创造了乡村休闲的吸引力，这也构造了乡村重整的必由之路。我们现在很难想象乡村一定要达到城市化，这条路很难走下去，即使在发达国家都走不下去，中国更不能走。但是，发展乡村旅游、乡村休闲是乡村重整的必由之路。

世界上有多种乡村旅游的模式：一是苏格兰乡村，是非常崇尚自然的，但是这样的自然，无论在想象中还是在现实中都是诗情画意的感觉。中国很多地方也有很好的自然环境，但是却构造不出这样的意境，很重要的一点就是我们缺乏技巧。二是西班牙古堡，体现一种构造模式的创新。三是日本的北海道，日本是一个人口众多、国土狭小的国家，可是整个北海道几乎没有开发，基本上保持自然，在京阪神地区人口高度密集，大家可以到北海道去游玩，这样一种国土整治方式，实际上也值得我们参考，这就相当于构造了一种更独特的大乡村、大旅游的项目。四是法国的卢旺河谷，构造了一种乡村综合的模式，通过乡村条件，把乡村环境、乡村生活和手工业、畜牧业、酿酒业、文化业、古堡等一系列的资源联系在一起，构造了一个高端乡村旅游的模式。这些发展模式确实值得我们研究、学习。

（三）中国的要求

中国人多地少，具有自身特殊的情况。这就要求中国比世界上任何一个国家对乡村旅游的要求要更高、更多。中国希望通过发展乡村旅游，能促进农业经济结构调整，增加农业功能，提高产品附加值，增加就业渠道，形成系列服务设施，更重要的是推动农民观念转化，培育农村市场机制。这就构造了一种乡村旅游的综合作用，将来还要继续强化和推进这种作用。

（四）新统筹

首先是农村，应当用景观的概念来看待农村，不能一扫而光；用综合的理念来经营农业，通过旅游提高土地利用率，提升农产品的附加值；用人才的观点来发动农民，使农民成为文化传承者，工艺美术师。

其次是城市，要用抓旅游的理念抓城市，突出人本化和差异性；用抓饭店的理念抓景区，突出精品化和细致化；用抓生活的理念抓休闲，突出舒适性和体验性。

在新统筹方面，需要有不同的理念、不同的要求。近几年随着中国推进社会主义新农村的建设，严格地说是工业化的新农村建设，往往把农村的文化泯灭了，这样的所谓社会主义新农村建设，不建也罢。但是，如果能够从后工业化的视角来对应乡村旅游的发展，应该会有一个新的思路。

三、新格局

（一）都市群

1. 世界第六大都市群

中国的城市建设在最近几年以飞跃的速度来比喻毫不夸张，如果你几年前去过的一个城市，现在再去肯定不认识了。在这种情况下，中国对乡村旅游要更多些慎重。从都市群的角度来看，北京奥运会标志着中国正式进入现代化国家行列，而上海世博会则标志着以上海为龙头的长三角城市群成为世界第六大都市群。全世界已经形成了五大都市群，其中美国两个、欧洲两个、日本一个，而世界第六大都市群就在长三角，这是毫无争议的。

长三角城市群的一大优势是基本已经形成了水平分工模式，这既不同于当年日本与亚洲四小龙的"雁行模式"，也不同于环渤海的"峰谷模式"，更不同于珠三角的"承接模式"。环渤海城市群中，北京高得太多，周围差得太多，形成了一个"峰谷模式"，所以很难融入世界体系。珠三角城市群基本上是对海外的一个"承接模式"。从这个角度来看，世博会最大的历史意义就是意味着世界第六大城市群形成，而且就进一步发展而言，全国很多地方都会形成这样的都市群，其规模不同、作用不同、地位不同，但是总体来说，都市群的发展格局已经形成了。

2. 乡村资源短缺升值

都市群使城市连为一体，工业化压缩乡村空间。在长三角，几乎感受不到乡村，一个城市连一个城市，很少能感受到大片辽阔的乡村。这就使乡村资源逐步短缺，全面升值。由此，就形成两个"新"：

一是新理念。就是敬畏自然，珍重资源，善待文化，尊重前人。长三角是经济发达之地，就意味着建设力量非常之强，同时也意味着破坏力量非常之大，可以在一夜之间破坏一个地方，但是不可能一夜之间建设一个新地方，所以要有一种战战兢兢的心态。现在全国已经达到了历史上最高的建设时期，中国一年的建筑总面积相当于整个二战之后的欧洲重建。另外一方面我们的破坏力量也达到了历史上最强，全国现在是拆了老的建新的，建了新的想老的，想了老的仿老的，最后赝品充斥全中国。所以，要在这样的新理念之下，以战战兢兢的心态来对应乡村旅游的发展。

二是新模式。这个新的模式就是要结合市场的提升，形成模式的创新，如乡村酒店、乡村休闲、文化主题村、专业生产村等，就是以都市群为背景来看待乡村旅游的发展。

（二）城市化

中国东部经济发达地区总体已经进入工业化后期阶段，现在主要的问题是理念落后，仍然是工业化中期发展理念。城市在急剧的扩张之中，品质也在急剧的下降，在城市景观越来越漂亮的同时，人们的生活质量却在下降。总体的表现为以下四个方面：第一，太急了。仍然在强化经济增长率，社会心态也比较急躁。第二，太挤了。人口过多且过度集中，建筑过密且过度古怪。第三，太忙了。车流滚滚，人流匆匆；第四，太脏了。高碳发展，空气污浊。

在这种情况下，城市生活必然产生新的需求。城市第一缺生态，第二缺健康，第三缺人文，第四缺快乐。按照物质生活水平来说，现在比以前不知道高了多少倍，可是幸福指数并没有增长，快乐感觉也没有增加。这就形成了对乡村旅游的长期且持续增长的市场需求，所以毫无疑问，乡村旅游的市场前景无限。但是市场不能笼统而论，需要分层、分时、分地、分项。没有对市场的细分，我们的项目还是朦朦胧胧，普遍产生了价格恶性竞争。所以，下一步乡村旅游的发展，一定要在细分的基础上全面提升。

（三）模糊化

城市日益扩张，边界逐渐模糊，现在的乡村何在？尤其像上海这样的特大型都市，长三角这样的都市群，原来的城区现在变成核心区，原来的近郊区现在成为城区，远郊区纳入了城市带或者城市群；另一方面又形成了城中村，这是急剧扩张的过程产生的必然现象。随着城市的扩张，实际上城市和乡村的边界越来越模糊。面对新问题、新情况，可以用新观念来重新认识乡村，那就是将建成区以外视为乡村。但是这个乡村和二十年前的乡村，在本质上已经不同了。所以，下一步乡村旅游的发展要形成一个基础、四个新点：一个基础就是现在这一套乡村旅游的发展格局；四个新点分别是度假社区、休闲农庄、区域发展、乡村旅游项目。

应当鼓励按照新的格局研究新的问题。一是度假社区，主要是指郊区的楼盘。郊区这些楼盘，从位置来说，就在乡村，从功能来说，是第二居所，完全可以把它视为乡村旅游的一个新类型。二是休闲农庄，就意味着现在以农家乐为基础的村庄需要整体转换。三是区域发展，这就要求全面推动。比如北京市发改委专门提出，北京郊区的80条沟要进行沟域治理，做了80个规划，都是以休闲为主，都是以乡村旅游为主，这是不约而同的，实际上反应了城市生活的膨胀和城市需求的扩张，而引发的对乡村的需求，自然就构成了一个新的区域发展的格局，需要全面推动。四是需要研究乡村旅游项目，比如温泉、运动、会所等等。一个基础、四个新点是下一步全国乡村旅游的一种趋势。

（四）便利化

交通格局决定旅游格局，现在大交通顺畅，小交通便利。不论是长三角城市群，还是青海，都有这种感觉。青海大交通条件的改善源于这些年西部大开发，再加上高速公路的发展；青海县里的乡村公路也都相当棒。现在全国都是这个格局，在经济发达地区，交通问题已经不是问题，充其量存在一个支线公路和乡村公路需要转换的问题，那就是要变成景观路、文化路、生态路、交通路四路合一。

这样的交通格局，不仅是乡村旅游，而且是生活格局的变化。在经济发达地区，这样的格局基本上已经产生了，很多人开始有第二居所，很多人开始研究第一生活。这就意味着传统的基础必须要升级，农家乐转向主题村、专业村，现有的一些乡村旅游项目也需要提升，而且这种提升的过程，也在不断创造新的增长点和发展点。比如北京的九华山庄，地处昌平，绝对属于乡村，可是这个九华山庄达到了一定规模，在北京，其收入量第一，利润第一，一个九华山庄能容纳八千多人就业，这就超越了传统的乡村旅游概念。一批像九华山庄一样的项目已经产生了，国内要跟踪这些项目，研究一些新的趋势和新的格局。

另外还要进行新点强化，培育重点项目、优势项目、聚集项目。比如一个县，如果能够形成一个聚集性的项目，实际上不仅是对项目本身，而且对整个县的经济结构调整和产业提升都是巨大的改变。

在这种格局下，一个都市化、一个城市化、一个模糊化、一个便利化，就意味着现在的乡村旅游格局已经从根本上发生了变化。

四、新题目

（一）度假社区

度假社区的概念是第二居所、第一生活。首先是人们利用度假社区来追求一种城市和乡村生活方式的结合，时间上总体形成了一个4+3的格局。比如在城里蜗居住4天，然后在第二居所住3晚。其次是居所，老加小。很多居所平时只有老人和孩子，到礼拜五晚上，上班的夫妇也回来居住。这样，对于条件、设施、文化、活动、交流等提出了一系列新的要求，这种要求可以说是一种现实的要求，当然还没有变成普遍的要求，可是在乡村，这已经形成了一个规模比较突出的现象。

（二）休闲农庄

休闲农庄是以村庄为依托，以生态为背景，集中各类休闲娱乐设施，培育独特生活。休闲农庄是休闲农业的集中版，创造版，其覆盖三次产业，浓缩乡村意境，突出慢生活、深体验。这也需要新元素，包括文化元素、国际元素、体验元素、休闲元素，这些元素的引入和强化，就会自然而然地使休闲农庄提升到一个新的高度。

就休闲农庄的建设而言，从经验来看，政府和农民联合起来共同掌握一级开发，推进二级开发。现在有些地方，觉得政府力量有限，把一级开发权给了投资商，如果是集中做项目，这样还可以，但如果是休闲农庄的建设，这样就不行。所以，政府更多的是需要加强公共建设，推进公共服务。比如中华村的农家乐，政府的公共建设和公共服务意识基本上到位了，再加上引入大集团、大企业，和农民的利益结合到一起，就构造了一种比较好的操作模式。所以从建设的角度来说，这几年很多地方都已经成熟了，但是也有很多地方仍然处在走弯路的过程之中。

（三）区域发展

区域说小一点，就是沟域、山域、水域，说大一点，就是一个县，所以这不仅涉及一个治理的问题。比如北京研究沟域经济的发展，一开始也是从水利的角度来定位的，如水土平衡、水土保持等，现在发现其已经不是水利的定位了，而必须是发展的定位。所以，在这个过程中就需要创造一些新的优势，形成新的组织。

在乡村旅游发展过程中要充分利用自身所在的区域特征来发展。首先是市场密集，这方面客观的态势已经形成了，尤其是大城市的周边。比如成都周边六个县就有五千多个农家乐，成都的发达程度尚不及沿海，但是却有这样的消费氛围。

其次是资金密集，严格地说资金密集实际上体现在项目上，而不是体现在大的区域上。三是组织密集，所谓组织密集就是在这个过程中要创造一些新的乡村组织，比如很多地方乡村旅游发展起来以后，就组建了乡村旅游协会，而且这个协会发挥了很大的功能，形成了农民参与的局面。同时，要引入大企业，形成集中项目，如果这两个局面能够紧密地结合到一起，就会构造一个区域发展的新局面。

（四）乡村旅游项目

随着进一步的发展，尤其在长三角这样的地区，乡村旅游会成为城乡一体化的结合点，乡村经济的发展极，农民转业的新领域。客观来说，这样的作用现在已经形成了，下一步无非是强化这些功能。乡村旅游项目涉及到乡村俱乐部、庄园、观光景区、度假社区、温泉养生区、户外运动区、自然探秘区、山地探险区、自驾车营地、露营地、古城、古镇、古街区、古村、古道、古关等。其中，需要解释的是庄园的概念，我们原来一说庄园就想到地主，就想到刘文彩。其实就国际上而言，庄园文化和建设庄园是乡村旅游的一个顶级概念，现在我们有很多地方打出了这个牌子，但是严格地说，和庄园文化概念相比，我们的差距还很大。

在乡村旅游发展过程中，要围绕乡村资源，培育一些乡村旅游项目，这些项目的培育，关键的一点就是按照后工业化的视角，挖掘前工业化的资源。实际上乡村旅游挖掘的都是前工业化的资源，比如吃鸡要吃土鸡，吃猪也要吃土猪，凡是工业化的产品我们都不接受，追求的就是前工业化的资源。这也就意味着越是前工业化的资源，在后工业化的背景之下越升值，由此形成超工业化的产品，对应变化中的市场。但是，我们很习惯用工业化的思路来做对应，不管是社会主义新农村建设，还是一些乡村旅游的发展，乡村项目的开发，还是用工业化的思维。这种工业化思路，实际上有意无意地破坏了乡村资源，贬低了乡村的文化。

（五）构建新型优势产业体系

要想使乡村旅游项目具体地落实下来，就需要构建新型的优势产业体系。乡村旅游的发展，从根本上来说，就在于能够培育乡村，形成新型产业体系。

第一，文化产业：要求形成差异、特色。

第二，活动产业：应丰富类型，形成系列，突出特色。

第三，银色产业：是一种新的生活形态，需要实现多样发展。第四，自驾车产业：形成服务系列，突出特色。

第五，休闲房地产业：一是酒店房产，核心地产；二是休闲房产，景观地产；三是文化房产，主题地产；四是生态房产，田园地产；五是娱乐房产，聚合地产；六是复合房产，生活地产。

第六，温泉产业：康体、康疗、康乐。

第七，娱乐产业：应增加活动和项目。

第八，体育产业：主要包括民间运动、高尔夫、专业训练等。

第九，农林渔业：传统的第一产业在旅游的平台上，形成文化型、增值型、休闲型，形成旅游农业、休闲渔业、寻访药业等。

第十，疗养健身业：传统与现代的完美结合。

第十一，生态产业：利用环境、物产，形成体验。

（六）新发展措施

乡村旅游的下一步发展是差异化经营，特色化竞争，体系化发展。如果还只是局限在农家乐这种分散经营、小打小闹的模式，显然是不行的。所以，需要构造一个体系，围绕市场开发产品，围绕产品组织产业，围绕产业形成分工，围绕是听任市场自发成长，这才能构造一个完整的发展格局。

（七）环境优化

乡村旅游的竞争，一定意义上就是环境优化的竞争。环境优化就是要弥补自然环境，提升人文环境，改善经营环境，完善村容环境，强化休闲环境，优化交通环境，协调景观环境，严格保护环境，创造好的发展环境。

在具体的操作中，需要强化五个度：差异度，文化度，舒适度，方便度，幸福感。文化度是挖掘当地的文化资源，但是，舒适度、方便度是下一步更需要我们注意的，因为现在农家乐已经变成一种稀松平常的事，吃农家菜也不是那么不得了的事情，所以现在对舒适度和方便度的追求更高。综合起来，形成一种幸福感，这也是市场竞争对我们更高的要求。

最终，要形成五个力：视觉震撼力，历史穿透力，文化吸引力，生活沁润力，快乐激荡力。这五个力同步实现极难，但是，一步一步地推行是可以达到的，尤其是生活沁润力和快乐激荡力，如果说这五个力都能达到，任何一个地方的旅游都能发展起来，而且能谋求一个大发展的格局。这种力恐怕就要体现在我们项目的设置上，体现在我们的安排上，体现在我们的服务上。

（八）新乡村主义

我们有意无意地或者潜在地有一种意识，觉得乡村旅游是城市人对农民的一种恩赐，这种看法本身是非常错误的。在市场经济条件下，这也是一种产品的交换，只不过，需求提升，产品本身也在提升。所以，首先要有一个平等的视角。其次要谋求均衡的发展，要考虑政府、开发商、农民三方面的利益，才可能达到均衡的发展。第三，形成生活的体验，之所以去乡村，之所以有乡村旅游，就是想去体验一种异质化的生活，这种生活体验越深越好。第四，达到城乡互动。第五，形成体系化的建设。最终，达到和谐的深化，由此构造新乡村主义。

让历史变得时尚，让文化变得轻松，让自然变得可亲，让一切吸引元素变成可以销售的产品，这恐怕是乡村旅游进一步挖掘、进一步深化需要追求的。最终达到生态融合，自然自然大自然，生态生态深生态，文化文化活文化，生活生活真生活。这四句话里，核心是大、深、活、真，这就是乡村的优势。我们用大自然来对应城市的伪自然和小自然，用深生态来对应城市浅生态，用活文化来对应城市的博物馆文化，用真生活来对应城市的浮浅生活、虚伪生活，达到大、深、活、真，这样的乡村才真正达到了乡村旅游所追求的一个终极。

第二节　城市旅游：新思与新意

美国诺贝尔经济学奖获得者斯蒂格利茨曾发表过一篇文章，提出了一个观点，影响21世纪发展有两件大事，一是新经济的发展；二是中国的城市化发展。近几年来，城市的领导者、管理者、建设者越来越注重城市的文化、注重城市的环境，注重城市的发展质量。从1998年优秀旅游城市开始首次评定，到现在已经有14年的时间。在这个过程中，许多城市取得了骄人的成绩，但是也存在很多不足。

一、第三只眼睛看城市

要用第三只眼睛看城市，这第三只眼睛就是旅游者的眼睛。还有另外一只眼睛，就是专家的眼睛。城市是生长的，而不仅仅是发展的，这就意味着有其内在的规律性。但是我们现在只强调发展。如果只强调发展还是人定胜天的思路，做规划，大拆大建，就像把人大卸八块，只是解剖学上面的意义，而不是生物学和生理学的意义，更不是社会学和心理学上的意义。花心血的是作品，有想法的是作业，没头没脑、没心没肺的是垃圾。

老天爷留下的是自然遗产，老祖宗留下来的是文化遗产。那我们这一代人给后一代人能留下什么东西？非常遗憾，现在留的多数都是建筑垃圾。所以这就需要我们倡导一个新的理念，就是创造未来的文化遗产。今天的建筑就是明天的文物，就是后天的遗产。

二、关于城市

从旅游的角度上讲，对城市有一系列的要求，这也是优秀旅游城市的评定标准。

（一）城市模式

传统模式：以资源形成产品，以产品构造产业，以产业聚集城市。这是中国建国以来的城市模式。历史上的城市就是城堡加市场，基本就是军事职能加经济职能。中国大部分城市属于传统模式。全国200多个资源型城市，现在44个已经进入了资源枯竭的阶段。在我们的城市里，面临的大量问题都是工业化城市转型和提升的问题，所以就需要研究现代模式。

现代模式：金融、科技、人才、市场，要素聚集、创造聚集。经营城市一靠经营资源，掠夺性；二靠经营土地，一次性使用，一次性收入；这两种经营已经走不下去，即使不控制也是死路。而只有经营文化，经营环境才是优势，才是可持续发展之路。

（二）城市文化

在城市建设中，史是城之根，文是城之魂，房是城之体，水是城之容，绿是城之装，突出城市文化。现在的城市旅游发展过于看重景区，作为一个城市而言，光看景区是不行的，会形成一个畸形的格局，叫美丽的风光、破烂的城市，如果把精力集中在少数的景区开发上，那这个城市整体发展怎么办？所以要构造景城的概念。

城市要进行完整的艺术设计，系统的形象设计。城市改造，也不必大拆大建，增加一些文化符号、增加一些文化元素，城市的味道马上就提升了。比如，内蒙古自治区建区60周年时，呼和浩特就带了一个头，建筑物的墙体增加了很多蒙古族的文化符号，这个楼上一匹马，那个楼上一张弓，这都不复杂，就是文化元素中的符号，城市的味道就有了。

我们现在的问题是重景区，轻城区。景区是吸引中心，城区是利润中心。所以要以后工业化的视角，挖掘前工业化的资源，建设超工业化的产品，对应变化中的市场。

（三）目标：要构造一个全城市

全球：世界胸怀，参照系，全球品牌。树立新的参照系，城市要以世界上同一个类型的城市作目标。当然一个非常小的城市要作全球品牌，比较有难度，但可以在某个点上有突破，构造出一个新的品牌。

全面：全面发展，包括经济社会，文化环境等等。

全息：以信息化为基础，通过数字化工具，达到智能化。

全年：一年365天都利用。西北城市最大的特点就是旅游淡旺季太明显，需要研究挖掘城市中春夏秋冬四季的旅游产品来吸引人。

全时：研究24小时利用，当然，城市的大街小巷不可能都24小时利用，但是一定要有这样的区域，要有夜间活动。全世界一流的旅游城市，一定是夜生活最繁盛的城市。

全新：研究新发展方式、新生活方式。从旅游角度，应该从新城市主义到新生活主义。旅游就是一种生活方式，对个人来说就是一种短期的生活方式，对于整个社会来说就是一种常态性的、长期存在的生活方式。将旅游的要素渗透到城市的每一个角落，融入到城市的每日每时，这才是一个全新的、根本性生活方式的转变。

三、城市旅游

旅游在城市发展中的作用越来越大，影响面越来越广，能够促进城市的全面提升。

（一）旅游对城市发展的作用

以服务大发展、配套大空间、发展大产业、提升大形象、发挥大功能、促进大文化、美化大环境为基础定位，发挥旅游业在推动区域新发展、拓展旅游新体系、衍生城市新产业、促进城乡新和谐、提升城市新品质、培育社会新生活等方面的积极作用，全面提升城市的总体素质。

1. 全面提升

用旅游激活城市，以激情创造明天。基于旅游在经济拉动、社会和谐、形象树立等方面的突出作用，应立足现在、综观全局、着眼未来。在旅游体验理念的基础上，整合资源，提升价值，改变形象，创造品牌。通过实施社会化、特色化、精品化、生活化、转型化、科技化、系统化、综合化、双向化战略，致力于打造完美、品牌、精致、人本、悠闲、数字、联动、多元、开放城市，全面提升城市旅游业的整体素质。

2. 强化城市功能

城市从旅游的角度来说功能是：客源集散地、消费集中地、文化吸引地、就业扩大地、税源形成地、品牌体现地。但是在有的旅游城市，城市功能被弱化为几个景区。河南的云台山在焦作城市的发展当中起到了巨大作用，其中最大的作用就是改变了焦作的城市形象，从一座煤城转变成为一座旅游城市。

（二）城市与景区

城市与景区的关系在一定意义上是一个传统与创新的交织。

一流的观光资源上世纪 80 年代就已经进入市场，比如故宫、兵马俑、黄山、九寨沟等等；二流的观光资源现在也已经进入市场。如果现在还把精力放在景区上，在一定意义上就是城市在开发三流资源。为什么放着一流的资源不去用，要开发三流的资源呢？越是三流的资源，开发难度越大，需要投入资金量越大。要处理好城市和景区的关系，就是要发展城市旅游。在发展城市旅游的过程中，必然要建立几个景区，城市里为什么非要建立景区呢，有的地方叫城市体验区，有的地方叫文化区，有的地方叫娱乐区，有的地方叫休闲区，为什么非得要戴上景区这顶帽子呢？很简单，因为景区有一个既定的商业模式就是收门票。这是一个既定的商业模式，这种传统模式应当弱化。这就需要研究如何转型提升，就是让城市的旅游功能发挥到最大。

（三）休闲城市

满足休闲需求是城市基本功能之一，是城市发展质量提高的重要内容，是市民生活质量的必要组成部分。城市休闲要以人为本，休闲创造就业、创造价值。休闲，让城市更美好。休闲城市应达到，在城市生活中，休闲活动普遍，具有丰富的休闲设施；休闲产业在城市发展中占据重要地位，形成品牌，并构成强大的市场吸引力。

（四）城市休闲体系

要建立城市的休闲体系。这里面有三个重点，第一个重点叫城市中央休闲区，比如上海的新天地、北京的什刹海、桂林的两江四湖等等，这都是城市中央休闲区。这样的休闲区是一个城市文化底蕴的集中，也是一个城市娱乐消费的集中。但是这样的休闲区和我们所说的商业步行街完全是两个概念，多元素、小设施、大街区。就是小娱乐、小餐饮、小文化、小广场、小街道，构建了一个大的街区，变成了一个城市的亮点。第二个重点就是城市休闲体系的建设。包括夜景的营造、餐饮、娱乐、建设、文化、购物体系等等，构建一个完整的城市休闲的体系。第三个重点就是社区休闲，社区人口越来越多，人们对生活质量的要求越来越高，这就要求社区要有休闲的设施、休闲的文化、休闲的活动、休闲的安排、休闲的组织等等。

（五）发展过程

从工业城市到工商城市，从聚居城市到文化城市，从旅游城市到休闲城市，从过境地到终极目的地，构建新型产业基地，循环经济典范城市。

第三节 县域旅游：深化、整合与发展

县域旅游发展是指在县级行政区域这一边界比较清楚的范围内，利用一地的资源来努力发展一地的旅游经济。当前我国县域旅游发展有两个标志：一是我国目前已经拥有了一定数量的县域旅游品牌。据统计，目前全国共有126个县域旅游品牌，具体涉及800多个景区；二是县域旅游发展研讨会的召开，标志着县域旅游研究已成为旅游界研究的新热点。结合当前县域旅游发展的具体情况，提出县域旅游下一步最重要的三个任务：第一是深化，第二是整合，第三是发展。所谓"深化"，是指不应局限于多年以来形成的相关模式，应逐步在原有基础上进行

深化；所谓"整合"，是要把县域境内的各类资源整合起来，形成一个完整的旅游产业链；所谓"发展"，是指县级行政区域在我国的行政区域体制中具有承上启下的重要作用，必须进一步加快县域旅游的发展。因此，在县域经济的发展过程中，必须大力深化、充分整合和加快发展县域旅游，以培育新的增长点。

一、县域旅游资源的主要类型

县域旅游发展与市级行政区域的旅游发展不同，市级区域可依托的城市性资源很多，县级区域相应来说可依托的城市资源较少，但不能因此在县域旅游发展的过程中而对城市资源进行忽略。县域旅游资源主要有四种比较好的类型：

（一）资源集中型

资源集中型就是说在一个县的行政区域之内，有比较突出的资源，这样的资源就构成了县域旅游的一个主体产品，甚至一定意义上构成了一个县本身的一个品牌。现在全国很多县的旅游业都是依托这类相对集中的旅游资源发展起来的，在此基础上发展起来的旅游形态主要以观光旅游形态为主，最典型的例如九寨沟、香格里拉等等，都非常独特。

（二）城市依托型

所谓城市依托型就是大城市周边的郊县依托大城市产生的客源和大城市产生的需求，来发展自己的旅游业，在此基础上发展起来的旅游形态主要为休闲旅游，由于城市依托更主要的是一种市场性依托，所以以休闲方式为主的这类发展模式对很多县级区域的经济发展起到了很大的推动作用。总体来说，依托市场的类型比上一种依托资源的类型在发展中具有更大的主动性。

（三）文化主题型

文化主题型主要是指通过挖掘一地的文化特质来培育某一文化主题的旅游项目，这种旅游项目可以是一个点，也可以是一条线。

（四）乡村推动型

即通常所说的农家乐。目前农家乐在全国已经普遍开展起来，大城市、中型城市，包括县城郊区都有很多农家乐。这种乡村推动型的旅游模式实际上更主要是一种生活模式，其借助郊区的农村资源展示了农民的生活，使城里人体会到了不同生活的差异。目前农家乐还是县域旅游发展的一种重要的推动模式。

以上几种类型总体可以概括为五句话：第一是山水画，第二是田园诗，第三是文化歌，第四是生活曲，第五是梦幻情。旅游者在县域进行的旅游生活，本质上是在追求这五句话。

二、当前县域旅游存在的主要问题

（一）重复建设问题

重复建设是各地旅游业发展中普遍存在的一个问题。这里的重复建设主要是指近距离、低水平的重复建设。严格地说，重复建设是不可避免的，没有重复建设就没有竞争，市场经济本身就需要相应的重复建设，但是近距离、低水平的重复建设在旅游领域则是必须避免的，尤其是在县域旅游领域里更需要防止和克服。例如山东的各个县地理环境趋同，历史风俗也类似，在风土民情等各个方面，尽管本地人看起来有很多细微的差别，甚至有些差别还比较大，但外地人看来却感觉差别不大。所以相同的地理环境和历史传统，构成了同质性资源，这样就很容易产生近距离、低水平的重复建设，这一现象在全国各地都普遍存在。当然，如果市场需求比较大，一定的重复建设也是必要的，因为其是在大众层面上来满足大众需求。比如农家乐，由于当前市场需求很大，就需要成百上千的农家乐产品来满足相关市场需求。但还是得特别强调，从县域旅游品牌的角度来说，必须避免过多的重复建设，否则就会走弯路。

（二）项目定位问题

在县域旅游发展中各个县都想打造自己的拳头旅游产品和培育自己的旅游产品品牌，常常热衷于开发一些投资几亿、几十亿的大项目，但其中一个核心问题是这些投资惊人的大项目能否达到预期的相关收益。旅游市场有旅游市场自身的规律，绝不能主观认为只要有项目，就一定会有市场，更不能认为项目有多大，市场就有多大，这是一种典型的生产者主导和资源主导的开发模式。例如最近河南石祖山开发了一个巨龙项目，龙头高九十多米，龙身长二十一公里，号称要投资四十多亿，目前这一项目已经被叫停。这就是项目定位出现了根本问题而导致失败的典型例子。当然不是说开发大项目就会有问题，这其中的关键是一定要有正确的项目定位，在此基础上，充分结合自己的优势，构造独特的品牌，只有这样才能把大项目开发成活项目，开发为成功的项目。

（三）市场开拓问题

市场开拓的目的是扩大客源，提高市场占有率和知名度。由于区位环境、知名度、思想认识、资金、工作力度等原因，目前县域旅游发展从整体上看在市场开拓方面亟待突破。以山东为例，就目前来看，山东省市一级旅游产品的市场开拓较好，但县域级旅游产品的市场开拓应该说严重不足，这也是全国县域旅游发展普遍存在的一个问题。市场开拓严重不足是县域旅游下一步发展的主要制约因素，县域旅游必须在市场开拓方面谋划一篇大文章。

（四）配套发展问题

配套发展实际上是如何延长旅游经济产业链的问题，如何使旅游的功能发挥到更大程度的问题。很多地方目前基本上还只是满足于卖景区门票这样的初级产业模式，远远没有认识到配套发展才是旅游业发展的一个核心问题。所以很多地方有这种感觉，辛辛苦苦把钱投进去了，景区也建起来了，游客人数也很多，但就是没见到多少收益。这一问题的实质是旅游企业潜在的综合拉动功能没有全面的体现出来，旅游业综合性强、关联度高的产业优势也就没有体现出来，这就需要在县域旅游发展中重点研究如何配套发展的问题。

三、深化、整合和发展县域旅游的相关对策和措施

针对县域旅游下一步的深化、整合和发展，应采取下列对策和措施。

（一）落实工作要点

县域旅游要抓两个方面：

1. 抓住三类人

客人。客人不必多说，客人数量的多少与旅游业经济效益的高低有密切关系。

商人。商人是客人的一种转换、一种延伸。今天的旅游者就是明天的生意人，就是后天的投资者。

官人。"官人"即领导。在政府主导型的发展体制下，"官人"很重要。以很多地方发展的经验，一个地方旅游业发展起来了，包括领导在内的客人就会增加，在一定意义上就构造了一个特殊的品牌效应，也即政治聚集效应。

所以县域旅游的发展不能只把眼光盯在客人上，而是要把这三类人都抓住，把各类效应都挖掘出来。

2. 抓好四个人

这四个人不是自然人，而是说要发展人为经济、人气经济、人文经济和人本经济。

人为经济。这里要发挥主观能动性，强化事在人为。

人气经济。做旅游要聚人气，项目的开发必须对应相应的人气。

人文经济。在旅游发展的过程中，尤其是在项目开发的过程中一定要突出文化，突出自己的特色。

人本经济。在开发过程中要以人为本，这也是全国各地普遍存在的一个根本问题。

（二）树立科学的开发思路

1. 开发原则

少开发，多利用。现在很多地方过于强调开发，搞不好就变成破坏性的建设，

或者建设性的破坏，所以就要强化利用，这一利用是对现有资源的深度的挖掘和全面的整合。

强化软开发，适度硬开发。不见得说投资越大项目就越好，有的时候投资太大，反而适得其反。

强调差异化的开发。差异化的开发主要包括四个方面：第一个方面叫"无中生有"，很多地方的主题公园的建设基本上叫无中生有。第二个方面叫"有中生好"。第三个方面叫"好中生优"。第四个方面叫"优中生特"。最后要达到一个差异化开发、特色化发展的目标。

2. 建设方式

市场分层、产品分级、服务分档、开发分时。首先是市场分层。市场是一个差异化的市场，针对已经存在并且还在不断变化的差异化，相关项目建设必须从市场分层开始。其次是产品分级。有的产品需要分级，不能也没有必要把每一个项目都定位为国家级项目，甚至世界性项目，有的项目可能就是周边性的，对应的就是周边市场，只要能够卖得出去，这就是好产品。再次是服务分档。比如农家乐的方式很好，但是现在有一部分客人的需求已经提升了，所以有些地方的农家乐就需要进一步地提升，就需要建设一批乡村酒店，来对应中高端的市场。最后是开发分时。要按照市场的需求来研究项目的开发方案，有的项目开发早了就会失败，有的项目开发晚了就会错过市场时机，所以不能只就项目说项目，而必须与时间紧密联系在一起。开发分时可以说是项目成败的一个关键因素。

开发重点、兼顾其他、重点转换、逐步上升、重点分级、全面推进、顺势而行、趁势而上。旅游开发必须确定重点，从县域旅游的发展来说，基本要以一个重点为中心，不能考虑太多，有了开发重点，然后再兼顾其它。随着市场的发育，重点也会变化，形成重点转换、投资上升的局面。进一步是重点分级、全面推进。通过研究和市场的对应，最终形成顺势而行，趁势而上。这个"势"是市场的需求，也是市场的规律，在具体的开发中，如果对应这一规律，就叫顺势而行，也就能抓住需求，达到趁势而上。

易拆难建、建设精品。当前很多地方很习惯用工业开发区的模式或者用房地产开发的模式来对应旅游开发，上来先把房子之类的建筑都拆了，但实际上是拆除容易建设难。多年来全国各地拆了大量的古建筑，又建了大量的仿古建筑。实际上再不好的古建筑它也是真品，仿建得再好的新建筑也都是赝品，这有本质性的区别，所以在从拆的角度来说要慎之又慎，从建设的角度来说要建设精品。

创造未来文化遗产。现有的文化遗产是老祖宗留下来的。如果能够用一种未来文化遗产的心态来对待今天的旅游建设，那么今天的精品就会成为明天的文化遗产，今天的文化就是明天的文物，我们必须有这种责任感，否则的话后人会骂他们的前一代人太没有文化了，不但把老祖宗的东西给毁掉了，自己还什么都没弄出来，这种情况很可能发生。

（三）培育新机制

1. 引入新元素

现在总体来看国内很多旅游目的地缺乏愉悦的体验，北方很多旅游目的地的文化都很厚重，但是游客追求的却是愉悦，所以要调整类似的旅游目的地的心态，这样就需要引入一些新的元素，其中主要是文化元素、国际元素、体验元素和休闲元素这四个方面的元素。如果说把现在县域旅游中比较单一的观光型发展模式调整为综合型旅游模式，就可以使客人不仅看得好，而且吃得好，玩得好。这就需要转型和调整发展模式。

2. 创造新基础

对于县域经济来说，需要培养一系列新的基础，也就是说在转型的过程中不仅要研究开发什么样的景区，建设什么样的项目，更要研究和现有的一些资源联系如何结合起来，这里边有四个方面需要研究：

主题社区。比如在县城里边能不能结合相关特质培育一些主题社区，这种主题社区本身就构成了一个旅游吸引物，让游客觉得好看，觉得好玩。例如北京的胡同文化游，胡同文化游构造出来的什刹海和后海这一片区域现在一定意义上已经构成了一个主题社区，游客看胡同看的就是老百姓的生活，看的就是老北京的文化。所以县域旅游里边这些文章都可以做，不要老追求盖新房子，有些老房子把它留下来内部改造一下，保持住原有的文化氛围，这样就可以培育出自己的主题社区。

旅游小镇。目前中国正在进行社会主义新农村建设，但还是习惯于把老房子推倒，重新建新房子，这样的新房子建得毫无个性，毫无形象，走到哪儿都一样，这种方式是不可取的。建设社会主义新农村不是单纯的建设新村庄，在发展旅游的过程中，各地需要结合自己的实际资源条件来构造旅游小镇，这是一种可行的模式，目前这一模式在全国很多地方都已经发展起来。旅游小镇也就是说某一小镇是以旅游业为主，一方面本地居民很注重保护、弘扬和利用自己的文化，另一方面外来人则把这些文化当作参观体验的对象，最终形成一个以旅游产业为主体的旅游小镇。

文化新村。即以农业为基础，挖掘文化因素，来构造文化农业，通过文化农业进一步再建设文化新村。

构造旅游产业基地。这种旅游产业基地可以多种方式进行，比如现在中央提倡的一村一品，在此基础上进一步培育出一批旅游产业基地来。

3. 催生新产业

产业发展新思路：大、特、长、圆。第一是"大"，即规模要大。但是这种规模大不意味着一定要有大企业，而是相应的把一些生产要素集中到一起，构成一个比较大的产业规模。

第二是"特"，即一定要追求自己的特色。比如某个村可能就是一个工艺美术村，可能就是一个农副土特产品村，这都是特色经济的发展，这种发展恰恰对应了旅游的需求。

第三是"长"，所谓"长"是产业链要拉长，产业链越长的产业越值得发展。从旅游业的角度来说，其一个比较突出的特点就是产业链非常长，所以抓旅游不是抓一个项目，而是通过一个项目培育一个产业链。

第四个是"圆"，所谓"圆"就是要形成循环经济。旅游业应该说比较符合循环经济发展的要求。

4. 形成新组织

县域旅游的发展要依托农村，因此就需要构造新型的农村组织，培育新村机制。比如有些县现在已经组成了农家乐协会，或者农民旅游协会，实际上其就是在旅游业相关领域中，通过农民自身的组织和政府支持来构造一种新形式，形成一个新机制，以避免在一个县的领域里恶性竞争的局面。从类型来说，旅游企业有两类，一类叫铺天盖地，一类叫顶天立地。所谓铺天盖地是小企业和小作坊，所谓顶天立地是大项目、大景区，但县域旅游的发展更多要靠铺天盖地的小企业、小作坊。这两类组织模式集合在一起，就可能构造出一个组织密集的局面，有了密集的组织就可以承接密集的资金，就可以开拓密集的市场。

（四）探索新模式

这里边涉及到两点：

1. 建设商业模式：卖什么

现在开发景区、开发项目好像很简单，就是卖门票，实际上从建设的角度来说，可以有七卖：

卖理念。卖理念的载体是卖规划，有好的规划理念就可以卖，就可以招商引资。

卖门票。客观的来看门票还是目前景区的主体收入。

卖名气。根本是创造品牌。

卖土地。由于品牌创造出来了，土地就升值了，所以是在卖一个升值空间。

卖项目。在一个大的项目范围内，或者在一个县域的旅游发展的范围内，一开始有一些早期项目，随着市场形成，这些项目在溢价，所以卖项目卖的是溢价空间。

卖综合。就是要形成产业链，方方面面都要卖到，不光是卖门票。

卖股份。卖股份是形成多种方式的资本运作。

所以从建设的角度来说，从开发的角度来说要构造上述的商业模式。

2. 经营的商业模式：做什么

做品牌。这是第一位的，品牌的树立至关重要。

做环境。要吸引外地人、要吸引城里人，环境至关重要。

做知识。在经营的过程中一定要有新知识，让游客来了觉得有收获。

做文化。时时处处都要体现出文化，要形成一种比较浓郁的文化氛围，而且这种文化氛围不能给人以沉重压抑感。

做娱乐。目前娱乐的元素太少，娱乐的元素少就很难吸引孩子，吸引不了孩子，家长就很难被吸引，所以这里边光是知识文化不行，很多东西要通过娱乐的方式体现出来。

做商品。尤其是物质性的商品，现在的自驾车越来越多，自驾车到某一个县里可能买点特产就走了，但在发展县域旅游时应该形成一个目标即装满游客自驾车的后备箱。要想装满游客的后备箱，地方上没有点真正有特色的产品是不行的，而且这一类东西不能只是工艺品、纪念品，而更多的应是农副土特产品，这样才能真正通过市场需求的拉动把相关产业链培育出来。

做体验。游客到了一个县有一种独特的体验，就会觉得很高兴，自然而然这就是某地的核心竞争力。

做成长空间。做成长空间一定意义上就意味着县域旅游还有一个二次招商的任务，一次招商、一次开发政府做了，或者当地的一些公司做了，但在下一步进行的二次招商和二次开发中，一定要给未来的经营者留下其它成长空间。

做商业机会。这种商业机会主要是针对本县的老百姓，因为市场起来了，提供了相应的商业机会，而二次招商又提供了客户的成长空间，最终再次创造了新的商业机会。

所以从建设的商业模式来说是七个"卖"，从经营的商业模式来说是九个"做"，这样来构造出新的模式。

（五）开拓大市场

1. 三吹战略

即敢吹、会吹、经得起吹。现在全国敢吹都做到了，基本上都可以打一百分，经得起吹可以打六七十分，但是会吹则普遍不及格，也就是说在营销渠道、营销策略、营销方式上普遍不足，这里一个根本问题是对市场的开拓重视不够。

2. 软硬兼施

一般来说，开发项目总觉得是投资进行基本建设，并形成固定资产，实际上从旅游的角度来说项目分三类：一类是建设性的项目，一类是活动性的项目，一类是市场性的项目。所以在做相关预算的时候，就要把活动性项目和市场性项目都规划进来，达到一个软硬兼施的效果，有的时候这种软开发比硬开发还重要。

3. 客源地建设

现在各地普遍还只是强调目的地营销，但客源地建设的方式能更有效地推广旅游产品和发布产品信息。县域旅游必须根据自己的实际情况，确定相应的客源地建设重点，具体方式有与客源地旅行社联合推广旅游产品，与客源地的媒介共同宣传旅游产品，以及进行社区营销、大篷车营销、驻点经营、直接服务数字化营销等。例如社区营销已经成为一种有效的新型营销方式，县域旅游产品可以在北京的望京、天通苑这类拥有数十万居民的超大型社区里设立自己的营销点、营销网络，并在营销上有针对性地进行重点突破；再例如驻点经营，即某个县在北京设立一个旅游产品营销点，但其用开餐馆等方式来维持营销点的日常开销，最终实现对消费者提供直接服务的目的。

（六）构筑大品牌

1. 总体思路

县域旅游的发展不仅是一个旅游企业自身的事情，更需要进行相关联动，特别是要按照和谐社会的理念，构筑公共平台，提供社会服务，创造发展商机。

2. 发展机制

即政府主导、部门支持、市场主体、企业运作、社会参与、利益协调的一个总体机制。在这一机制里，政府有政府的责任，部门有部门的责任，企业有企业的责任，包括本地老百姓也有自己的一份责任，所以需要各方面的全面参与，最终实现利益的协调。

3. 开拓方式

人物、故事：要借助历史上的著名人物形成一些故事，这是一个基本方式，中国历史悠久，各地的名人、名士很多，要充分进行挖掘。

特殊事件提升知名度：比如山东青岛借力北京奥运会来提升自己的知名度；再比如山东招远盛产黄金，就完全可以借中国黄金第一县的品牌来提高招远的知名度。

海外模式与联动：通过和海外一些机构、企业进行联动，来构造公共平台。构筑公共平台的好处在于借助政府的形象，减少相关商业色彩。

第四节 旅游扶贫：认识、措施与发展

一、全方位认识扶贫

按照世界银行发展报告的资料，全世界 60 亿人中现在处于贫困状态的有 28 亿，处于极度贫困状态的有 12 亿。现在形成的状况是"富裕中的贫困"，也就是说，就全世界来看，贫富之间的差距越来越大，现在贫困国家和富裕国家的差异已经达到了 37 倍，这是 20 世纪下半期以来的一个普遍状况。从中国的情况来看，1994 年党中央国务院发布了"八七"扶贫攻坚计划，取得了非常显著的成就。现在存在的问题，如一部分已经脱贫的地区和群众又返贫，现在还没有脱贫的地区变得越来越困难，随着"八七"扶贫攻坚计划的完成和新一轮的启动，实际上我们现在面临的贫困问题比任何时期都顽固，这也是我们的一个现状。

从世界范围来看，各个国家有不同的扶贫方式，就共性而言，涉及到的第一个问题是全方位认识贫困，许多资料里对这个问题都说得很透彻。一般理解贫困就是收入低、消费低，所以才叫穷。实际上就现在来看，这只是对贫困的第一个层次的认识。第二个层次的认识就是除了低收入和低消费之外，贫困还体现在教育医疗卫生营养以及人类发展的其它领域方面，不是一个简单的经济指标，而是涉及到社会指标和人类发展指标。第三个层次的认识就是进一步扩展为没有权利，没有发言权、精神脆弱感和恐惧感。就是从贫困的心理和贫困的文化角度来认识贫困。所以，全方位的认识贫困应该是这三个层次。

这种认识实际上直接涉及到我们对于扶贫采取的措施和扶贫的战略，所以自然延伸的下一个问题就是对扶贫的全方位认识。从世界范围来看，各个国家对扶贫也有一个认识过程和实施过程。20 世纪的 50 年代和 60 年代，当时提出扶贫的主要手段就是物质和基础设施的大量投资，大家认为这样就是扶贫了。这是在 20 世纪的 50、60 年代在发达国家采取的一些措施。到 20 世纪的 70 年代，大家认识到只靠投资来扶贫是不行的，所以医疗和教育作为扶贫的主要手段，也提倡了一时，甚至变成了议题的中心。医疗和教育对于扶贫的发展不仅在于自身的意义，而且通过医疗和教育可以增加穷人的收入。到了 20 世纪的 80 年代，世界各国逐步形成了两大战略。第一个战略是通过开放投资基础设施促进劳动密集型产业的增长；第二个战略是提供基础的医疗和教育服务。实际上就是把 20 世纪 50 年代、60 年代、70 年代的很多好的做法集中到一起。到了 20 世纪的 90 年代，大家感觉

到光靠这些东西还是不足，治理结构和机构的问题成为扶贫议题的中心。就是谁来组织扶贫，采取什么样的方式扶贫，扶贫能不能达到有效率。因为在扶贫的过程之中，由于种种问题的存在，使很多扶贫资金不到位，很多扶贫措施不到位，很多组织机构和治理结构实际上本身就有脆弱性。这样对扶贫的认识就提到了一个更高的层次。

进入21世纪以来，在联合国这个层次上，对于扶贫提出了三个方面的总体要求，也是三个方面的总体战略。第一个就是要创造机遇，也就是说扶贫最重要的还不在于给多少钱，而是在于能给贫困地区和贫困的民众创造多少机遇，其中包括就业的机遇，教育的机遇，也包括金融服务的机遇，还包括最后帮助穷人形成多少资产。在扶贫的过程中，除了政府的扶贫措施之外，市场性的措施也在逐步引入，市场机制也在逐步加强。可以说这是世纪之交全世界选择的一类更新的措施。第二个就是促进赋权，就是赋予贫困地区和穷人以权利，并促进这些权利的增长。包括政府权力、社会权力和其它机构的相互作用，也包括贫困地区脱贫致富的制度环境。在这个过程之中，贫困地区的人民要有发言权，要有自己来摆脱贫困的基本动力和基本要求。第三个是增强安全保障。扶贫无非是几种主要途径，一是直接输血式的扶贫，这是我们过去已经搞了多年，同时也认为输血式的扶贫不是一条可持续发展之路。二是采用一些临时性的就业措施，比如组织贫困地区的人外出打工，一次性地增加一些渠道。三是使贫困地区能够走一条可持续发展之路，这里面最重要的就是增加安全的保障，其中包括对自然风险的抗御能力，也包括对经济风险的抗御能力，更重要的是贫困地区对健康风险的抗御能力。很多地方老百姓脱了贫，但是家里人生了一场病，有了一个病人，马上又返贫，这种情况也是普遍的。从联合国的角度来看，21世纪的扶贫实际上集中提出三个方面的战略，就是创造机遇、促进赋权、增强安全保障。这三个方面的战略可以具体形成各种各样的措施，既包括贫困地区自身的奋斗，也包括政府部门组织的扶助措施，还包括一些国际合作的行动。

这样来看，扶贫是一个全方位扶贫。可是我们很多贫困地区包括老区在内，有些同志的观念还是局限在多给一点钱，认为我这儿什么都有，缺的就是钱，还是这么一个观念。这种观念大体上还是国际上20世纪50年代、60年代的观念，这就意味着现在有些地方对贫困的认识和对扶贫的认识落后了半个世纪。所以，借鉴国际经验，对于扶贫来说是非常重要的，对于如何认识旅游扶贫也非常重要。

二、旅游扶贫的发展过程

旅游扶贫工作是国家旅游局多年以来非常重视的工作，也采取了一系列的措施，有些工作现在还在进行之中。旅游扶贫的有效性主要体现在工作是随着旅游业的发展而发展，更重要的是随着国内旅游发展而发展。

（一）回过头来看，大体上可以视作三个阶段

第一个阶段是从 1984 年开始到 1993 年。从 1984 年开始，随着改革开放的深入，随着老百姓生活水平的提高，国内旅游起步，国内旅游的特点就是涉及的范围非常广，旅游者足迹也非常广。所以很多在国际旅游发展中提不到的地方在国内旅游的发展中迅速成长起来，这也是促进贫困地区发展的一个过程。只不过这个阶段基本上是一个自然增长的过程，因为国内旅游那时候也是自然增长，当时中央对国内旅游的一个基本态度叫做不提倡、不宣传、不反对，这就是一个自然增长、自发增长的过程。但是在这个过程中，旅游对扶贫的作用很快起到了，体现出来了。1987 年，贵州一个乡长就很兴奋地说旅游对扶贫的好处，总结了几句话，他说搞旅游好，搞旅游是修大路、见大官、宰大鼻子、赚大钱。不仅是说得很生动，而且说得很深刻，实际上把旅游扶贫的几个要素都点到了。修大路就是解决基础设施薄弱的问题，这是旅游扶贫的第一个着力点。见大官就是要解决政策扶持的问题。宰大鼻子的话虽然难听，但是从根本上来说是解决一个市场的问题。最后是赚大钱，是旅游扶贫的最终目标和效益。

这个阶段一直到 1993 年。之所以划到 1993 年，是因为 1993 年国务院办公厅下发了 75 号文件，关于加快国内旅游发展的若干意见，这是 1949 年以来第一次对国内旅游下发一个高层次的文件，提出了适应需求、规范市场、提高质量、促进发展等一系列的方针。这个文件的下发意味着国内旅游正式提上了中央的议事日程，也意味着旅游发展进入了一个新的阶段，旅游扶贫工作在这个过程中得到了进一步的推动。

第二个阶段是 1993 年到 1998 年，这个阶段是旅游大发展的阶段，基本上每年旅游都保持了 20%左右的增长率。在这个阶段，旅游地位越来越高，全国各地对旅游的重视程度也越来越大。其中在 1996 年，国家旅游局和国务院扶贫办专门召开了一次旅游扶贫工作会议。在会议之前，做了一些基础的调研工作，有一个初步统计，就是从改革开放以来一直到 1996 年，通过旅游扶贫的人口全国大概是 600 万，涉及到 12000 个乡村。也请了很多地方在旅游扶贫方面做了经验介绍，那次会议对旅游扶贫是一个推动，而且是在政府主导的模式之下进行推动。客观来看，完全符合国际潮流，就是政府的运行机制和市场的运行机制双轨并行，再通过旅游这个渠道促进扶贫。这一个阶段是旅游大发展的时期，也是国内旅游更加兴旺的时期，这样就使旅游扶贫实实在在见到了成效，也使各地尤其是贫困地区对旅游扶贫的意义认识得更加透彻，也更加充分。

第三个阶段是从 1998 年开始到现在，这个阶段可以说是一个大力推进的阶段。这个阶段的一个重要标志是从 1998 年开始，国务院发行长期建设国债，到现

在一共发行了 5200 亿元。在这个过程中，国家计委、财政部、国家旅游局一起争取，从这里边切了一部分作为旅游国债。旅游国债实行的主要地区都是贫困地区，主要项目就是贫困地区的旅游基础设施项目，更加充分地体现了政府主导与市场运行相结合。很多旅游国债项目已经实施完成了，产生了很好的效果。1998 年到现在一共发了五期，42 亿旅游国债，在全国安排了 400 多个项目，平均每个项目1000 万，同时结合旅游国债项目，又发布了中国旅游发展优先项目，进行了一些市场化的运作和宣传，也大幅度地拉动了各方面的资金，包括外国资金，也包括各方面的社会资金，平均下来大体上可以达到一比十，也就是说拉动了 400 多亿的外资和社会资金进入旅游业，其中绝大部分都是在西部地区和贫困地区，应该说见到了显著的成效。因为旅游项目没有太大的项目，所以很多项目当年投资当年见效，第二年就显著增长，这样的事例是非常多的。这样的一个过程，既是旅游发展的过程，也是旅游和扶贫工作越来越深入地衔接，起到越来越大作用的一个过程。在这个过程中，一方面是政府的主导性作用越来越突出，另一方面是市场的机制在里边发挥作用也越来越大。因为现在没有相应的统计，也没有做过比较细的抽样调查。但是总体来说，一直到现在，通过旅游扶贫脱贫的人口恐怕最少得有 1000 万。在全国扶贫的这个总盘子里，旅游是一个重要的渠道，而且也起到了非常重要的作用。

（二）为什么旅游在扶贫方面能够起到这么大的作用

首先是旅游形成的四个转化效应。一是旅游可以把现存的无效资料转化为有效的资源，二是可以把有效的资源转换为高附加值的产品；三是可以把旅游产品转化为市场的有效需求；四是可以把有效的市场需求转换为社会各方面的经营效益。很多资源在其它产业的发展里可能是毫无作用，但是在旅游的发展里来看就是很重要的资源，旅游的资源观是没有不可用的东西。比如沙漠，沙漠是环境退化的产物，也是影响环境的非常恶劣的因素。各行各业都谈不上沙漠对发展有什么意义。但是从旅游的角度来说，首先可以组织沙漠观光，其次可以组织沙漠探险，最后人类改造沙漠的成就也可以变成沙漠旅游的对象。现在宁夏、内蒙有些地方已经把沙漠旅游变成自己的主体产品。这样没有用的资料对旅游来说也可以转化成非常有效的资源，这里边的关键是如何做好这四个转化的工作。

其次是旅游的发展实现了四个层次的交流。第一是实现了国际之间的交流，这种交流改变了国际间的财富分配比例。外国人来了，带来很多钱，现在一年旅游外汇收入 178 亿美元，这就是一个国际财富分配比例的变化。第二是自然分配到各个行业，这样就实现了产业之间的交流，形成了产业之间的渗透和联动，这就使旅游产业的综合性特点非常突出。行游住食购娱六个要素，延伸下来涉及到社会经济体系的 100 多个行业，这样就使旅游所带来的东西在各个产业之间进行了交流。第三是促进城乡之间的交流，城乡之间的交流实质上是完成了又一次国民收入再分配。第四是实现了地区之间的交流，这也是各地财政收入的一个再分配，是货币与资源的再交换。这四个交流也就使旅游的发展在各个层面上进行，而且是跨区域的进行、跨行业的进行。

再次，旅游对扶贫起到了多功能全方位的推动作用。在发展的过程中，以游客流为载体，形成了服务流和物料流，带动了资金流和人才流，拉动了信息流和商务流，创造了文化流和科技流。流动的规模越大，流动的频率越高，越能体现出旅游发展的意义和对各地发展的推动作用。从长远来看，随着旅游业从新的经济增长点成长为新兴支柱产业。自然也就形成以经济功能为主多种功能并进的良性发展格局，使旅游的发展在扶贫的过程中起到更大的作用。因为说到底，之所以能够起到这些作用，根本就在于市场。大家看好旅游，重视旅游，说到根本就是需求。旅游市场已经形成，而且是越来越大的市场，是一个潜力无限的市场。我们的说法就是旅游是朝阳产业，而且是永不衰落的朝阳产业。因为旅游的发展就是随社会总体发展而发展，生活水平越高，旅游市场越大。生活水平提高是一个必然的发展趋势，所以旅游市场的不断扩大也是一个必然的发展趋势。

旅游之所以能够在扶贫方面产生重大作用，正是由于这些客观的性质、规律、特点，尤其是客观存在的市场潜力。现在市场的情况，短缺经济已经从根本上结束了，产业的发展取决于市场，地区的发展也取决于市场。哪个产业有市场，哪个产业就有真正的发展前景。因为现在供给能力很强，缺什么马上就可以上，现在缺的是消费能力，缺的是市场需求。但是从这些年来看，旅游的市场长盛不衰，从发展的角度来看也仍然是长盛不衰。

（三）对旅游扶贫的认识

1. 扶贫扶优

研究旅游和扶贫的关系，首先需要明确旅游扶贫扶的是什么，从本质上来说扶的是优。所谓优，就是要研究各地的比较优势，把比较优势挖掘出来，旅游扶贫就到位了。贫困地区有很多优势，比如矿产优势等等，但这些优势能不能真正形成优势，确实需要研究，常常是矿产挖出来成本很高，在市场上卖不出去，这种优势就是空的，不光是有多少蕴藏量，关键是市场有多大需求，进一步是在市场上有多强的竞争能力，这是关键。而旅游资源的优势确实是多数贫困地区非常突出的优势。所以旅游扶贫扶的就是这个优，不是一个简单的扶贫，首先是优，通过扶优把比较优势充分挖掘出来，在市场上体现出来，旅游扶贫才能到位。

2. 扶贫靠产业

旅游扶贫可以说是一种产业性的扶贫，因为是通过一个产业的发展来脱贫致富，其中的关键是通过培育产业来创造机会，现在世界上突出扶贫的三大战略首先就是创造机会。有了机会，就有了开发性扶贫的根本，有了机会也就能够在市场上逐步体现出优势。这样就需要研究全方位扶贫。旅游扶贫虽然是产业性扶贫，但同样也是一个全方位的扶贫。

3. 全方位扶贫

从经济角度来说，第一类方式是资金扶贫，这毫无疑问。但是这种资金扶贫现在更多体现在基础设施建设上，市场性的资金很难提供。42亿旅游国债，经营性的资金一分也不给，都是用在基础设施建设上，对于西部地区来说是财政拨款，叫中央国债。对于东部和中部地区来说是中央转借地方国债，10年之后返还，基本上是这么两类政策，这两类政策也是配合西部大开发。如果作为经营性资金，怎么给？投资主体是谁？现在改革就是要改掉政府作为投资主体搞经营。如果继续经营性投资是和改革的总体方针背道而驰，效果也不会好。所以旅游国债的目的就是希望通过基础设施建设的投资来拉动经营性资金的进入，形成一个比较合理的旅游投资的机制，尤其是在贫困地区。

第二类扶贫方式是市场扶贫。从旅游扶贫的角度来说，市场扶贫是更重要的扶贫，这种扶贫方式在这些年来起到了比较大的作用。比如现在各地都在办旅游交易会，全国每年有一次国内旅游交易会，可使贫困地区以前鲜为人知的旅游资源在这些交易会上亮相，起到宣传作用。当然，主要取决于各地的工作方式，工作比较到位，作用就非常突出，有的工作比较一般，作用也就一般。比如山西有个绵山，开发了五年，这两年开始宣传，产品相对来说也比较成熟了，马上一跃而起。原来谁都不知道，但是去之后一看，这地方真是不错，把各种优势都挖掘出来了，在市场上一炒作，大家就觉得这个地方是个好地方，有些人甚至说早点来就好了。能够达到这么一个效果，相应来说算比较成功。这种市场性的扶贫比单纯资金性的扶贫有时候作用更大。

第三类扶贫方式是人才扶贫。实际上很多地方人才的缺乏比资金的缺乏还要厉害。有些地方就是有了几个人才，旅游就起来了。很多地方现在积极性很高，都想干，可是怎么干不清楚。严格地说，贫困地区的旅游发展模式现在有一种模仿性的模式，就是人家干什么我们就干什么，人家怎么干我们就怎么干。模仿性的发展模式未必是一种成功的模式，因为旅游是寻求差异，追求特色，要求创新。但是为什么模仿，因为缺乏相应的人才。所以，如何培育人才，如何留住人才，恐怕是更重要的一个因素。西部地区现在开始为人才而竞争，国家旅游局今年派了三个干部到西部地区去挂职，这就是人才扶贫的一种方式。但是在这个过程中也确有问题，就是很多人才去了之后，感觉自己使不上劲，所以也有一个当地怎么使用人才的问题。从经济层面上来看，资金扶贫、市场扶贫、人才扶贫这三个方面需要结合在一起，这样的扶贫力量才能真正聚合起来，真正发挥出来。

4. 旅游扶贫非经济的方面

第一个叫做扶志，就是扶志气。这实际上就涉及到一个贫困文化的问题，就是对贫困的认识和感受。很多贫困地区的民众有脆弱感、恐惧感，因为作为贫困民众来说，他的社会交往非常有限，就势必形成这么一个问题，很多地方的人自己就不想干事。广东人、福建人、浙江人就厉害，不管怎么样，他也得折腾出来，失败一次再折腾，再失败一次再折腾，可能折腾一辈子，可能都没富起来，但是始终不服这口气，所以总有一天能做出来。可是我们有些贫困地区，你跟他讲扶贫他觉得意义不大，现在这日子能活，为了脱贫致富需要花更大的力气，花那力气干什么啊？没有志气，甚至没有志愿，工作就难以进展。所以这里面确有这么一个问题，就是扶贫先扶志。这种现象不能归结为个人原因，这是一个贫困环境所产生的贫困文化的概念。

第二个是扶智，这就是智力，通过教育来扶贫。原来讲教育都强调基础文化教育，但是现在来看实际上有偏颇，更应强调专业化教育。很多地方旅游扶贫之所以成功，就是自己很快培养了一批人才。这些人才在其它方面可能不行，但是在这行上甚至就在这一个岗位上做得不错，这就够了。这种针对性的专业化教育在旅游方面比较突出，比如很多贫困地区开发景区，跟着培养一批小导游，这批小导游总体文化素质并不高，但是能把这套词背得很熟，这就够了，这样大量的就业就吸收起来了。武夷山的排工都能导游，实际上原来都是农民，就是因为有了职业的需要，不是特别高技术的，不是特别高智商的职业需要，这种工作很快就能适应，而且做得非常出色。所以里边就有一个旅游扶贫过程中的教育如何发展的问题，主要应该是一种专业化发展，这种专业化教育就是急用先学立竿见影，这样才能在扶贫过程中确实起到作用。

第三个是扶制，就是要改变贫困地区的制度环境。制度环境的改变实际上可能是一种更有效的力量，说起来这是非经济因素，实际上会对经济因素起到重要的作用，也会比经济因素起到更大的作用。因为没有一个好的制度环境，招商引资就困难，招来了也留不住。而现在招商引资总是讲经济政策的优惠，好像经济政策优惠就能引来一切，实际上并不然。按照美国一个研究所的研究结果，发展中国家招商引资的十个因素，经济政策优惠只排在第八位。但是合作对象可以排在第六位，所以我们很看重的东西人家未必看重。比如，中国的喝酒文化，就不知道喝跑了多少投资商，经常碰到的情况是为了体现热情，不把客人喝倒就不罢休，所以喝酒本身现在已经变成了投资环境的一个非常重要的组成部分。很简单，作为一个投资商，这么灌酒他害怕，他的身体顶不住。另外一个方面，他好不容易投了点资，看这架势都让你们喝酒喝了，能有回报吗？所以所谓好客，所谓热情，本身就破坏了我们的投资环境。还动不动说这是我们的规矩，我们的风俗，严格说这就是一个制度环境问题。

总之，全方位的扶贫，有经济方面的，也有非经济方面的，其中的要害是一个贫困文化的问题。贫困文化的体现，可以归纳为几句话：贫穷在心态上，落后在观念上，复杂在人际上，精力在争斗上，流失在人才上，短缺在精神上，差距在环境上，失败在制度上。制度就在当地能不能形成一个好的制度环境，能不能形成一个促进发展的有效的运行机制。往往是说复杂，都复杂在人际关系上，实际上没那么复杂。精力应该放在哪儿？精力应该放在发展上，但是好多地方精力都放在人的争斗上。这种贫困文化如果长期持续，扶贫也扶不起来。这里边也是内因和外因要共同发挥作用，要共同产生效果。反过来说，要把这些问题解决了，实际上扶贫的问题也就解决了。从旅游扶贫的角度来说，必须树立全方位扶贫的认识，来充分发挥旅游业的产业优势，把过去积累的很多好经验发挥出来，旅游扶贫就会起到更大的作用。

三、旅游扶贫的发展模式

这么多年来，旅游扶贫有非常成功的一面，各地也积累了好的经验，归纳下来一共是五个"三"，形成旅游扶贫的发展模式。

（一）突出三个优势

贫困地区从旅游的角度来说，多数都有三个优势。

第一个优势就是资源条件好，因为贫困地区多数都处在交通不便的地方，使资源得以保留，形成了好条件。这些地方往往都有非常好的旅游资源，有很多好风景，而且往往是藏在深山人未识，这样就孕育了发展的后劲，有一句老话叫深山出美景，同时也是深山出贫困，解决贫困要靠美景，但如果不利用，贫困就会毁了美景。

第二个优势就是破坏少，贫困有一个好处，破坏的力量都小，不是说当地人觉悟如何高，不想破坏，严格说就是穷得连破坏的力量都小。不仅在自然环境方面，相对来说贫困地区破坏少一点。而且在人文方面，贫困地区破坏的也少。破坏少反过来说保护的就好，就意味着有后发优势。一些经济比较发达的地区现在已经破坏完了，想恢复也恢复不了了。可是这些贫困地区还没有来得及破坏，这就意味着可以在最好的状态下进行开发，这是一个特大的优势，这样的优势真是不可轻看。比如山西有很多大院，这些大院正是因为原来穷，大家没有能力去破坏，就保存下来了。当然也有当地的传统，有当地的民俗、风情这些因素，但穷是一个主要因素，恰恰现在形成一个最大的优势。

第三个优势就是独特性强，贫困地区保留了原汁原味的文化，保留了原汁原味的自然环境，形成了非常强的独特性，这种独特性就使旅游开发中容易形成自己的品牌，容易在市场上真正地树立起市场形象来，这三个突出的优势是多数贫困地区都存在的。

（二）认清三个弱势

第一是区位条件相对来说比较差。反过来说，如果区位条件好，有些东西也就留不下来了，早都破坏光了，所以这个弱势反过来说也是一种优势。但就目前来看，毕竟是一个弱势，可进入性差，在市场上不容易形成很突出的形象。

第二个弱势是基础设施薄弱，这几年国家发行长期建设国债，很大一块都投到了贫困地区，但是相比较而言，毕竟还是基础设施薄弱。比如四川的民族三州，原来只能做到县县通公路，达不到乡乡通公路，这几年中央为了西部大开发和扩大内需，在这方面下了很大的工夫，使贫困地区的基础设施建设有了非常大的变化，这样就使这一方面的弱势正在逐步缓解。

第三个弱势是人才缺乏，人才缺乏的弱势经常是眼前感受不到，但是开发了一段时间之后，才发现不足。造成旅游开发里也出现好心办坏事的情况，或者说钱花得不到位，这里边的要害就是缺乏相应的人才。

虽然贫困地区存在这三个弱势，但是这三个弱势相应来说是可以调整的。比如区位弱势，主要取决于交通，因为现在交通概念是一个时间概念，而不是一个距离概念。公路顺畅了，尤其是高速公路或支线机场起来了，问题就解决了。所以这里边区位条件很大程度上是相对的，是可以转化的。这里边真正的要害还是人才缺乏的弱势，而这个弱势我们一般体会不到，不加以重视。从长远发展来看，最要害的就是这个问题。有了好的人才，就有相应的资金，就有相应的市场，就有好的开发模式。就面上来说，能够实实在在提出一些开发性的意见，既符合实际又能节约成本，又能打开市场，这样的东西也少，所以还不光是说当地缺乏人才，应该说在这方面，全国都缺乏人才，都有不足。

（三）处理好三个关系

第一个关系是资源和产品的关系。

资源和产品的关系是贫困地区旅游发展首当其冲的问题，很多地方上来就是资源如何好，这个话很对，但是必须得研究，资源要转化成产品才可能在市场上实现。但是现在很多地方只是满足于有什么资源，而不是更着重研究这些资源怎么转换成产品。这里边涉及到一系列的问题，一是并不是所有的资源都可以开发成产品，二是有一个开发的轻重问题，三是有一个开发的时序问题。

第二个关系就是产品与市场的关系。

产品要对应市场，所以就必须研究市场需要什么，市场需要什么才能开发什么。山西一个乔家大院开发很成功，大红灯笼高高挂，然后跟着就出来一堆大院，产生的直接作用是客人在分流。从长远来看，如果各个大院真正各有特点，会刺激更多的人流前来，就目前来看并没有达到。如果说，各地的开发都是这个模式，某种程度上就是自己在和自己打架，就一个省来说是自己和自己打架，连一个县都有自己和自己打架的成分在内。所以就需要产品分档次，市场分层次。对应好了，开发才能见到效果。可是在这些方面，往往缺乏市场研究，很多东西都是想当然。比如，经常看到一种可行性研究报告的语言模式，比如北京有1200万人口，哪怕有10%的人前来，一年就接待120万人，所以我这个项目一定成功。那就要问了，根据什么说哪怕有120万人，好像还说得很保守。只要看到可行性研究报告里有这样的语言模式，这样的报告就不能看，因为肯定失败，对市场缺乏真正的研究，而是拍着脑袋在想当然。

进一步，需要研究产品和市场怎么衔接，同时还需要研究临近的地方有没有类似的产品，如果有类似的产品，它的独特之处在哪里。因为旅游说到底是寻求差异，没有差异就没有吸引力，差异性所形成的独特性是旅游产品的根本。但是在很多地方，经常是关起门来自吹自擂。比如老区旅游开发，第一叫红色旅游，第二叫绿色旅游，这两条都有，这也是优势，但是如果大家都有，这个优势还成立吗？井冈山叫做红色摇篮、绿色家园，说得很好，如果所有的地方都是红色摇篮、绿色家园，旅游者看一个地方就够了，用不着把所有的地方都看一遍。市场如果保证不了，旅游扶贫最终就落实不下来。

从市场的角度来说，旅游市场是无穷尽的需求扩张，尤其是现在。现在做市场分析，从宏观来说，原来讲吃穿用住行，这是最基本的消费需求，吃穿用三项，城市人基本都已经满足了，住行两项现在处在正在满足的阶段，但是很多人没有这个力量。大体上，吃是十元级的消费，穿是百元级的消费，用是千元级的消费，现在这三个层次基本都完成了。可是住行就是买房子、买车，是万元级甚至十万元级的消费，现在很多人前三个层次满足了，后两个层次还达不到，手里又有一笔闲钱，所以这笔闲钱很自然就转化成了吃喝玩乐游。因为吃喝玩乐游可以从十元级的消费一直到万元级的消费，都可以满足，所以包容量非常大，适应性非常强。比如到郊区来一个农家乐，几十块钱就够了，十元级的消费就可以满足，要是去一趟澳大利亚新西兰，是万元级的消费。

旅游的产品非常宽泛，容纳各个层次的消费。在消费的过程中有一个消费逐步升级的问题，新升级到一个层次，照样会产生旅游的需求，所以从需求的角度来说，旅游是无穷尽的。但是具体到某个旅游区和旅游目的地到底有多少需求，就要看吸引力和竞争力。有些地方的开发就很可惜，本来钱就不多，可是钱又没用在刀刃上，把这个事办起来了，没有办到位，弄了一个不伦不类，不上不下，达不到效果。所以在开发时不但要研究如何开发资源，同时也要研究如何开发市场，把这两个开发联系在一起，项目才能真正成功，扶贫的作用才能真正起到。

第三个关系是开发与保护的关系。

就是在开发的过程中必须在保护的前提之下来开发，在开发中要加强保护。贫困地区一大优势就是破坏少，如果在开发的过程之中造成破坏，等于是一边开发一边在削弱优势，这种情况也经常看到。这里边有一个很重要的观念问题，也是认识不到位的问题，就是很多开发都是模仿性的，模仿性的开发就造成人家怎么干我就怎么干，实际上人家干的这些东西可能已经失败了，你还在按照失败的路子来走，这怎么能行呢？比如现在比较突出的问题就是景区城镇化，乡村庸俗化，从道理上来说可以理解，这里边有一个通理，人的普遍心理都是缺什么想什么，多什么烦什么。农村搞开发，目标就是模仿城市，达到城市那种样子了，开发就成功了。实际上恰恰把路走反了，城里人天天处在水泥森林、高楼峡谷之中，所以才要到乡下去，才要亲近自然，到景区一看，跟城里一样，他到这儿来干什么？反过来说，要真能按照当地的特点，把房子的外观保住，这个地方开发一般来说都是成功的，村子就得像个村子。比如湘西的民居除了吊脚楼之外，还有一种很有特色的土坯房，就很有味道。但是乡里边开发旅游已经有点钱了，已经开始启动各种小别墅式的建筑了，村子再这么发展就会毁掉了，一点味道都没有。得想一想城里人来看什么，这个道理想不明白，总想着有了一点钱了，体现社会主义新农村的风貌，要还是这个思路，旅游就算搞砸了，而且经常不可挽回。

保护第一，从根本上来说就是要满足旅游者的差异性需求，旅游者也是缺这些东西，所以才想这些东西。但是现在有一种非常盲目的现代化观念，如果体现在开发上，可以说有一个失败一个。而有些真正需要下功夫的反而到不了位。比如厕所要搞好，这件事情到位，才是真正的现代化。现代化要追求实质，不能追求表面的形式。从开发和保护的关系角度来说，这是根本性的问题。这个关系处理好了，就有可持续发展的后劲，项目才能真正有独特性。这些关系处理不好，花了半天钱，白花。花钱多了未必能办好事。类似这样的东西确实需要很好的研究，成功的案例也很多，一看就让人兴奋，就是好，从外观到里边的内涵都和当地的民风、民俗、历史文化、传统一致，看完了就会给你留下很深的印象，可是那种越追求现代化的东西反而越留不下印象。

现在对于自然环境的保护已经有充分的认识，可是人文环境的保护，文化传统的保护，仍然不足。如泸沽湖正在修一条路，当地要修一条最美丽的环湖路。环湖路是什么概念？是城市公园的概念，泸沽湖摩梭人的文化怎么能搞这个东西啊？后来还是停下来了。在这些事情上，各地都得注重。发达地区犯得起错误，犯了错误可以改，有这个经济能力，也有这个自然条件，可以调整过来。贫困地区犯不起错误，好多是老百姓辛辛苦苦勒着裤腰带凑起来这点钱，事情办不成怎么办？我们没有犯错误的能力，我们承受不起这个代价。不光是自然环境的保护，包括人文环境的保护、文化传统的保护，必须要做到位，这样才可能形成独特性，在市场上才可能成功。

（四）组织好三个层次

第一个层次是围绕旅游形成市场。就是前面所提到的旅游有四个转化的效益，有四个交流的作用，旅游者来了，市场就来了，所以围绕旅游就自然而然形成市场。

第二个层次是围绕市场组织产业。围绕市场可以形成一个产业的系列，就是六要素，都要满足旅游者的需求，这六要素本身就可以形成很多产业，比如当地的农副土特的产品，如何进行深加工，如何使客人不但在这吃在这玩，还要在这买，走的时候提走，就自然形成系列产业，各种产业系列就是当地有优势的资源和产品，在市场上直接实现，附加值直接回收，这就需要组织。

第三个层次是围绕产业合理分工，这种围绕产业合理分工就可以解决现存的很多矛盾，比如福建三明市有个玉华洞，开发已经比较成熟了，一年大概有五十多万人去，又有两个乡说也有洞，但一个县的范围内开出三个洞来，能成功吗？这里面就需要两个方面的研究，第一个方面就是一年五十万人到玉华洞来，五十万人有一系列的消费，门票钱玉华洞收了，其它东西，其它几个乡来办，就可以围绕这个市场，组织一个农副产品系列，组织一个土特产品系列，客人需要什么开发什么，比如搞一个养殖系列，来供应这个市场，同样可以起到促进发展的作用，起到促进作用，这样资源还可以留下来。另一方面，比如又过了十年，玉华洞这个产品已经老化了，再开一个新的洞，用新产品占领市场。所以第一个方面的问题，就是围绕市场形成产业的系列，日本有一个词叫做"一村一品"，解决农村问题很大程度上靠"一村一品"，对于一个村来说，形成了相应的规模，就可以有很强的竞争力，对于一个乡或者一个县来说，组成了产品系列。另外一个方面就是其它的资源在开发时序上安排好，用新产品来逐渐替代老产品，同样也可以发展起来。按照这么一个思路，形成合理分工，避免左手和右手打架，避免低水平、近距离的重复建设。反对重复建设，不应一概而论，没有重复建设就没有竞争，没有重复建设是违背市场经济规律的，但是低水平、近距离的重复建设是绝对不行的。

（五）加强三个建设

从政府主导加快旅游扶贫步伐而言，要加强三个建设。

第一个就是加强基础设施建设，这是这些年来中央各个部门和各地区工作的重点，应该说在旅游方面体现得也非常突出。下一步还在努力，应该说还会起作用。进一步也需要研究其它各个方面的方式，包括市场化运作的方式，在旅游基础设施建设方面怎么下功夫，现在这些方面成功的例子很多，在很多地方，企业也投资基础设施建设，只要有相应的回报率就可以，实际上也需要相应的政策和相应的机制。西部的很多路，贫困地区的很多路，实际上就是旅游路，包括青藏铁路，中央决策青藏铁路，最后一个决心就是，加大旅游的流量。

第二个建设就是人才建设，人才建设有一个走出去的问题，也有一个请进来的问题。这方面的工作不要觉得不紧迫，不要觉得是长远的事。实际上很多东西都是眼前的事，有了一个好的人才可以解决很多问题，有时候不是光靠一个人，得靠一个人才群体，所以这些方面的事情也需要创新。

第三个建设就是治理结构的建设。治理结构的建设是两个层面。第一个是在政府这个层面上如何形成好的旅游扶贫治理结构。第二是在开发的过程之中就项目来说如何形成好的治理结构。没有好的治理结构，招商引资基本上是空的。有时一些地方县太爷说，政策优惠到极限，是零门槛，什么条件都没有。但这样的政策是没有后劲的政策，是超越权限的政策，说变就变，开发商敢来吗？真正的开发商注重合作对象，看你有没有一个好的机制，也就是说能不能形成这两个层次的好的治理结构。有了好的治理结构，招商引资顺利得很。而制度环境不好，没有形成合理的治理结构，投资商来了也会跑。

第五节 休闲城市的创新与发展

一、关于休闲

什么是休闲？闲就是可自由支配的时间，不是说八小时之后就是闲。一般来说，时间消费分为三类，第一类叫做工作时间八小时，第二类叫做生理时间，得睡觉。第三类还有八小时，这都不完全是休闲时间，因为这八小时里有上下班花在路上的时间，有做家务的时间，真正腾下来的时间，就是可自由支配的时间，才叫闲暇。休就是消磨自由时间的方式。所以休闲就是对自由时间的多样化安排。由此，从时间维度上，有小闲，指的是八小时之外的闲暇；有中闲，是指周六和周日，或叫大周末；有大闲，是指法定假日和带薪假期。在空间维度上，有七类闲：一是家庭休闲，是休闲空间的基础；二是社区休闲，是休闲空间的放大；三是城市休闲体系，是休闲空间的延伸；四是环城市休闲游憩带，是休闲空间的拓展；五是乡村休闲，是休闲空间的发散；六是异地休闲，是休闲空间的辐射；七是网络休闲，是新型空间的突破；最后是互为空间，形成完整的网络体系。

我们现在说的旅游，尤其是观光旅游，一般来说，在三类时间里面大体上占了 1/3，如果说空间，观光旅游和度假都是异地休闲的概念。那么其他的这些休闲应该怎么办呢？所以这就要求我们一定要放开思路，我们总强调大旅游，到底什么是大旅游？实际上能定义到休闲基本上就符合完整的大旅游概念了。在国际上，比如在美国，休闲的概念是 GDP 的四分之一，一个人的休闲就是另外一个人的就业，这是美国的概念；对于欧洲人来说，工作的目的就是为了休闲。我们传统上有一句话，叫做不会休息就不会工作，最终还是要落到工作上，但是人家就说，工作的目的就是为了休闲。比如法国，如果把退休时间延长一年，就是从65岁延长到66岁，老百姓马上不干了，开始上街抗议游行，我们就觉得这个事有点不可思议，我们现在是女士55岁，男士60岁就退休，而且说延长点退休时间不好吗？人家就觉得不行，就侵犯了生活的权利，就是这么一个概念。

休闲在中国具有革命的意义，因为自古以来，闲就不是一个好词，一说此人游手好闲，说来说去，凡是和闲着边的词都是贬义词。现在也是这样，多年以来，城市里面就叫先生产，后生活，农村里面就是先治坡，后治窝。潜台词就是这不是和中央既定的方针政策唱反调吗？但我们搞发展、谋发展、搞建设的目的到底是什么？我们是为发展而发展吗？我们一定要为老百姓过好日子，如果说老百姓过不上好日子，发展的意义何在？历史上为了"国计"可以压倒"民生"，"民生"要服从"国计"。但是现在不同了，现在是科学发展观、新三民主义，幸福概念变成了主旋律。什么叫幸福？只是吃饱穿暖就是幸福吗？吃饱穿暖我们早就达到了，幸福里面一定要有休闲。在一定意义上，休闲就是创造幸福的产业，就是通向幸福的渠道。

根据中国社会科学院《休闲绿皮书》的初步测算，中国目前休闲和旅游的产业比值约为2比1。2009年全国的旅游总收入1.7千亿元，则全国休闲总收入应是3.4千亿元。要强化大旅游概念，就要拓展到休闲，就需要研究休闲城市的创新和发展。总体而言，当人们面临三分之一的休闲时间时，相应地，三分之一的资源就应为之倾斜，三分之一的人员要为之配置，三分之一的精力需为之投入。

二、关于城市

城市是生长的，而不仅仅是发展的，有其内在的规律性。这就像人，我们最熟悉，却最不了解。要形成新型城市观：创造、生活与文化。如果只强调发展还是人定胜天的思路，做规划，大拆大建，就像把人大卸八块，只有解剖学上面的意义，而不是生物学和生理学的意义，更不是社会学和心理学上的意义。总体而言，花心血的是作品，有想法的是作业，没头没脑、没心没肺的是垃圾。我们现在的城市发展，相当一部分都是垃圾，今天的垃圾建筑，就是明天的建筑垃圾。我们辛辛苦苦谋发展，难道就是搞一堆垃圾吗？确实很可能，比如现在农村的房子，尤其是发达地区乡村的房子，基本上都已经是第六代了，大体上五年就拆，拆完了再建。城市的房子现在大体上是第四代了，这么多年我们拆了建，建了拆，当然拆也是 GDP 建也是 GDP，所以在 GDP 唯上主义之下，怎么弄都行。但是我就问一句话，我们给后人留下什么东西？我们给后人留这么一堆垃圾吗？或者说的好听一点，叫做鸡肋，食之无味，弃之可惜。

最近十年，城市有了一个本质性的变化，我们原来的市长追求的就是大高楼、大马路、大广场、大绿地，觉得达到这些了，这个城市就现代化了。但是最近这几年，市长们的思路有了很大的变化，开始注重挖掘城市的文化，开始注重城市的历史传统，开始注重一些精细化的发展，也就是说现在越来越向休闲城市这个角度去发展，这应该说是一个历史的进步。在 1923 年的时候，世界的建筑学家和城市学家一起在希腊开了一个会，发布了一个雅典宣言，雅典宣言里就明确，城市有四大功能，第一个功能是工作，第二个功能是居住，第三个功能是交通，第四个功能就是休闲，这是城市的四个基本功能。但是我们的城市发展到现在为止，有几个城市注重自己的休闲功能？极少或者几乎没有。可是这几年这些在调整，而且大家都有一个感觉，城市的休闲功能越强，城市的水平越高，这确实是不一样的。比如四川的古蔺县，这是一个很偏远的县，它所追求的目标就不是大，而是要追求最美、最闲的城市，当地也搞广场，都是小广场，也搞绿地，都是小绿地，这跟我们追求的大截然不同，所以人们对这个城市评价极高，这样的城市将来一定会有大的发展前景。

城市是市民的，而不仅仅是市长的；是为人的需求，而不是为物的集中。比如北京现在的建设搞了无数，有的单体建筑看着还可以，可是建筑和建筑之间没有关系，就意味着没有构成一个整体，没有构成一个聚集区。再比如朝阳区北京的 CBD，这是现在大家很骄傲的事情，但是这个 CBD 是让人生活的吗？显然不是，人们不知道这个 CBD 到底让人干什么的？大家只看到房价在不断地上升。可是我们要到香港去，在中环那个地方，下着大雨照样可以逛街，因为楼和楼之间都有连廊，楼底下都有交通设施，所以不管自然环境怎么变化，生活质量不会变化。

三、关于休闲城市

满足休闲需求是城市的基本功能之一，是城市发展质量提高的重要内容，是市民生活质量的必要组成部分。城市休闲以人为本，休闲引人，休闲动人，休闲怡人，休闲养人。休闲创造快乐，休闲创造就业，休闲创造价值。休闲，让城市更美好。休闲是城市功能的完善，城市质量的提升，城市品牌的创造，和谐社会的构建，以人为本的体现。休闲城市应达到，在城市生活中，休闲活动普遍，具有丰富的休闲设施；休闲产业在城市发展中占据重要地位，形成品牌，并构成强大的市场吸引力。休闲城市要符合宜居城市、人文城市、特色城市、和谐城市等多元的要求，环境适宜人居住，具备欢迎外来者的人文精神，本地传统文化挖掘到位，最重要的是社会各方面和谐发展。

政府应致力于提供公共空间、完善产业政策、推动非营利组织、培育市场主体，积极进行休闲城市的创建。休闲城市应更加突出休闲功能，并且在居住、工作、交通环节应给予充分的统筹配套，进行休闲化设计。通过扩展城市休闲功能和建设休闲城市，提升城市品牌，提高居民生活质量。形成城市休闲文化，提升城市的文化品味，创造独特的城市魅力。以服务大发展、配套大空间、发展大产业、提升大形象、发挥大功能、促进大文化、美化大环境为基础定位，发挥休闲业在推动区域新发展、拓展休闲新体系、衍生城市新产业、促进城乡新和谐、提升城市新品质、培育社会新生活等方面的积极作用。形成城市经济的增长极、扩散极，建设好的人居环境，形成城市发展导向。

用旅游激活城市，以激情创造明天。基于旅游在经济拉动、社会和谐、形象树立等方面的突出作用，应立足现在、综观全局、着眼未来，在旅游体验理念的基础上，整合资源，提升价值，改变形象，创造品牌。通过实施社会化战略、特色化战略、精品化战略、生活化战略、转型化战略、科技化战略、系统化战略、综合化战略、双向化战略，致力于打造完美城市、品牌城市、精致城市、人本城市、悠闲城市、数字城市、联动城市、多元城市、开放城市，全面提升城市旅游业的整体素质，又好又快地发展城市的旅游业。

四、城市休闲体系

（一）城市休闲体系的功能

核心就是要构造一个休闲体系，就是这个城市要让人待下来，能把钱花出去，现在很多城市就是让人待不下来。所以要扩大市民休闲空间，丰富市民休闲内容，营造良好的城市氛围，培育宜居的城市生活，提升城市的总体品牌。

（二）构建城市休闲体系

基础就是以市民的日常休闲为基础，培育社会的休闲范围，挖掘文化底蕴，以增量带动存量。这里有三个重点：

第一个重点是城市公园，现在城市公园基本上都免费了，完全开放了，这是一个好事，但是我们有一些城市公园虽然是公共产品，却让老百姓不能消费，所以好的城市公园的格局一定是布局广、规模小、区位近、绿化好。

第二个重点就是市民广场，市民广场的要求是亲民、近民、乐民，以小广场为好。现在一些大广场只起到一个作用，就是在城市中构建了一个热岛，也是让大家无法消费，如果这样一个东西让人无法消费，它的作用何在？比如有个城市是 60 万人口，建了一个 22 万平方米的广场，比天安门 21.5 万平方米广场还大，这样的广场是留不住的，迟早得拆，一个城市构建这么大一个热岛，还当作骄傲来说，这怎么能行？但是有一个好处，拆迁的难题都解决了，将来再调整功能，但是一般而言，这是城市休闲的重要内容。

第三个重点是中央休闲区，一个县城应该至少有一个中央休闲区；一个中等城市应该有两个左右；大城市应该有若干个中央休闲区。这一个中央休闲区起的作用是方方面面的，比如现在大家都很关注张艺谋的印象系列，也都想不惜重金打造当地的印象，这种做法完全是错误的。城市的经营者首先要明白干这个事的目的到底是什么，如果说是为了提升城市的品牌，不见得非得用这种方式，提升品牌的方式很多，干嘛非要用这种方式？如果是为了解决外来人的夜生活问题，这一台节目只能解决两三千人的夜生活问题，可是一个城市中央休闲区可以解决几万人的夜生活问题，那为什么不干这个事呢？而且这样的休闲区是小娱乐、小商业、小饮食、小文化、小广场、小绿地，构成了一个比较大的格局，这是一个城市的文化汇聚之地，也是一个夜生活集中之地。北京原来就没有这些东西，现在什刹海基本上就变成了一个大家晚上集中的地方，谁都没有想到生意能火爆到这种程度，之后就是南锣鼓巷，现在又出了一个五道营、798，北京这样一个特大型的城市，有十个八个也不多。同时，构建城市休闲体系包括夜景的营造，餐饮体系，娱乐体系，健身体系，文化体系，购物体系等。

实际上客观来看，现在这个体系大体上也就形成了，有的城市做的比较好，所以这个体系给大家的印象很深，而且觉得好玩。有的城市只是刚刚开始，比如长沙，长沙就很骄傲，说北京是中国的首都，长沙是中国的脚都，所以到长沙去按脚是最习以为常的休闲方式。确实如此，长沙有一个按脚的场所，三千人的规模，但是氛围极好，待着很舒服，就很希望在那多待一待。像这样的好多东西都是不经意间培育出来的，可是这里面就涉及到我们怎么看待、怎么整合、怎么规范、怎么来营销。

（三）文化追求

像这些东西都需要有一个相应的文化追求，文化是永恒的追求。同样，文化是休闲之基，特色是休闲之魂，环境是休闲之亘，质量是休闲之本。这和一般看待观光的方式是不同的，观光的方式就是走马观花，大呼隆就过去，休闲就不同了，休闲对细节的要求更高。比如在一个地方，十分钟过去了，细节不会关注，可是如果要是在这个地方待两个小时，就不可能不关心细节，所以这一系列的东西，就都需要更深一步的要求。

五、休闲工作推动

这些年来，在国务院层面上明确了一句话，关于国家旅游局的职能里的一句话，叫做引导休闲度假发展。从总理的政府工作报告里，这几年每年一个词，位置都不同，第一年把休闲和旅游并列，就是加快发展旅游休闲等新兴服务业发展，第二年把休闲和生活服务并列，第三年就只谈到澳门发展，要把澳门建设成休闲中心。实际上就是给总理写报告的对这个概念始终不清楚，因为这个事我们专门和国务院研究和探讨过，他们也认同，可是写的时候又是这么表述。就是现在在我们政府层面上对这些事情的认识普遍不足，但是在现实生活中，已经积极地发展起来了。客观来说，一个大的休闲产业已经培育出来了，而且是在不经意之间培育出来的。

另外，休闲的社会影响已经广泛化、普遍化了，现在大家都把休闲挂在嘴上，我们在街上看到很多休闲会馆的牌子。比如四川雅安的一个古镇有一个瞎子算命，上面挂了一个横幅，休闲人生预测。有人就说你这个算命就算命，怎么叫休闲人生预测？他说道理很简单，人生就这两个方面，一个方面是工作，一个方面就是休闲，工作用不着我预测，休闲我可以给你预测，这话说的蛮有道理的。

同时就是有一些地方应该说开始积极地推动，比如，山东省出台了《山东省国民休闲发展纲要》，同时落实这个纲要组织了一个大活动，叫休闲汇，这个汇是汇总的汇，汇聚的汇。这个休闲汇就是由省政府组织的，专门有工作班子，山东省政府26个部门加上17个城市同时开展，烟台整个休闲汇期间一共有50项活动，实际上就把这个期间各个方面都汇集到一起。最重要的是老百姓的评价很高，简单地说，我们的政府什么时候倡导过大家玩？这休闲汇的倡导就是叫做"你乐，我乐，大家乐"，英文就是"let's play"，在这方面山东显然是走到了全国前列。而且山东休闲汇高调登场，现在好几个省都开始关注，国家旅游局也组织了专家座谈会。

（一）城市休闲服务与管理导则

这样一个标准基本上就是对城市的休闲进行一个综合的评价，里面涉及到九个分析，很复杂的标准，一直到水域的休闲、空域的休闲等都涉及到了。实际上我们这个标准在2007年就制定出来了，制定出来以后，当时还没有标委会，所以缺少一个组织系统的运作。后来翻译成英文，甚至都不是翻译，等于用英文重新制订了一把，给了世界休闲组织，对世界休闲组织提的要求就是希望下一届世界休闲组织大会将这一个题目列为主要题目，以这个文件为主要文件，我们为他们专门组织了一个工作班子，大家都很兴奋，想不到事情可以做到这样一种程度。这个标准比较系统，比较全面，而且在这个过程中，采取了一系列的方式来推进。

所以今年再做下来，现在这个标准已经成熟了，就等着报批，只要一通过，这个标准下来就会起到一个比较大的作用。现在国家旅游局搞中国优秀旅游城市这个活动，有点不好往下推进。可是休闲城市这个事不同，它更重要的是提升了城市的总体水平，让城市给人的感觉更舒适、更亲近、更有吸引力。

（二）城市中央休闲区

这个标准也已经制定完了，正在等着发布，希望这个标准使我们的城市增加一些亮点，简单地说就是上海新天地、北京什刹海这样的格局，我们希望每一个城市都有，这样才能真正提升城市的水平。

这里面也是研究了一系列的问题，其中有一个核心的问题就是对休闲的要求，是更加以人为本，比如在这个标准里定了一条，马路的宽度不能超过八米，为什么定这一条呢？因为马路宽了就没有人气了。最好是六米，六米的马路我在路这边逛，一扭头看那面一个店不错，两步就过去了，可是要30米宽的一条路，人气就行不成，很多东西都是有规律性的。这就是要增加亲和力，建筑不能大，体量都要小，也就是说整个城市中央休闲区的尺度是人的尺度，不是汽车的尺度，不是建筑物的尺度。可是我们现在的城市发展，基本上以汽车作为交通尺度，以高楼大厦作为建筑尺度，在这样的城市里生活，人就被挤压得越来越小，就是所谓的水泥森林、高楼峡谷，人的感觉是不好的。这样的城市中央休闲区就是要营造这样一个氛围，让你去了就不想走，兜里有多少钱把它花干了算，高高兴兴地走了，就应该营造这么一个东西。

（三）度假社区

度假社区简单地说是乡村旅游的一种方式，所谓度假社区的概念是第二居所、第一生活，也是一种房地产的表现形式，但是最终要按照这样一个特点来引导一批房地产项目提升。委员会成员曾专门在北京看了两个度假社区，按照已有标准现场验证，看完之后大家都觉得有一些东西这个标准没有考虑到，所以还需要进一步地修订，基本上已经成熟了。

（四）休闲社区

原来的社区只考虑居住需求，居住需求只是生活需求的一个方面，这种社区性的发展，将来越来越重要。一个很简单的道理，原来我们的人都是单位人，现在不同了，现在绝大部分人已经从单位人的概念转向一个社会人的概念。社会人的概念就意味着现在的社区就像原来的单位一样重要，所以这个社区如果只是关起门来睡觉、看电视，这样的社区肯定不行。这就需要研究社区休闲的发展，构造休闲社区，涉及到社区设施、社区文化、社区活动、社区交流、社区特点、社区安排、社区推动、社区组织等等一系列的问题。一方面是农村，应当用景观的概念看待农村，不能一扫而光；用综合的理念经营农业，通过旅游提高土地利用率,提升农产品的附加值;用人才的观点发动农民,使农民成为文化传承者,工艺美术师。另一方面是城市,要用抓旅游的理念抓城市,突出人本化和差异性;用抓饭店的理念抓景区,突出精品化和细致化;用抓生活的理念抓休闲,突出舒适性和体验性。

(五)休闲农庄

这个标准,委员会也已经起草完了,实际上休闲农庄多年以来都是一个农家乐的方式,农家乐的方式是一种原子化、碎片化的方式,市场还会有,但是需求在提升,我们的产品也要提升。一个提升的概念一定是休闲农庄,所以要按照休闲农庄的一系列的要求来提高我们的旅游,这种提升对农民有好处,对于这个乡村的社会组织也有好处,对于我们消费者来说也有好处。这就要求构造一些相应的市场分工,逐步地来提升。总体来说,这样的休闲农庄覆盖了三次产业,也有一产,也有二产,也有三产,浓缩了乡村意境,达到了慢生活、深体验,这就是休闲的一个真谛。

像类似这样的标准,委员会都在一个一个地做,今年主要制定,明年就会推行。当然今年有一些东西也会形成一些影响,因为任何一个产业的培育,都是一个过程。更何况这里首先不是产业的培育,首先是观念的调整,如果大家都认为休闲是一个好事,这个观念就调整到位了。

六、全面推进

(一)树立新目标

从工作的角度来讲,需要全面推进,树立新的目标。今天的垃圾建筑,明天的建筑垃圾,今天的精品,明天的文物,后天的遗产,创造未来的文化遗产。模式可以复制,内容要求创新,所以要求集小为大,集细为精,集文为彩,集市为场;小题大做,偏题正做,虚题实做,远题近做,洋题中做,中题洋做。实现四个"五"。

五看:想看、可看、好看、耐看、回头看。

五可:可进入、可停留、可欣赏、可享受、可回味。

五度:差异度、文化度、舒适度、方便度、幸福度。

五力:视觉震撼力、历史穿透力、文化吸引力、生活沁润力、快乐激荡力。

(二)改革促发展

休闲的一些要素和旅游的要素不同,它是建立在旅游要素的基础上的。一说旅游要素就是行、游、住、食、购、娱。休闲不同,休闲需要更多的文化,就是需要慢节奏、浪漫的气氛、精品化、高科技这些东西。这就意味着开拓休闲旅游对我们传统的观光旅游是一个大的提升。

一是旅游运营要素的扩大。传统的旅游运营要素，涉及行、游、住、食、购、娱，而升级和扩大的旅游运营要素，需要大文化、深体验、慢节奏、浪漫气氛、精品化和高科技。目前具备好基础，但参差不齐，长短不一，需要填平补齐。

二是发展要素的健全。发展要素涉及资源、资金、土地、人才、信息、科技、文化、管理、产权等各个方面。目前市场没有形成，要素作用不足，国际化程度低。

三是环境要素的培育。应当弥补自然环境，提升人文环境，改善经营环境，完善市容环境，强化休闲环境，优化交通环境，协调景观环境，严格保护环境，创造好的发展环境。

（三）国际化推进

一是国际化视野，从地方到世界，在横向比较中看到差距。

二是国际化理念，从传统到文明，尤其是强化高端生态文明。

三是国际化思维，从自身到超越，具备前瞻性。

四是国际化资本，从个别到全面，研究大招商，招大商。

五是国际化机制，从引进到创造，其中自然包含一系列国际化政策。机制是根本，政策是技术，常常要变，但应把握变化的主动权。

六是国际化运作，从接轨到发展。国际化也在变，要研究自身的原生变化。

七是国际化规则，从接受到介入。目前是发达国家制定规则，发展中国家接受规则，随着发展，也需要介入规则制定。

八是国际化市场，从周边到世界。

九是国际化分工，从垂直到水平。旅游运营中技术性因素不是主导因素，因此旅游可以跨越，直接进入国际水平分工系列，旅游率先进入。

十是国际化组织，从创建到扩充。目前已有基础，可以在休闲、高尔夫、温泉、邮轮等方面介入和开拓相应组织。

十一是国际化心态，从紧张到从容。多年落后，使我们的民族心态紧张，生怕人家看不起，现在大可以从容，但不等于不重视问题的存在，关键在于有些问题是阶段性的，主要靠发展解决。需要从容建设，有落后的一面是正常的；从容运营，有投诉也是正常的；但需要通过国际化逐步缓解。

十二是国际化人才，从单一到复合。旅游发展综合性强，复合型人才也是目前最缺乏的人才。

十三是国际化产品，从模仿到拓展，发挥优势，拓展新产品。

十四是国际化设施。从豪华到文化。商务要求豪华，度假要求文化，主题性建筑应多多发展。

十五是国际化管理，从孤立到全息。目前管理公司的状况还是孤岛式的，需要借助推广，形成全息化管理。

十六是国际化服务,从环节到无缝。即创造无缝化服务模式,培育高端服务品牌。

十七是国际化语言,从单向到中性。即从单方面的官方语言转向中性语言,尤其是在市场营销和具体运营中,说人家能听懂的话。

十八是国际化方法,从单一到多元。在战略制定、政策研究、规划设计、建设运营等各个方面采用多元化方法,以谋求新突破。

所以,大家首先要有休闲的心态,其次要努力多争取一点休闲的状态,第三就是从休闲的角度来好好研究一下我们城市的品牌和我们旅游的营销,这样就能够起到更大的作用。

第六节　城际旅游

城际旅游是个新概念,但是严格地说不是个新现象,因为只要搞旅游,客源流动就必然涉及到城际。对于这个问题应该说我们的专业学者关注的还不够,到现在为止严格地说还没有几篇研究性的文章在探讨这个事情,这里有很多东西需要挖掘,大体上梳理了一下,形成了"城际旅游八题"。

一、发展创新

总体评价是新题目、新思路、新探索,这不仅是一个新题目,也不仅是在新题目之上形成的一个新的工作模式,更是因为新的领域需要探索。关于城际旅游的定义,是以城区旅游为核心,以乡村为延伸,以城市之间互动和联动为目标的旅游方式、运行方式和营销方式。城际旅游概念,主要有以下三个角度:

第一,是一种旅游方式。城际旅游是一种在新的时代背景之下形成的新的旅游方式,通过这种旅游方式,将来很可能形成点对点的消费方式,这样就更加符合现在深、近、短的旅游的需求,即要求体验的很深,要求时间比较短,要求距离相应来说比较近。第二,是一种运行方式。这种运行方式既是各个城市旅游局之间的合作方式,也是旅游企业之间的新联动方式。第三,是一种营销方式。但城际旅游不能仅仅局限在营销方面,应该更广泛地扩充。

2009年5月1日,来自广东和香港、江苏、湖南、广西等地共30个城市的有关部门负责人共同签署了《城际旅游大联盟宣言》。该宣言可谓是言简意赅,堪称字字珠玑,这样一个宣言实际上把短短的一个概念做了一个大的提升,而且这个提升里实际上包括一系列的操作内容。其中,城际旅游的理念是旅游和平世界,城际互动发展。目标是城市友好,市民亲善,文化尊重,产业互动。口号是健康旅行生活，城际旅游精彩人生。

二、城际旅游的背景

城际列车的发展成为这些年来的一个新现象，也就意味着在这个角度上铁路部门走到了旅游部门的前面。随着一系列的发展，形成了城际旅游目前产生的一个背景，也是下一步大发展的背景。

（一）城镇化发展

中国的城镇发展是影响世界的，最近十年，中国城镇化的发展应该说创造了历史的新格局。我们的城市发展从来没有像这十年这么快，在这过程中，城市群、城市带迅速形成，由此也形成了一个持续增长的动力，即一步一步地激发需求。现在有一个新的观点，叫做工业化创造供给，城镇化创造需求，需求的发展是中国经济发展的软肋，自然也是发展的重点。

在发展的过程中，文化越来越突出，整体在转型，尤其在最近两年，体现得特别深刻。很多城市都在研究如何挖掘城市文化底蕴，如何形成城市特色，这就意味着整个城市的管理理念在转型，这个转型一定意义上是处在工业化中期的城市正在向工业化后期转型。这样的概念在各个城市现在体现得都比较清楚，比如重庆专门提出了五个重庆的建设，五个重庆的建设里没有谈 GDP，谈的就是如何以人为本。很自然，在这样一个城市转型的过程中，旅游的地位在上升，因为旅游优化了城市的产业结构，提升了整个城市的发展素质，所以，城市化的发展是城际旅游的第一个背景。

（二）区域化发展

第一，区域经济一体化。区域化发展应该说现在也形成了一个新的热潮，经济一体化的过程之中，很多区域之间、城市与城市之间自然而然就联动起来了，尤其以珠三角、长三角、环渤海为典型。现在又进一步提出了西部金三角，即重庆、成都、西安，实际上这就是区域一体化逐步发展的结果。

第二，区域发展战略化。这两年国家形成的区域发展战略比历史上任何时期都多，甚至比历史上所有的战略加起来都多，这是一个非常突出的特点。我们原来谈区域发展战略都是大战略，比如西部大开发、东北老工业基地改造以及中部崛起战略等等，现在不同了，现在的区域发展战略在逐步细化。比如东北的长吉图（吉林省长春市、吉林市部分区域和图们江的简称）、北部湾等等，这就意味着总体发展格局在逐步细化。这样一个区域的发展战略自然促进了城际旅游的发展。

第三，区域优势聚集化。通过逐步的聚集，不但放大了城市本身的功能，而且使区域在一个新的层面上运作。

第四，区域产业互补化。每个区域都有各种各样的长处，也有各种各样的短处，在一个相应的区域之内就可以达到互补。这样的一个区域发展的背景，实际上为城际旅游的持续发展提供了一个很好的基础。

（三）高速化发展

交通方式决定旅游方式，这是旅游发展过程中的重要规律。高速时代的来临，将使中国旅游发展格局建立在一个新的基础之上，旅游的便利性将大为提升，但也有其另一面的影响，需要全面关注并研究相应的对策。这些年来，高速公路的发展引发了自驾车的热潮；高铁的产生标志着中国高速时代的到来，很自然就意味着中国的旅游总体发展格局必须要变化；航空实际上是跨区域之间的一种交通方式。航空、高铁、高速这"三高"的联动对城际旅游而言，创造了重要的条件。

一是同城化。北京和天津之间28分钟即可到达，两个特大型城市逐步融为一体。以此为代表，许多双子座式的城市都将联通，一些城市群也自然一体化。这必然就会形成旅游产品联动，旅游市场联合的局面。进一步是日常休闲的互动，下班之后，周末之时，市民的活动范围将随之扩展。

二是近城化。高铁开通后，北京到安徽宿州只需三个小时，广州到黔东南也只是三个小时，城市之间距离急剧缩短，地理距离将更大程度为时间距离所替代。

三是全国网络化。高速时代将对航空发展带来巨大的压力，也将迫使民航部门和航空公司进步，降低票价，改善服务，发展支线航空，便利公众的措施一项一项出台。由此形成航空、高速铁路、高速公路的"三高"体系，建立全国网络化格局，使"远天远地"一词成为历史。

四是区域网格化，就一个区域而言，不仅需要高，也需要低；不仅需要快，也需要慢，总体是需要构建一个适用实用的交通体系，整合交通系统，形成网格化的交通。对于各地旅游发展而言，网格化的重要性甚至大过网络化。

总体来说，这三个因素是城际旅游发展的基本背景，在这个背景之下看城际旅游的长远发展也许能够看得更清楚。我们现在大体上还面临着五亿农民进城的问题，区域化的发展在这个过程中也会不断创造新的格局，再加上高速化的发展，城镇化的发展，在中国而言至少还要持续三十年到五十年。实际上，一定意义上中国高速时代的来临在世界上已经处在前列了，所以势必会形成一个长期持续的发展因素。

三、城际旅游的链条

从发展的角度来说，城际旅游首先是城市目标的拓展，虽然从行政的角度上城区有各种各样不同的概念，但是总体来说应该是城市目标的拓展，这个目标不是城区的范围再往外扩多大，而是整个城市的素质能不能提高。其次是城市文化的显现，通过城际旅游，使城市的文化在相互比较和碰撞的过程中进一步得以突显。第三是城市价值的追求，城市的价值追求实际上就是让生活更美好。

城际旅游涉及到一个链条：第一，核心。核心是城区旅游，我们如果不在城区旅游方面下点功夫，城际旅游一定意义上就是无源之水，无本之木。第二，扩充。从城区旅游扩充到城市旅游，城市旅游的范围相应来说更大，不仅包括城区，也包括建成区，更包括边缘区、结合区。第三，延伸。延伸到乡村旅游，构造城乡的互动，构造城乡的新统筹。第四，互动。城际旅游需要各个城市之间的互动。第五，开拓。区际旅游需要开拓，比如一个经济区域，包括一个省际的区域，长三角、珠三角等都是一个区域，这样自然就扩充到了区际旅游。第六，发展。扩充到国际旅游，国际旅游也可以具体定位为国际的城际旅游。

之所以要研究这么一个链条，因为在这个链条之中，每一个环节的情况都是不同的，每一个环节的运作要求也是不同的。尤其是结合实际情况，把这些不同点找出来，城际旅游如何一步一步定位，反而能够更清楚。城际旅游的链条虽然短，但是这是核心，是重中之重，我们尤其要研究长远的可持续发展，把这个链条一步一步落实，一步一步做到位，这样城际旅游就真正能够做出味道来，做出兴趣来。

四、城际旅游的核心

（一）强化功能

1. 观念转换

城际旅游的核心就是城区旅游，现在首要的问题就是城区旅游的功能不强，所以需要强化功能。普遍现象就是重景区、轻城区，实际上就城区而言，是客源集散地、文化吸引地、消费集中地、就业扩大地、税源形成地、品牌体现地。但是，中国旅游发展三十年，城区旅游虽然也在逐步提升，但总体来说被大家看轻了。我们现在说旅游还是研究能不能开发几个景区，景区开发完了就开始收门票，这是三十年以前的观念、三十年以前的模式，现在显然不能还用这种观念和模式来指导我们的发展。

实际上，这些年城区旅游已经大大发展，比如上海的新天地、北京的798，这都不是景区的概念，但是构造了城市发展的亮点，构造了城市消费的热点，所以，从城际旅游来说核心就是城区旅游。从产品开发的角度来说，要注重传统和创新的交织。按照传统模式，近距离、低水平的重复开发会形成分散化、同质化的恶性竞争，所以需要把观念颠倒过来，弱化传统模式，推进转型提升。

2. 转型提升

首先，单一转向复合。从比较单一的观光型产品，转向复合型的产品，复合型的产品主要包括观光旅游、商务旅游、休闲度假、特种旅游四大类。复合型的产品构成了,城际旅游发展的核心才能够立起来。实际上城际旅游最重要的是商务旅游,其次就是休闲度假,这两方面发展起来之后,这个城市就有味道了。白天大家可以去看景区,晚上一定要找一个地方吃喝玩乐,如果缺乏这样的地方,就意味着这个城市的旅游体系不健全,一定意义上就变成了景区压倒的城市。

第二,粗放转向精致。随着城市化的发展,尤其是文化的挖掘,很多东西都越来越精致化。比如重庆的餐饮,原来大家一到重庆就要吃火锅,就会吃得满头大汗,非常粗放、非常火爆,现在不同了,在保持了风味的同时提升了精致,而且重庆整个城市都在往这方面转向。这就意味着作为城市而言,重庆的吸引力比以前大了很多,提升了很多。反过来说,如果每个城市都能这么做,即把城区旅游发展起来,城际旅游的核心就建立起来了。

(二)休闲城区

满足休闲需求是城市基本功能之一,城市发展质量提高的重要内容,市民生活质量的必要组成部分。城市休闲以人为本,休闲引人,休闲动人,休闲怡人,休闲养人。休闲创造快乐,休闲创造就业,休闲创造价值。休闲,让城市更美好。休闲是城市功能的完善,城市质量的提升,城市品牌的创造,和谐社会的构建,以人为本的体现。

休闲城市应达到,在城市生活中,休闲活动普遍,具有丰富的休闲设施;休闲产业在城市发展中占据重要地位,形成品牌,并构成强大的市场吸引力。休闲城市要符合宜居城市、人文城市、特色城市、和谐城市等多元的要求,环境适宜人居住,具备欢迎外来者的人文精神,本地传统文化挖掘到位,最重要的是社会各方面和谐发展。

(三)城市休闲体系

1. 城市中央休闲区

城市中央休闲区是城市文化底蕴的集中,城市消费的集中,城市晚间的亮点。这样的一个休闲区需要多元素,小设施、大街区,休闲、娱乐、商业、饮食、文化等什么都要小,包括小广场,小绿地,这样才有味道。全国休闲标准化技术委员会现在正在研究城市中央休闲区的国家标准,其中就有一个要求,城市中央休闲区的路宽不要超过八米,之所以要定到这个程度,因为这都是有规律的。任何事情都有规律,消费也有消费的规律,如果城区能构造一个中央休闲区,这个城区的吸引力就会增大。

2. 城市休闲体系建设

城市休闲体系建设包括夜景营造、餐饮体系、娱乐体系、健身体系、文化体系、购物体系等等,需要构造一个完整的休闲体系。目前市场需求的特点是多层次、多功能,很难有明确的诉求,比如游客到这个地方来就是看一看、逛一逛,如果突然看到喜欢的东西，就有需求了，这样就把需求激发出来了，这就是城市休闲体系的功能。

3. 社区休闲

社区休闲的人口越来越多，要求也越来越高。设施上要求体现文化、体育、公共；文化方面要求项目、趣味、层次；活动要体现系列性和生活性；交流上要做到便利性、表演性；安排要实现层次性、包容性；推动挑战性、荣誉性；组织物业与业主，实现统一性。

以上三个方面都体现了城市的素质，体现了城市的文化，如果一个城市这些东西都有了，城区的吸引力就有了。比如成都的宽窄巷子、文殊坊，这些地方给人的感觉就是去了就不想走，客人不愿意走，就意味着他想消费，可是我们往往是要拿着鞭子轰客人走，客人想花钱都没有时间。因为宽窄巷子不收费，对于传统的旅行社运营模式来说，增加了一个项目，导游就带着客人急匆匆地走过去，连想喝一杯茶的时间都没有，这就是传统模式和现代模式的冲撞。简单地说，就是单一的观光模式和复合型模式的冲撞，显然要服从客人的需求，满足客人消费。

五、城际旅游的延伸

（一）景区

第一，吸引中心的吸引力。要淡化传统模式，并不意味着反对开发景区，景区作为吸引中心，就要研究这样的吸引中心的吸引力何在，如果只是近距离、低水平的重复建设，这样的事不干也罢，不是说有个资源就一定要开发，有些资源现在开发可能不会成功，也许再过十年，大家的消费提升了，可能就行，所以就需要注重研究吸引中心的吸引力。

第二，复合发展的条件。景区基本强调的就是观光，观光强调的就是视觉，视觉强调的就是好看不好看。不是每一个地方都那么好看，真正的视觉追求的是震撼力，但是不是每个景区都能够形成震撼力，所以要研究资源组合度。比如有些资源单项品位都不高，但是可能资源的组合度特别好，综合度非常高，也可以创造一流的产品，这就需要研究复合发展的条件。

第三，倡导城区景区化，反对景区城市化。如果景区建设的跟个小城市一样，这个景区就没有吸引力。改革开放以来，全国的景区城市化有一些，经过三十年的发展，这一批基本上该淘汰的都淘汰了，所以必须要研究相关的经验和教训。更重要的需要研究景区和城际旅游之间的关系。

真正一流的景区，没有城际旅游，大家也会去，比如黄山、九寨沟等，跟城际旅游没有关系。一流的观光资源确实有震撼力，但是一流的观光资源毕竟很少，所以就要研究其他的景区和城际旅游之间的关系，包括和城区旅游之间的关系，把这个关系研究透了，就会创造更多的吸引力。一个基本的关系就是以城区为核心，使大家形成一个新的消费格局，比如白加黑的消费格局，白天大家出去，晚上回到城区，白天的消费就是买张门票，买瓶矿泉水，晚上在城区有大量的消费，这就是白加黑的格局。可是，如果一点景区都没有，只有城区也没有吸引力，所以这些问题都需要研究。

（二）乡村旅游

1. 发展历程

中国的乡村旅游经历了三十年的发展，基本上可以分为两个过程：第一个过程是农家乐，大体上从1985年开始，到现在已经过二十七年时间了。第二个过程就是乡村旅游，乡村旅游是借助国际概念，现在已经在逐步提升。下一步乡村旅游应该是区域发展的概念，即研究区域发展，研究城乡新统筹。

2. 乡村旅游发展重点

第一，沟域经济。需要研究系统化发展，沟域经济不是简单的小流域治理，从农业的角度来说，沟域经济是水利、水土保持等小流域治理的概念。从旅游的角度来说，沟域经济要实现系统发展、特色化发展。比如北京已经开始大力发展沟域经济，现在列了八十条山沟，发改委拨款四十亿，一个沟五千万，先组织规划，而且要做出特色来，不能一个规划八十条沟复制。

第二，主题镇。需要文化推进，现在国内已经产生了一大批主题镇，最具代表性的就是一些古镇，但是不意味着只有古镇才能做主题镇。

第三，专业村。形成一村一品，专业村也在逐步发展。比如四川的绵竹有一个年画村，采取年画上墙的方法，整个村子的特色就体现出来了。汶川地震之后，这个年画村被摧垮了，断壁残垣上还有一些年画，但是只要他们的人还在，这个村就不会倒，因为专业村形成了，人才的接续形成了。

第四，度假社区。度假社区是第二居所、第一生活，现在讨论乡村旅游的概念窄了，因为建成区以外就是乡村，可是有很多好楼盘都在建成区以外，既是城市，又不是城市，这是一种新型的乡村旅游产品，构造了一种度假社区的感觉。

如果这四个重点实现了，城乡新统筹也就实现了，作为城际旅游的延伸，创造了新的吸引力，也会创造一系列新的产品。大家在城里呆烦了，可以到乡村去玩一玩，到景区去玩一玩，就构造了新的产品组合，这种产品组合使我们各个城市之间，尤其是城区的特点突显了。没有特色、没有差异就没有吸引力。

（三）城际旅游吸引力

从城际旅游来说，真正要研究的是怎么创造有差异性的吸引力。如果走到哪里都一样，千城一面，无非就是有的城市楼高点、马路宽点，看不出任何差别来，城际旅游就毫无吸引力可言。说到底城际旅游根本的生命力在于差异化，差异化需要资金的投入，没有足够的资金，差异化很难做到。当然，也不是说有钱就能办到，还需要我们研究城市的文化。

（四）发展诉求

让历史变得时尚，让文化变得轻松，让自然变得可亲，让一切吸引元素变成可以销售的产品，用不着总是那么沉重。我们经常用历史悠久、文化厚重来形容一个地方，历史悠久可以认同，文化厚重这个词最好换一换，因为总是厚重，给人的感觉就是沉重，这不符合旅游的要求。民俗风，山水画，田园诗，文化歌，生活曲，梦幻情。生态融合，实现自然自然大自然，生态生态深生态，文化文化活文化，生活生活真生活。

六、城际旅游的互动

（一）问题

多年以来，国家一直强调入境、国内、出境三大市场，这是在国家层面、国际竞争方面的定位，是需要始终坚持的。但是从地方角度看，是外来市场、当地市场和出游市场三大类，这样的划分具有消费的一致性，内在的同质性，直接决定市场战略和相应资源的配置。

1. 地方割据问题

一方面存在吸引与输出的对等性，另一方面要研究短期与长期的综合配置。地方有开放性，实际上就算我们不送客人出去，该跑的也会往外跑，本地区的居民不能天天只在区里消费，可是现在地方割据的格局客观地说还存在。

2. 部门割据问题

其中最典型、最突出的就是大巴运营，不仅仅是中西部地区如此，发达地区也照样如此，严格地说是部门割据，不完全是地方割据的问题。我们希望交通部门做出贡献，可是交通部门的利益没有理由让出来，而且这个问题又是地方割据和部门割据交织在一起。现在突出的是民航、铁路必然要突破，因为民航、铁路是区域之间的，还不仅仅是城际之间，所以想不突破也不行，在一定意义上构造一种新的发展条件。

自驾车也是如此，现在各个地方在努力地通过自驾车俱乐部等等方式在突破，很多城市采取了一系列的方式来欢迎客人。比如河北省财政厅、河北省旅游局连续三年一年一千五百万投入做高速公路的标识，包括乡村公路的标识，方便自驾车旅游者。很多地方都在看重这件事，比如雅途集团去年搞了一个活动，叫做"百万自驾车主发现广东新去处"，选了广东五十二个新去处；今年的活动叫做"五百万自驾车主发现南方新去处"，这种格局是民间自发的突破。另一方面又形成了产业融合的格局，比如华夏航空提出来要吸引旅游地产、保险、通讯、航空等等。

一方面我们还受局限于地方割据和部门割据，另外一方面新的产业融合的格局在开始产生，这恰恰反映了现在的一个特点，就是情况的复杂性，在不断的变化之中。

3. 市场平台问题

市场平台的构建首先是组织体系，其次是技术平台。就现在来说，大家都在做，在组织体系和工作要点里都有了想法，还需要一步一步落实。

4. 接受程度问题

这里包括城市的形象、城市的性格，也包括消费者的认同。国内有些城市和城市之间，政府之间都很友好，但是老百姓之间是互相看不起的，这种事情普遍发生。所以，一定意义上，城市友好、市民心态也是有针对性的。

5. 消费安全问题

消费安全就需要维权，如果在城际旅游联盟的过程中，在消费安全方面能够做点实实在在的事，这就是非常大的贡献。之所以强调消费安全，就是因为现在的消费确实不安全。其他行业暂且不论，仅就旅游方面而言，消费安全首先是价格的安全问题，其次是品质的安全问题，第三是支付的安全问题，这些问题现在都存在。现在旅游消费最不安全的城市就是三亚，是恶名远扬。现在各地总体来说差异性不是很大，包括客人买工艺品、纪念品、土特产品都有消费安全的问题。所以在这方面，一是需要构造一个消费安全的平台，二是要形成一个维权的机制。

（二）磨合

存在这些问题，就需要磨合。在研究这些问题的时候，一方面像缩小的国际模式，涉及到发达国家、发展中国家，包括国际上的丛林法则。另外一方面也是独特的中国模式，中国的模式就是在统一的制度之下，很多事情是可以做的，这样就需要城际旅游发展应该是一个多目标的诉求。所以，要在营销的基础上超越，构造多目标，同时形成资源与市场的互补。

没有哪个城市是吃亏的，也没有哪个城市是占便宜的。发达地区的城市可能会多出点客人，实际上即使不送客人，他们也照样走，还不如积极主动一点，又能保护客人的消费权益，又能提高水平，又能创造新的产品，还能说漂亮话。现在的状况就是发达地区有五个溢出：消费溢出、市场溢出、投资溢出、品牌溢出、效益溢出，已经变成了一个普遍的情况。消费者要出来跑，旅游者要出来，市场自然就形成了，紧接着相应的一部分投资商就会过来。比如安徽，很多项目就是长三角的投资商投资的，投资之后，管理就跟着过来了，就形成了品牌溢出，最后达到效益溢出。实际上各个城市之间是一个互补和互促的过程，没有谁吃亏、谁占便宜的问题，所以，现在存在的一些问题都是阶段性的问题。

最后，还有一个优势，就是政治性，对口支援。城际旅游在对口支援的过程中，同样可以发挥重要作用，这是政治性的。目前虽然存在一些问题，甚至有些问题会长期存在，但是不应该阻碍发展，所以就需要磨合。

（三）发展

说到底是联合发展，区域联合现在的情况是说得多，难落实。部门联合协调难，主要取决于执行力。现在来看，行业联合，市场推动，见效显著。所以，不完全是部门的问题，旅游这些年和林业部门、水利部门关系都特别好，因为这些行业都产生了需求，林业现在对旅游的重视程度不亚于旅游局，所以区域联合、部门联合都要抓，但是行业联合是最基本的。

同时，从区域来说要形成这么几个模式：一是垂直辐射，经济发达地区对经济落后地区构造一个垂直辐射的格局，达到五个溢出。二是纵向交换，通过垂直辐射达到纵向交换，客观来说，市场的和资源的交换是重点交换。但是，在区域上，要达到横向交流、平行互动，大家在开展城际旅游的过程中不能总算账，如果这样，城际旅游是发展不起来的。

最终，要做到互动、互联、互信。城际旅游在发展的过程中肯定还会有一些新的问题出来，但是这些问题都不是绝对性的，也不可能构成根本性的阻碍。

七、城际旅游联盟

（一）基本评价

首先，这是一个新兴组织，但是新兴组织要变成一个新型组织。现在各类联盟很多，有的是产品联盟，有的是市场联盟，城际旅游联盟大体上是一个市场联盟的概念。仅仅局限于这一点也不行，要转换成新型的组织就需要三个方面：一是实体化，要建立联盟秘书处，要有专人来研究这些事，做这些事。二是日常化，联盟要有日常性的工作，如果没有日常性的工作，这个机构就没有存在的意义。三是考虑轮流坐庄的方式，重庆市渝中区是发起者，永远都有一个发起的概念、创造的概念。

其次，以共同点为基础，创造兴奋点，形成发展点。现在的共同点是大家形成了共识，都觉得在市场上需要做这样一个产品；创造兴奋点就要果断扩充；形成发展点就要进一步细化。

（二）未来发展

一方面要注重需求变化。最近十年以来，中国的旅游需求已经从根本上发生了变化，当然不意味着传统模式不能用。比如大团队的观光旅游模式永远要持续，因为一代一代的消费者在成长，很多农民原来都没有旅游过，现在都参加了旅行团。通过城际旅游联盟这个平台，要适应这种需求的变化，满足需求，挖掘需求，引导需求，创造需求。所以，首先是一个产品的概念，城际旅游本身就是一个产品，要研究这个产品能不能做得花样多一点。包括一些新的方式，比如城市俱乐部，完全是新型的运营方式，就要研究如何引导。

另一方面要引领企业拓展，从营销平台到全面合作，从需求市场到要素市场。旅游产品交易会不应该仅仅是旅行社之间的产品交易会，而应该是比较完整的要素市场，比如即将毕业的大学生可以到这里来找工作机会，企业要招人也可以过来。生产要素概念包括土地、资金、资源、人才、管理、技术、品牌等等，如果落实到要素交易，城际旅游就真正做实了。而且，这是城市和城市之间的交易，不是简单的一个县要招商引资，或者一个村来招商引资的概念。这就意味着城际旅游的要素交易在一个很高的平台上，而且在城际旅游这个机制、这个平台上，运作模式大家都很熟悉，所以，这都是可以研究深化的。

八、城际旅游国际化

所谓国际化，就是国内的城市和国际上的城市之间，包括城区和国际上的有些城区之间的联动。城市是需求的集中释放，要构造相对独立的目的地形象，这在国际上是很清楚的。比如对于美国人来说，他们的概念中不会是某个省份，无非就是上海、北京这些大城市。我们看美国也是同样的思路，美国有五十一个洲，我们印象深刻的也主要是几个大城市。所以，城市要形成相对独立的目的地形象，而且城市的操作性更强，企业运作更集中。

城际互动重于区域互动，因为城市的相对独立，尤其是目的地形象和产品运作的力度会更高。所以，城际旅游发展的一个更长远的目标就是城市品牌国际化。这就涉及到渠道和方式，友好城市，团组互换，节庆活动，邀请记者，权益保障，市场拓展等。这也是一个互动的关系，互送客人。而且还有一个特点，基本上不限于发达地区和不发达地区。不发达地区出境旅游的需求照样强烈，条件也强，因为穷地方也有富人，富地方也有穷人。所以，在国内城际旅游发展的基础上，城际旅游的国际化，实际上是伴随着各个城市品牌的国际化一起发展的。

结束语：中国旅游的时代视阈

视阈，是能产生视觉的最高限度和最低限度的刺激强度，形成有深度感觉的视景。

全产业链视阈是当今时代对中国旅游发展的要求。随着时代的发展，旅游全产业链已经不仅是个例，而是成为带有普适性的核心竞争力。在本书的结尾部分，提供十个维度，供读者借以观察和展望中国旅游业发展的未来。

一、市场大变化

三十年来，中国旅游市场经历了巨大的变化。上世纪 80 年代，主要靠入境拉动；90 年代，入境旅游和国内旅游并驾齐驱；进入新世纪，出境旅游异军突起，形成三足鼎立的格局。

目前，美国金融危机未去，欧洲主权债务又起，日本灾难频发，中东战乱不停，在这个背景下，旅游市场变化会进一步深化，一是入境旅游平中有降。二是国内旅游需求也在波动，大钱不敢花，中钱不用花，小钱敞开花。三是出境旅游持续增长，人民币汇率升值，国际市场价格下降，多元文化吸引。有经验的旅游者，实现多样化诉求。

二、增长泡沫化

增长泡沫化不是一个愉快的事，但这是我们现在最严峻的现实，我们面临着风起云涌的发展态势。当前，国民经济总体转型升级，我们面临着一个从中国制造到中国服务的转化，也就是说，过去三十年我们培育了一个世界制造业大国、世界工厂，未来三十年，我们应该培育一个世界服务业大国，培育一个世界环境。因此，地方发展开始转向，围绕产业结构调整，纷纷重视旅游。城市提升需要导向，生活品质要提高，也开始把旅游提升到一个新地位。而且现在又面临着一个流动性过剩的环境，大把的钱找不着北，在寻求投资机会。所以很自然，近年来文化地产、商业地产、旅游地产变成热门，实际上文化地产、商业地产最后落脚都落在旅游地产。

当前旅游发展最大的问题是增长泡沫化。从 1978 年到 2010 年，全国的五星级饭店545家,但是在"十二五"期间,规划建设的五星级饭店是500家,也就是说,在未来的五年,中国的五星级饭店要达到过去三十多年的发展数量。

在这里,分明感受到了泡沫化的气氛。

从1978年到2008年,全国的旅游行业固定资产原值的总量是8000亿,但据估计,在未来五年之内,全国旅游固定资产投资总量大概五万亿,也就是说,在这五年之内,要超过过去三十多年的五倍甚至六倍。

现在走到哪儿都是大项目,十年以前听说一个旅游投资项目有三亿五亿,就会觉得是大投资了。现在投资商一说话就是,初步考虑三十亿元,进一步考虑五十亿元,再进一步一百亿元,这样的事情越来越多,可以把它理解为一种形势大好的表现,但更多的是泡沫化,所以很自然,下一步泡沫化是我们最大的威胁。

泡沫化主要体现在四个方面:一是市场泡沫,不要认为旅游需求就可以无限制地成长下去,里面有实实在在的一部分,但是也有泡沫。二是政府泡沫,政府现在都把精力转向了旅游项目,这是好事,但是过度追求大活动,而且动不动就是世界级的大活动,这种局面令人担忧。三是投资泡沫,最典型的是海南曾经在十年之内烂尾楼遍地,如果还是这样发展下去,将来旅游的烂尾楼一定少不了。四是工作泡沫,无论是政府的工作,还是其他方面的工作,里面都有泡沫的成分,有相当一部分就是旅游规划、旅游咨询公司鼓吹出来的。

现在各种投资涌入旅游领域,形成旅游双刃剑,一方面需要抓住机会,发展项目投资,另一方面,泡沫迅速形成,要承受后果。所以这就涉及两个重大问题,第一个就是如何整合资源,抓住长远机遇,第二就是如何规避风险,减少项目失误,这两个问题都存在。这样就需要形成两个重大思路,优势整合,群体发展,长短结合,系统运作。

三、要素整合化

第一类是运营要素。传统的旅游业只讲行、游、住、食、购、娱,现在升级了,需要再增加六个要素,就是文、深、慢、漫、精、境,要做精品,要有好环境,这十二个要素加在一起才构成一个完整的运营体系,旅游行业原来只是从产品的环节出发,现在要从一个大产品、泛旅游的角度出发。这个方面具备好基础,可是参差不齐,长短不一,需要填平补齐,这恐怕是下一步发展比较突出的问题。

第二类要素是发展要素,任何企业、任何地方在市场上都需要这九类发展要素,资源、资金、土地、人才、信息、科技、文化、管理、产权,就旅游发展而言,要素市场基本没有形成,所以要素的作用不突出,国际化程度低。比如旅游资源市场始终就没有起来,旅游的资金市场比较突出,但是旅游资金的运作特点和运作的规律性我们并没有把握,市场也没有完全形成,土地基本没有旅游市场。

人才市场相对来说比较成熟一点，信息市场也比较成熟一点，科技市场可以说刚刚起步，还没有市场化，文化现在是个热点，管理、产权这些东西也都在运作中。总体而言，发展要素第一，运营要素现在更薄弱。

第三类要素是社会要素，旅游目的地，尤其是一些重点旅游城市，有一个非常突出的特点，就是两个二元结构。二元结构一般就是城乡二元，但是旅游地区，尤其是重点的旅游目的地，还有一个内外二元结构。这种内外二元结构就构造了一系列的特点，也产生了一系列的问题，最大的问题就是当地的居民怎么纳入发展，分享利益，构造社会友好，一体运行。比如有些地方，现在消费安全都有问题，旅游者去了很多，但吃不敢吃，住不敢住，买不敢买，觉得处处都是坑，处处都是陷阱，这样的社会环境，能是一个好的旅游目的地吗？即使投了再多的资，把自然环境建的很漂亮，把各个方面的设施都做到了一流，但是这也绝不是一流的目的地。

第四类就是环境要素。环境要素可以说是我们现在跟发达国家差距最大的地方，我们有一流的酒店，一流的景区，很多东西都是一流的，但是在环境要素方面，差距甚大。如果说中国旅游和国际旅游发达国家大体上还有五年的差距，可是在环境方面，恐怕是五十年的差距。

这四个方面的要素，需要全面整合，哪个地方整合到位了，哪个地方旅游就真正发展起来了。这里更多的不是资金的大投入，而是文化、智慧和制度的投入。

四、产品多元化

简单地说，原来叫做单一观光产品，单一发展模式，现在都在转化。其中有很多人认为旅游产品正在从单一观光转向休闲度假，但实际上并非如此，因为这里面包含了中华民族传统的思维方式，就是非此即彼，非黑即白。做休闲度假就不做观光了吗？所以不是简单的这么转化，而是从单一模式转向一个复合型的模式，这个地方该做什么还得做什么。而且观光旅游在中国永远是主体，很简单，一代一代的消费者在成长，对于新的旅游者来说，观光是第一位的，对于成熟的旅游者来说，休闲度假是第一位的，多数介于这个过程之间。

一是涉及到新资源，就是社会旅游资源，包括环境旅游资源、生活旅游资源、产业旅游资源。

二是涉及到新体系，就是从单一到复合，涉及到从观光到特种一系列的产品体系。

三是新角度，就是主体的诉求在不断发生变化，一类产品叫做目标性产品，传统的观光产品基本都是目标性产品，就是到此一游就够了，但是现在追求的真正转化的是过程性的产品，不但要追求目标，更要追求过程，要深化体验。

四是新扩充，形成 A+B+C 的发展模式，这样一个新的发展模式，A 是吸引中心，B 是利润中心，C 是文化中心，通过市场聚集人气；通过政策聚集商气；通过创意聚集文气，最终聚集衍生产业的发展。一个项目只要能够达到 A+B+C，这个项目肯定是成功的，如果中间缺了一项，那就必然缺一个重要环节，有的项目可以维持，有的项目可能失败。

五、结构合理化

"十二五"期间，结构问题是中国旅游发展最重要的问题。一般而言，经济发展就是三个问题，扩大规模，优化结构，提高水平，这三个问题是一个共时态存在。但是从发展的过程来说，历时态有不同的重点，如果说过去三十多年我们的重点在扩大规模，未来至少在"十二五"期间，重点在优化结构，进一步要提高水平，所以重中之重就在于旅游经济结构。这个结构里涉及到花费结构、市场结构、区域结构、城乡结构，投资结构、产业结构、产品结构、组织结构、运营结构、技术结构、人才结构、国际结构等，一共是十二个方面的结构性问题，这十二个方面的结构性问题，每一个结构都需要下工夫。

现在很多东西工夫下的不足，更多的是一种存在。比如旅游形势一片大好，国际如何，国内如何，市场如何，需求如何，再往下说不下去了，因为再往下需要更加扎实的实证分析。另外一种方式，也涉及到项目规划，国际、国内凡是相关的内容，都堆积到一起，变成了内容的堆积，这两种方式都不对，但是两种方式恰恰是国内现在的普遍方式，尤其是地方官员一听，觉得里面内容如此丰富，就开始兴奋。

现在的规划是国际上的东西就往一块凑，跟着就往一块搬，觉得这就是好项目，其实不然。所以很自然，做结构文章，谋长远发展，这才是真正需要下工夫的。为此，魏小安先生现在正在组织一个团队，专门做这个课题，叫《中国旅游经济结构研究》，希望这个课题做完了之后能够给大家提供一些基础性的东西，使我们在下一步的发展过程之中，能够做得更深一点。

六、服务均质化

服务的均质化，实际上涉及到对中国旅游发展水平的判断，或者反过来说一个问题，要解决或者要警惕防范增长泡沫化的问题，就是靠要素整合，产品多元，结构合理和服务均质，这几个问题是直接对应增长泡沫化提出的一些大的战略性的对策。

原来东部、中部、西部，或者城乡在旅游发展方面很不平衡，无论是产品还是服务，都有非常大的差距，但是最近五年以来，服务均质化程度已经大为提高，这就改变了整个的旅游发展格局。其中有三个基本因素,第一是基础设施改善,第二是短线制约的弱化,第三是信息的高度沟通,这三个基本因素是我们服务均质化的外部保障。另外有三个即时因素,一是人才全面流动,在过去的二十年,人才的流动叫做孔雀东南飞,中西部越缺人才,人才往东部流动,现在开始反向流动,其中一个重要原因就是服务均质化,既是一个原因,也变成反向流动的背景,人才的反向流动也推动了服务均质化。二是标准逐步推动,旅游标准原来有二十四个,去年又批了十三个,现在是三十七个,同时国家还在制定其他系列标准。三是需求逐步启动,这个需求更主要的是政府和投资商的需求。

这样就产生了一个现象,提高了中国旅游业发展的基础水平,短版慢慢变长了,第二就是减缓了区域的差距,由此产生了服务均质化,同时全面提升了各个地区乃至国家的旅游竞争力,这是一个非常好的现象。当然,绝对的没有差距是不可能的,差距永远存在,但是在变动。这里面叫做标准保底线,个性求高线,创造是无限,我们现在还处在标准导向的时期,但是发展到一定程度就不是标准导向,而是品牌导向了。

国内当年在制定星级标准和A级标准时候非常火爆,但是国际上对此反应冷淡,主要是由以下两个原因所致。第一个原因是人家发展的比较成熟了,已经进入了一个品牌导向的时期。第二个原因是地方政府主导的行为,在国内只要政府关注,政府把这个当荣誉看,自然就起来了。实际上五星级也好,5A级也好,只是底线,而不是高线,但是我们现在把底线当高线,显然在导向上就有问题。随着市场的逐步发育,这些东西都会调整,这就要求我们的管理水平、运营水平、服务水平要同时提高,全面地促进服务均质化,尤其对于中西部地区来说,这个问题恐怕是一个更加重要的战略问题。

七、短线转移化

历史上旅游的发展短线制约逐步转移,一开始是酒店,后来是交通,再后来是资金。目前来看,这些短线制约都基本上已经解决,现在新的短线是四个方面,土地、环境、科技、制度。总体而言,我们现在不差钱,而土地制约成为突出的问题,大体上一个地方能拿出多少地,就有多少资金进来,而现在保十八亿亩的土地红线,土地指标控制的这么紧,土地整肃查的也很严,之所以大把的资金流入到所谓的旅游地产,根本原因是圈地。但是现在也在逐步控制,比如主题公园要控制了,高尔夫球场正在整肃。但是旅游可以讨巧,这个讨巧在于四个方面:

第一叫做题目要地,出一个好题目,就能形成一个要地的大格局,为什么各地对搞大活动这么积极,比如世博会,几平方公里就下来了,十几、二十平方公里就下来了,比如亚运会,又是多少平方公里就下来了,要没有这个题目怎么可能呢？国内最近有个地方要搞一个亚洲沙滩运动会，一个县级市的框架就此膨胀为地级市的框架，所以这就叫题目要地，大题目要大地，小题目要小地，但是总可以要到地。

第二就是流转出地，通过土地流转，挤出一部分地，供旅游所用。

第三叫做功能增地，所谓功能增地是土地性质不变，但是丰富了土地功能，实际上等于增加了土地面积，比如各种营地，基本都是林地的功能增加。

第四叫地上造地，比如采取空中建筑，下面还是庄稼地，农用性质不变，但是上面盖房子，该盖的照样可以盖，不妨碍农业，很多山地的利用现在都是这种方式。

总之，土地的制约因素是个长期制约，但是就旅游来说，可以做一些策略，这和工业用地、农业用地、商业用地、城市用地等等都有所不同，那些事情好多花样做不出来，这恰恰是旅游的优势所在。此外，环境、科技、制度也是三个主要的制约因素，目前我们的状况是科技正在推进，制度需要改革，环境长期制约。过去的短线制约，随着发展到一定阶段，自然而然就过去了，我们原来觉得最困难的事情，现在已经不是问题，但是现在形成的制约，客观而言都是长期制约，所以面对这样的长期制约我们应该怎么办，这确实需要深化一点研究。

八、文旅一体化

就目前来说，文化产业只是一种经济现象，还不足以形成产业化，文化产业在旅游领域表现的最突出。比如影视产业，各地都把影视产业当作一个重头，那么影视产业是不是真正能成为产业？去年全国的电影票房突破了100亿元，电视剧的交易额120亿元，加在一起220亿元，对于我们这么一个大国来说，220亿元足以构成一个产业吗？只能说中国有影视经济活动，还没有影视产业，影视产业都不成立。绝大部分所谓的文化产业现在面临的都是这个状况，这个状况恰恰给旅游的发展提供了机遇。另外一方面，文化是创造出来的，不是打造出来的。旅游市场恰恰有它的创造性，因为我们的市场发育相对来说成熟一点。正是由于这两个方面的原因，文化旅游成为文化产业的重点，旅游文化创造旅游的新兴格局，这必然是下一步的一个很重要的趋向。因此，我们应该好好培育环境，好好调动大家的创造力，这恐怕才是根本。

总体而言，就旅游来说，一是紧跟政府，我们不能唱反调，党中央的决策是要打造世界文化强国。二是抓住机遇，就是充分地看到文化产业的薄弱，就是只有经济活动，只有经济现象，这就是发展旅游的机遇。三是利用政策，大把的旅游项目都可以纳入文化，文化项目有政策就好好利用。

九、提升城市化

这是我们面临的更重大的问题，大城市的通病是太急了、太挤了、太忙了、太脏了，所以选择应该是人大我小、人粗我精、人急我缓，达到小而文、小而精、小而美，小生活、小享受、小趣味，虽然人还在往大城市挤，但是到一定阶段，一定会调整过来，达到一种快速的发展，慢节奏的生活，这是一个比较理想的状态，但恰恰是因为这样的格局，给很多城市的提升创造了好的机遇。

总体而言，城市经营者在逐渐改变思路，从过去追求的大广场、大绿地、大高楼、大马路，到现在的要挖掘城市本色，要突出城市文化，要使这个城市更有品位，就像杭州提出来的，要建设生活品质之城，这样的转换代表了一个前沿，代表了一个趋向，所以很自然，城市化的提升乃至达到一种高级化的程度，这必然是我们下一步关注的趋势。就是要用抓旅游的理念抓城市，突出人本化和差异性。

十、幸福最大化

社会的观念正在变化，从不会休息就不会工作，到工作是为了休闲。幸福是一种主旋律，但我们习惯于宏观的思维方式，沉浸于宏大的叙事方式，所以一方面出租司机都像政治局委员，老百姓都像外交家，美国副总统拜登就盛赞中国老百姓，张口就是希望中美两国人民世世代代友好，美国老百姓说不出这话。另一方面是实实在在的生活追求，描述小康生活。成都农民理解的小康生活就是，吃有肉，住有楼，还有余钱去旅游。重庆市民的理解就是吃吃麻辣烫，打打小麻将，看看歪录像，实际的诉求都是这种实实在在的追求。总之，百姓的幸福很简单，就是上班能够铺开身子做事，而不是上班像休息，休息像上班；就是下班就能够休闲，有大把的休闲项目可以享受，有三两知己能够聚会；就是社区里老人孩子都玩得高兴，各得其所。而不是老人寂寞，孩子沉重。

在我们民族的记忆中，压迫和屈辱是始终挥之不去的阴影，发愤图强是始终追求的目标。今天要摆脱弱国心态，以人为本不仅是治国理念，也是终极目标。旅游是为了幸福而工作，在工作中感受幸福，旅游产业是一个创造幸福的产业，是一个推动幸福的产业。